해설과 피해구제사례로 살펴본

법령·판례 소비자의 기본권리

편저 조희진

법문북스

머 리 말

인간은 살아가면서 끊임없이 소비활동을 하는 경제적 동물입니다. 따라서 성별, 연령, 주거지역, 교육수준, 문화의 차이에 관계없이 각자의 욕구를 충족시키기 위해 많은 상품과 서비스를 소비하는 주체로서 경제사회에 참여하게 됩니다. 소비성향은 각자의 소득액, 객관적 환경요인, 개인의 기호 등 주관적 요인에 따라 좌우되며 그에 따른 자유로운 선택은 현대 시장경제체제 속에서 생산을 결정하고 사업자로 하여금 원하는 상품이나 서비스를 원하는 조건으로 제공하도록 유도하는 역할을 합니다.

소비활동이 다양화되어 소비자와 사업자 사이에 많은 분쟁이 발생하게 되고, 이를 규율하기 하고자 정부에서는 소비자의 권익을 증진하기 위한 소비자의 권리와 책무, 국가·지방자치단체 및 사업자의 책무, 소비자단체의 역할 및 자유시장경제에서 소비자와 사업자 사이의 관계를 규정함과 아울러 소비자정책의 종합적 추진을 위한 기본적인 사항을 규정함으로써 소비생활의 향상과 국민경제의 발전에 이바지함을 목적으로 1980년 1월 4일 「소비자기본법」을 제정하였습니다.

이 법은 소비자의 권리와 책무를 명시하고 있습니다. 국가 및 지방자치단체는 소비자를 보호하기 위해 계량 및 규격의 적정화, 상품의 용도 등에 관한 표시와 광고의 기준 확립, 거래의 적정화, 소비자에의 정보제공, 개인정보의 보호, 소비자분쟁의 해결에 대한 책무가 있습니다. 사업자는 소비자 권익 시책에 협력하여야 하는 등의 책무가 있습니다.

「소비자」란 사업자가 제공하는 물품 또는 용역과 시설물을 포함하여 소비생활을 위하여 사용 또는 이용하는 자, 생산활동을 위하여 사용하는 자로써 제공된 물품 등을 최종적으로 사용하는 자, 제공된 물품 등을 농업 및 어업활동을 위해 사용하는 자를 말합니다.

이 책에서는 복잡하게 규정된 소비자의 권리와 또 소비자와 사업자간의 분쟁해설을 위한 자료들을 모아 체계적으로 정리하였습니다. 이러한 자료들은 대법원의 판례와 법제처의 국가법령정보센터, 대한법률구조공단의 상담사례, 한국소비자원의 피해구제자료 등을 참고하였으며, 이를 종합적으로 정리·분석하여 일목요연하고 알기 쉽게 편집하였습니다.

이 책이 소비자와 사업자간의 서로 권리를 침해받아 억울하게 피해를 받으신 분이나 손해를 당한 분, 또 이들에게 조언을 하고자 하는 전문가들에게도 큰 도움이 되리라 믿으며, 열악한 출판시장임에도 불구하고 흔쾌히 출간에 응해 주신 법문북스 김현호 대표에게 감사를 드린다.

2025.

편저자 드림

차　례

제1편 소비자 안전정보

제3장 사후 제도[리콜(Recall), 위해정보, 제조물책임] 41

제2편 소비자 분쟁해결

제3편 품목별 피해구제사례

PART 3. 자동차/기계류 ······ 296

PART 6. 관광/운송 ··· 411

제1편
소비자 안전정보

제1장
안정정보 둘러보기

Part 1. 소비자의 권리, 책무 및 보호

1. 소비자로서 누릴 권리와 책임

1-1. 소비자의 개념

"소비자"란 사업자가 제공하는 물품 또는 용역(시설물 포함. 이하 "물품 등"이라 줄여 씁니다)을 소비생활을 위하여 사용(이용 포함)하는 자 또는 생산활동을 위하여 사용하는 자로서 다음의 어느 하나에 해당하는 자를 말합니다(「소비자기본법」 제2조제1호 및 「소비자기본법 시행령」 제2조).

1. 제공된 물품 등을 최종적으로 사용하는 자. 다만, 제공된 물품 등을 원재료(중간재 포함), 자본재 또는 이에 준하는 용도로 생산활동에 사용하는 자는 제외
2. 제공된 물품 등을 농업(축산업 포함) 및 어업활동을 위해 사용하는 자. 다만, 「원양산업발전법」 제6조제1항에 따라 해양수산부장관의 허가를 받아 원양어업을 하는 자는 제외

1-2. 소비자의 기본권리

소비자는 다음의 기본적 권리를 가집니다(「소비자기본법」 제4조).

1. 물품 등으로 인한 생명·신체 또는 재산에 대한 위해로부터 보호받을 권리
2. 물품 등을 선택함에 있어서 필요한 지식 및 정보를 제공받을 권리
3. 물품 등을 사용함에 있어서 거래상대방·구입장소·가격 및 거래조건 등을 자유로이 선택할 권리
4. 소비생활에 영향을 주는 국가 및 지방자치단체의 정책과 사업자의 사업활동 등에 대해 의견을 반영시킬 권리
5. 물품 등의 사용으로 인해 입은 피해에 대해 신속·공정한 절차에 따라 적절한 보상을 받을 권리
6. 합리적인 소비생활을 위해 필요한 교육을 받을 권리

7. 소비자 스스로의 권익을 증진하기 위해 단체를 조직하고 이를 통해 활동할 수 있는 권리
8. 안전하고 쾌적한 소비생활 환경에서 소비할 권리

1-3. 소비자의 책무

① 소비자는 사업자 등과 더불어 자유시장경제를 구성하는 주체임을 인식하여 물품 등을 올바르게 선택하고, 소비자의 기본적 권리를 정당하게 행사해야 합니다(「소비자기본법」 제5조제1항).

② 소비자는 스스로의 권익을 증진하기 위하여 필요한 지식과 정보를 습득하도록 노력해야 합니다(「소비자기본법」 제5조제2항).

③ 소비자는 자주적이고 합리적인 행동과 자원절약적이고 환경친화적인 소비생활을 함으로써 소비생활의 향상과 국민경제의 발전에 적극적인 역할을 다해야 합니다(「소비자기본법」 제5조제3항).

PART 2. 소비자는 다양한 방법으로 보호받을 수 있는 권리

2-1. 소비자에의 정보제공

① 국가 및 지방자치단체는 소비자의 기본적인 권리가 실현될 수 있도록 소비자의 권익과 관련된 주요시책 및 주요결정사항을 소비자에게 알려야 합니다(「소비자기본법」 제13조제1항).

② 국가 및 지방자치단체는 소비자가 물품 등을 합리적으로 선택할 수 있도록 하기 위해 물품 등의 거래조건·거래방법·품질·안전성 및 환경성 등에 관련되는 사업자의 정보가 소비자에게 제공될 수 있도록 필요한 시책을 강구해야 합니다(「소비자기본법」 제13조제2항).

2-2. 취약계층의 보호

① 국가 및 지방자치단체는 어린이·노약자·장애인 및 결혼이민자(「재한외국인 처우 기본법」 제2조제3호에 따른 결혼이민자를 말함)등 안전취약계층에 대해 우선적으로 보호시책을 강구해야 합니다(「소비자기본법」 제45조제1항).

② 사업자는 어린이·노약자·장애인 및 결혼이민자 등 안전취약계층에 대해 물품 등을 판매·광고 또는 제공하는 경우에는 그 취약계층에게 위해가 발생하지 않도록 필요한 조치와 예방조치를 취해야 합니다(「소비자기본법」 제45조제2항).

2-3. 시정요청 등

공정거래위원회 또는 특별시장·광역시장·특별자치시장·도지사·특별자치도지사(이하 "시·도지사"라 줄여 씁니다)는 사업자가 제공한 물품 등으로 인해 소비자에게 위해발생이 우려되는 경우에는 관계 중앙행정기관의 장에게 다음의 조치를 요청할 수 있습니다(「소비자기본법」 제46조제1항).

1. 사업자가 다른 법령에서 정한 안전조치를 취하지 않는 경우에는 그 법령의 규정에 따른 조치

2. 다른 법령에서 안전기준이나 규격을 정하고 있지 않는 경우에는 다음의 조치
   - 「소비자기본법」제49조에 따른 수거·파기 등의 권고
   - 「소비자기본법」제50조에 따른 수거·파기 등의 명령
   - 「소비자기본법」제86조제1항제1호에 따른 과태료 처분

3. 그 밖에 물품 등에 대한 위해방지대책의 강구

※ 공정거래위원회의 소비자 보호 사례

의류 건조기 직접 먼지 청소할 필요 없이 자동 세척 된다더니…

"번거롭게 직접(따로) 청소할 필요 없이 콘덴서를 자동으로 세척해 언제나 깨끗하게 유지", "건조 시마다 자동 세척"등으로 의류 건조기 광고를 하였으나 실제 사용을 하니 콘덴서 자동 세척기능이 미흡하여 콘덴서에 먼지 쌓임 현상 등의 문제가 발생하였습니다.

이 사안에 대하여 공정거래위원회는 해당 광고가 소비자의 합리적인 선택을 방해하여 공정한 거래질서를 저해할 우려가 있고, 사업자와 소비자 간의 정보의 비대칭성이 커서 소비자들이 오인하거나 오인할 우려가 있다고 판단하여 사업자에게 시정명령 및 과징금을 부과하였습니다.

● **의류건조기를 구매하였는데, 거짓·과대광고로 시정명령을 받았을 경우, 그 제품에 어떤 조치가 취해지나요?**

Q. 의류건조기를 구매하였는데 해당 제품이 거짓·과대광고로 시정명령을 받았습니다. 해당 제품에 어떤 조치가 취해지나요?

A. 구입한 의류건조기의 성능 및 품질에 대한 거짓·과대광고로 소비자의 합리적인 선택을 방해하여 공정한 거래질서를 저해할 우려가 있고, 사업자와 소비자 간의 정보의 비대칭이 커서 소비자들이 오인하거나 오인할 우려가 있다고 판단되는 경우 공정거래위원회는 사업자에게 다음과 같이 시정요청 등을 할 수 있습니다.

◇ 소비자의 기본권리

① "소비자"란 사업자가 제공하는 물품 또는 용역(시설물 포함. 이하 '물품 등'이라 함)을 소비생활을 위하여 사용(이용 포함)하는 자 또는 생산활동을 위하여 사용하는 자를 말합니다.

② 소비자는 물품 등으로 인한 생명·신체 또는 재산에 대한 위해로부터 보호받고, 물품 등을 선택함에 있어서 필요한 지식 및 정보를 제공받을 권리, 물품 등의 사용으로 인해 입은 피해에 대해 신속·공정한 절차에 따라 적절한 보상을 받을 권리 등을 가집니다.

③ 소비자는 소비자에의 정보제공, 취약계층의 보호 및 시정요청 등을 통하여 보호받을 수 있습니다.

◇ 시정요청 등

① 공정거래위원회 또는 특별시장·광역시장·특별자치시장·도지사·특별자치도지사는 사업자가 제공한 물품 등으로 인해 소비자에게 위해발생이 우려되는 경우에는 관계 중앙행정기관의 장에게 아래의 조치를 요청할 수 있습니다.

② 사업자가 다른 법령에서 정한 안전조치를 취하지 않는 경우에

는 그 법령의 규정에 따른 조치를 요청할 수 있으며, 다른 법령에서 안전기준이나 규격을 정하고 있지 않는 경우에는 아래의 조치를 취합니다.

- 수거·파기 등의 권고
- 수거·파기 등의 명령
- 과태료 처분

③ 또한 그 밖에 물품 등에 대한 위해방지대책의 강구를 요청할 수도 있습니다.

제2장

사전제도(제품안전관리)

PART 1. 전기용품 및 생활용품

1. 전기청소기, 압력솥 등의 전기용품 및 생활용품의 안전인증

1-1. 안전인증

① "안전인증"이란 제품시험 및 공장심사를 거쳐 제품의 안전성을 증명하는 것을 말합니다(「전기용품 및 생활용품 안전관리법」 제2조제5호).

② 안전인증대상제품의 제조업자(외국에서 제조하여 대한민국으로 수출하는 자를 포함) 또는 수입업자는 안전인증대상제품에 대해 모델(고유한 명칭을 붙인 제품의 형식을 말함)별로 안전인증기관의 안전인증을 받아야 합니다(「전기용품 및 생활용품 안전관리법」 제5조제1항).

1-2. 안전인증대상제품

① 안전인증대상 전기용품은 구조 또는 사용 방법 등으로 인해 화재·감전 등의 위해가 발생할 우려가 크다고 인정되는 전기용품으로서 안전인증을 통해 그 위해를 방지할 수 있다고 인정되는 것으로 1천볼트 이하의 교류전원 또는 직류전원을 사용하는 것을 말합니다(「전기용품 및 생활용품 안전관리법」 제2조제10호가목 및 「전기용품 및 생활용품 안전관리법 시행규칙」 제3조제1항).

② 안전인증대상 전기용품은 전선, 전기청소기 및 일반조명기구 등으로 「전기용품 및 생활용품 안전관리법 시행규칙」 별표 3 제1호에서 확인할 수 있습니다(「전기용품 및 생활용품 안전관리법 시행규칙」 제3조제1항).

■ [별표 3]

안전인증대상제품(제3조제1항 및 제2항 관련)

1. 안전인증대상전기용품

<table>
<tr><th>분류</th><th>품목</th></tr>
<tr><td rowspan="2">가. 전선 및 전원코드</td><td>전선, 케이블 및 코드류</td></tr>
<tr><td>비고) 교류전압을 사용하는 제품으로 한정하며, 통신 및 데이터 전송의 목적으로만 사용하는 것은 제외한다.</td></tr>
<tr><td rowspan="2">나. 전기기기용 스위치</td><td>1) 스위치
2) 전자개폐기(정격전류가 300A 이하인 것을 말한다)</td></tr>
<tr><td>비고) 교류전압을 사용하는 제품으로 한정하며, 기계·기구에 부착되는 특수구조인 것 및 방폭형(防爆型)인 것은 제외한다.</td></tr>
<tr><td rowspan="2">다. 전원용 커패시터 및 전원필터</td><td>커패시터 및 전원필터</td></tr>
<tr><td>비고) 100Hz 이하인 것만 해당된다.</td></tr>
<tr><td rowspan="2">라. 전기설비용 부속품 및 연결 부품</td><td>전기설비용 부속품 및 연결부품</td></tr>
<tr><td>비고) 방폭형인 것은 제외한다.</td></tr>
<tr><td rowspan="2">마. 전기용품 보호용 부품</td><td>1) 퓨즈
2) 차단기</td></tr>
<tr><td>비고) 교류전압을 사용하는 제품으로 한정한다.</td></tr>
<tr><td rowspan="2">바. 절연변압기</td><td>변압기 및 전압조정기</td></tr>
<tr><td>비고) 정격출력 5kVA 이하인 것만 해당되며, 기계·기구에 부착되는 특수구조인 것은 제외한다.</td></tr>
<tr><td>사. 전기기기</td><td>1) 전기청소기</td></tr>
</table>

2) 전기다리미 및 전기프레스기
3) 주방용전열기구
4) 전기세탁기 및 탈수기
5) 모발관리기
6) 삭제 〈2018. 12. 31.〉
7) 교류전원을 사용하는 주방용 전동기기(電動機器)
8) 전기액체가열기기
9) 전기담요 및 매트, 전기침대
10) 교류전원을 사용하는 전기찜질기, 교류전원을 사용하는 발 보온기
11) 전기온수기
12) 전기 냉장 · 냉동기기
13) 전자레인지(300MHz ~ 30GHz 대역의 주파수를 사용하는 것을 말한다)
14) 전기충전기
15) 전기건조기(손, 발, 의류, 농산물, 수산물 등을 건조하는 것을 말한다)
16) 전열기구
17) 전기마사지기
18) 냉방기
19) 삭제 〈2018. 12. 31.〉
20) 삭제 〈2018. 12. 31.〉
21) 교류전원을 사용하는 전격 살충기

	22) 삭제 〈2018. 12. 31.〉
	23) 팬, 레인지 후드
	24) 화장실용 전기기기
	25) 가습기
	26) 그 밖에 1)부터 25)까지의 기기와 유사한 기기
	비고) 정격입력이 10kW 이하인 것만 해당하며, 방폭형인 것은 제외한다.
아. 전동공구	대상 없음
자. 오디오 · 비디오 응용기기	대상 없음
타. 정보 · 통신 · 사무기기	1) 직류전원장치(각 분류의 직류전원장치 및 휴대전화 전지 충전기에 사용되는 것을 포함하고, 정격출력이 1kVA 이하인 것을 말한다)
	2) 단전지[스마트폰, 노트북컴퓨터(테블릿 PC를 포함한다)에 적용되는 에너지밀도 700Wh/L 이상, 최대 충전전압 4.4V 이상의 단전지(리튬계)에 한정한다]
	3) 그 밖에 1) 및 2)의 기기와 유사한 기기
	비고) 기계 · 기구류에 부착되는 특수구조인 것은 제외한다.
카. 조명기기	1) 램프홀더 2) 일반조명기구 3) 안정기 및 램프 제어장치 4) 안정기내장형 램프
파. 전기저장장치 구성품	리튬이차단전지

2. 안전인증대상생활용품

분류	품목
가. 화학	자동차용 재생타이어(트레드고무를 포함한다)
나. 생활	1) 가스라이터 2) 물놀이기구 3) 비비탄 총
다. 기계금속	1) 삭제 〈2019. 2. 8.〉 2) 가정용 압력냄비 및 압력솥
라. 섬유	대상 없음
마. 건축	대상 없음

③ 안전인증대상 생활용품은 구조·재질 또는 사용 방법 등으로 인해 소비자의 생명·신체에 대한 위해, 재산상 피해나 자연환경의 훼손에 대한 우려가 크다고 인정되는 생활용품으로서 안전인증을 통해 그 위해를 방지할 수 있다고 인정되는 제품을 말합니다(「전기용품 및 생활용품 안전관리법」 제2조제10호나목).

④ 안전인증대상 생활용품은 가스라이터, 가정용 압력냄비 및 압력솥 등으로 「전기용품 및 생활용품 안전관리법 시행규칙」 별표 3 제2호에서 확인할 수 있습니다(「전기용품 및 생활용품 안전관리법 시행규칙」 제3조제2항).

2. 식기세척기, 건전지 등의 전기용품 및 생활용품의 안전확인

2-1. 안전확인

”안전확인“이란 안전확인시험기관으로부터 안전확인시험을 받아 안전기준에 적합한 것임을 확인하는 것을 말합니다(「전기용품 및 생활용품 안전관리법」 제2조제6호).

2-2. 안전확인대상제품

① 안전확인대상 전기용품은 구조 또는 사용 방법 등으로 인해 화재·감전 등의 위해가 발생할 우려가 있는 전기용품으로서 안전확인시험기관의 제품시험을 통해 그 위해를 방지할 수 있다고 인정된 1천볼트 이하의 교류전원 또는 직류전원을 사용하는 것을 말합니다.

② 다만, 전력변환장치 및 리튬이차전지시스템과 같은 전기저장장치 구성품은 1천5백볼트 이하의 교류전원 또는 직류전원을 사용하는 것을 말합니다(「전기용품 및 생활용품 안전관리법」 제2조제11호가목 및 「전기용품 및 생활용품 안전관리법 시행규칙」 제3조제3항).

③ 안전확인대상 전기용품은 전기온수매트, 식기세척기 및 식기건조기 등으로 「전기용품 및 생활용품 안전관리법 시행규칙」 별표 4 제1호에서 확인할 수 있습니다(「전기용품 및 생활용품 안전관리법 시행규칙」 제3조제3항).

■ [별표 4]

안전확인대상제품(제3조제3항 및 제4항 관련)

1. 안전확인대상전기용품

분류	품목
가. 전선 및 전원코드	대상 없음
나. 전기기기용 스위치	전기기기용 제어소자
	비고) 교류전압을 사용하는 제품으로 한정하며, 기계 · 기구에 부착되는 특수구조인 것 및 방폭형인 것은 제외한다.
다. 전원용 커패시터 및 전원필터	대상 없음
라. 전기설비용 부속품 및 연결부품	대상 없음
마. 전기용품 보호용 부품	대상 없음
바. 절연변압기	1) 고주파웰더(고주파용접기) 2) 전기용접기
	비고) 비고) 정격출력 5kVA 이하인 것만 해당되며, 기계·기구류에 부착되는 특수구조인 것은 제외한다.

사. 전기기기	1) 과일 껍질깎이 2) 전기 용해기 3) 이·미용기기 4) 전기의자 및 전동침대 5) 컴프레서(compressor) 6) 전기온수매트 7) 구강청결기 8) 해충퇴치기 9) 전기집진기 10) 서비스기기 11) 전기에어커튼 12) 팬코일유닛(fan coil unit) 13) 폐열 회수 환기장치 14) 게임기구 15) 식기세척기 및 식기건조기 16) 전기훈증기 17) 수도 동결 방지기 18) 산소이온발생기 19) 전기정수기 20) 전기세척기 21) 전기헬스기구 22) 전기차 충전기(정격출력이 200kVA 이하인 것만 해당한다) 23) 삭제 〈2019. 10. 21.〉 24) 가정용 전동재봉기 25) 사우나기기 26) 관상 및 애완용 전기기기 27) 기포발생기기 28) 교류전원을 사용하는 공기청정기 29) 전기분무기 30) 물수건 마는 기기 및 포장기기

	31) 직류전원을 사용하는 주방용 전동기기 32) 삭제 〈2023. 3. 20.〉 33) 직류전원을 사용하는 전격 살충기 34) 자동판매기 35) 전기소독기 36) 제습기 37) 음식물처리기 38) 전기보온기 및 전기온장고(음식이나 그릇류 등을 보온하는 기능을 가진 것을 말한다) 39) 유체펌프(여과기능이 내장된 펌프를 포함하며, 사용액체의 온도가 90℃ 이하인 것만 해당되며, 진공펌프, 오일펌프, 샌드펌프 및 기계·기구에 부착되는 특수구조인 것은 제외한다) 40) 전기가열기기 41) 전기욕조 42) 그 밖에 1)부터 41)까지의 기기와 유사한 기기
	비고) 정격입력이 10kW 이하인 것만 해당(전기차 충전기는 제외한다)하며, 방폭형인 것은 제외한다.
아. 전동공구	교류전원을 사용하는 전동공구
	비고) 정격입력이 1.5kW 이하인 것만 해당된다.
자. 오디오·비디오 응용기기	1) 텔레비전수상기 2) 디스크 플레이어 3) 오디오시스템 4) 삭제 〈2018. 12. 31.〉 5) 삭제 〈2021. 5. 3.〉 6) 삭제 〈2021. 5. 3.〉

	7) 그 밖에 1)부터 3)까지의 기기와 유사한 기기
	비고) 기계·기구류에 부착되는 특수구조인 것은 제외한다.
차. 정보·통신·사무기기	1) 모니터 2) 프린터(플로터 및 그래픽 전용인 것은 제외한다) 3) 프로젝터 4) 문서 세단기 5) 천공기 6) 삭제 〈2018. 12. 31.〉 7) 복사기(광원의 정격출력이 1.2kW 이하인 것을 말한다) 8) 무정전 전원장치(정격출력이 10kVA 이하인 것을 말한다) 9) 컴퓨터용 전원공급장치 10) 디지털TV(스마트 TV, IPTV 등을 말한다) 11) 코팅기 12) 노트북컴퓨터(테블릿 PC를 포함한다) 13) 전지(충전지만 해당한다) 14) 그 밖에 1)부터 13)까지의 기기와 유사한 기기
	비고) 기계·기구류에 부착되는 특수구조인 것은 제외한다.
카. 조명기기	1) 백열등기구 2) 방전램프 3) 1)을 제외한 그 밖의 조명기구 4) 2)를 제외한 그 밖의 램프
타. 전기저장장치	1) 전력변환장치(정격출력이 2MVA 이하인 것만 해당한다)

구성품	2) 리튬이차전지시스템(정격용량이 300kWh 이하인 것만 해당한다)

2. 안전확인대상생활용품

분류	품목
가. 화학	1) 건전지(충전지는 제외한다) 2) 자동차용 브레이크액 3) 자동차용 타이어
나. 생활	1) 고령자용 보행보조차 2) 고령자용 보행차 3) 디지털 도어록 4) 롤러스포츠 보호장구 5) 스노보드 6) 스케이트보드 7) 전동보드 8) 스키용구 9) 이륜자전거 10) 헬스기구 11) 휴대용 레이저용품 12) 승차용 안전모(승차용 눈 보호구를 포함한다) 13) 운동용 안전모 14) 온열팩(주머니난로를 포함한다) 15) 수유패드 16) 기름난로(연료소비량 600g/h 이하 제품으로 한정한다.) 17) 야외 운동기구 18) 가정용 미용기기
다. 기계	1) 삭제 〈2021. 5. 27.〉

금속	2) 휴대용 예초기의 날 및 보호덮개 3) 삭제 〈2019. 2. 8.〉
라. 섬유	1) 등산용 로프 2) 스포츠용 구명복
마. 건축	1) 미끄럼 방지 타일 2) 실내용 바닥재

④ 안전확인대상 생활용품은 구조·재질 또는 사용 방법 등으로 인해 소비자의 생명·신체에 대한 위해, 재산상 피해나 자연환경의 훼손에 대한 우려가 있는 생활용품으로서 안전확인시험기관의 제품시험을 통해 그 위해를 방지할 수 있다고 인정된 것을 말합니다(「전기용품 및 생활용품 안전관리법」 제2조제11호나목).

⑤ 안전확인대상 생활용품은 건전지, 전동보드 및 헬스기구 등으로 「전기용품 및 생활용품 안전관리법 시행규칙」 별표 4 제2호에서 확인할 수 있습니다(「전기용품 및 생활용품 안전관리법 시행규칙」 제3조제4항).

⑥ 전기용품의 안전인증제도 및 안전확인제도에 대한 자세한 내용은 〈국가기술표준원-제품안전관리제도〉에서 확인하실 수 있습니다.

● **전기매트를 구매할 경우, 안전한 제품인지 어떻게 확인할 수 있을까요?**

Q. 전기매트를 구매하려고 합니다. 안전한 제품인지 어떻게 확인할 수 있을까요?

A. 전기매트는 구조 또는 사용 방법 등으로 인해 화재·감전 등의 위해가 발생할 우려가 크다고 인정되는 안전인증대상 전기용품으로, 제조업자 또는 수입업자는 안전인증기관의 안전인증을 받아야 할 의무가 있습니다.

◇ 안전인증

"안전인증"이란 제품시험 및 공장심사를 거쳐 제품의 안전성을 증명하는 것을 말합니다.

◇ 안전인증대상 전기용품

① 안전인증대상 전기용품은 구조 또는 사용 방법 등으로 인해 화재·감전 등의 위해가 발생할 우려가 크다고 인정되는 전기용품으로서 안전인증을 통해 그 위해를 방지할 수 있다고 인정되는 것으로 1천볼트 이하의 교류전원 또는 직류전원을 사용하는 것입니다.

② 안전인증대상 전기용품은 전선, 전기청소기 및 일반조명기구 등으로 「전기용품 및 생활용품 안전관리법 시행규칙」 별표 3 제1호에서 확인할 수 있습니다.

③ 안전인증대상제품의 제조업자(외국에서 제조하여 대한민국으로 수출하는 자를 포함) 또는 수입업자는 안전인증대상제품에 대해 모델(고유한 명칭을 붙인 제품의 형식을 말함)별로 안전인증기관의 안전인증을 받아야 합니다.

◇ 안전인증대상 제품 검색

제품안전정보센터(https://www.safetykorea.kr/)에서는 전기용품의 안전인증여부 및 안전인증대상 제품을 확인할 수 있습니다.

PART 2. 어린이제품 및 놀이시설

1. 어린이용 물놀이기구, 어린이 놀이기구 등의 어린이제품의 안전인증

1-1. 안전인증

"안전인증"이란 제품검사(어린이제품을 시험·검사하는 것. 이하 "제품검사"라 함)와 공장심사(제조설비·자체검사설비·기술능력 및 제조체제를 심사하는 것)를 모두 거치거나 제품검사만을 거쳐 어린이제품의 안전성을 증명하는 것을 말합니다(「어린이제품 안전 특별법」 제2조제8호).

1-2. 안전인증대상 어린이제품

① 안전인증대상 어린이제품은 구조·재질 및 사용방법 등으로 인하여 어린이의 생명·신체에 대한 위해 또는 재산상 피해에 대한 우려가 크다고 인정되는 어린이제품 중에서 안전인증을 통하여 그 위해를 방지할 수 있다고 인정되는 어린이제품을 말합니다(「어린이제품 안전 특별법」 제2조제9호).

② 안전인증대상 어린이제품은 어린이용 물놀이기구, 어린이 놀이기구, 자동차용 어린이 보호장치 등으로 「어린이제품 안전 특별법 시행규칙」 별표 1에서 확인할 수 있습니다(「어린이제품 안전 특별법 시행규칙」 제2조제1항).

■ [별표 1]

안전인증대상어린이제품의 종류 및 적용 안전기준

안전인증대상어린이제품	적용 안전기준
1. 어린이용 물놀이기구	가. 어린이제품 공통안전기준 나. 어린이용 물놀이기구 안전기준
2. 어린이 놀이기구	가. 어린이제품 공통안전기준 나. 어린이 놀이기구 안전기준
3. 자동차용 어린이보호장치	가. 어린이제품 공통안전기준 나. 자동차용 어린이 보호장치 안전기준
4. 어린이용 비비탄총	가. 어린이제품 공통안전기준 나. 어린이용 비비탄총 안전기준

1-3. 안전인증의 표시

① 안전인증대상 어린이제품 제조업자 또는 수입업자는 안전인증을 받은 안전인증대상 어린이제품에 안전인증의 표시(제품정보에 관한 표시를 포함하며, 이하 "안전인증표시"라 함)를 해야 하며, 안전인증표시는 도형 또는 기호를 이용하여 어린이가 쉽게 알 수 있도록 해야 합니다(「어린이제품 안전 특별법」 제19조제1항 본문 및 제2항).

② 안전인증대상 어린이제품의 안전인증표시 기준과 방법은 「어린이제품 안전 특별법 시행규칙」 별표 7에서 확인할 수 있습니다(「어린이제품 안전 특별법 시행규칙」 제27조제2항).

■ [별표 7]

안전인증표시의 기준과 방법(제27조제1항 관련)

1. 표시기준

가. 안전인증표시의 도안 모형

안전인증번호:

나. 도안요령

1) 안전인증표시의 도형 크기는 어린이제품의 크기에 따라 조정하되, 가로와 세로의 비율은 다음과 같다.

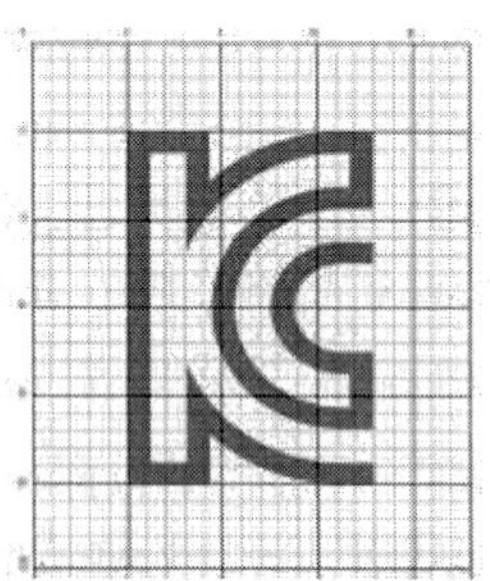

2) 안전인증표시의 색채는 금색(KS A 0062에 따른 10YR 6/4 색채) 또는 검은색(KS A 0062에 따른 N 2 색채)을 원칙으로 한다. 이 경우 금색에는 반짝이는 효과를 넣어 사용할 수 있다.

2. 표시방법

가. 안전인증표시는 알아보기 쉽도록 해당 어린이제품의 표면에 붙이거나, 인쇄하거나 새기는 방법 등으로 표시하고, 쉽게 지워지거나 떨어지지 않도록 하여야 한다.

나. 어린이제품의 표면에 안전인증표시를 붙이는 것이 곤란하거나 실수요자가 다량을 구입하여 직접 사용하는 어린이제품으로서 시중에 유통될 우려가 없는 경우에는 그 어린이제품의 최소 포장마다 붙일 수 있다.

③ 사업자는 안전인증표시와 별도로 안전인증대상 어린이제품이 어린이의 생명·신체에 미치는 영향에 관하여 주의 또는 경고의 표시를 해야 합니다(「어린이제품 안전 특별법」 제19조제5항 및 「어린이제품 안전 특별법 시행규칙」 별표 8).

2. 완구, 유모차 등의 어린이제품의 안전확인

2-1. 안전확인

"안전확인"이란 제품검사를 통하여 안전성을 증명하는 것을 말합니다(「어린이제품 안전 특별법」 제2조제10호).

2-2. 안전확인대상 어린이제품

① 안전확인대상 어린이제품은 구조·재질 및 사용방법 등으로 인하여 어린이의 생명·신체에 위해를 초래할 우려가 있는 어린이제품 중에서 제품검사로 그 위해를 방지할 수 있다고 인정되는 어린이제품을 말합니다(「어린이제품 안전 특별법」 제2조제11호).

② 안전확인대상 어린이제품은 어린이용 스포츠 보호용품, 완구, 유모차 등으로 「어린이제품 안전 특별법 시행규칙」 별표 2에서 확인할 수 있습니다(「어린이제품 안전 특별법 시행규칙」 제2조제2항).

■ [별표 2]

안전확인대상어린이제품의 종류 및 적용 안전기준

안전확인대상어린이제품	적용 안전기준
1. 유아용 섬유제품	가. 어린이제품 공통안전기준 나. 유아용 섬유제품 안전기준
2. 합성수지제 어린이제품	가. 어린이제품 공통안전기준 나. 합성수지제 어린이제품 안전기준
3. 어린이용 스포츠 보호용품 (보호 장구 및 안전모)	가. 어린이제품 공통안전기준 나. 어린이용 스포츠보호용품 안전기준
4. 어린이용 스케이트보드	가. 어린이제품 공통안전기준 나. 어린이용 스케이트보드 안전기준
5. 아동용 이단침대	가. 어린이제품 공통안전기준 나. 아동용 이단침대 안전기준
6. 완구	가. 어린이제품 공통안전기준 나. 완구 안전기준
7. 유아용 삼륜차	가. 어린이제품 공통안전기준 나. 유아용 삼륜차 안전기준
8. 유아용 의자	가. 어린이제품 공통안전기준 나. 유아용 의자 안전기준
9. 어린이용 자전거	가. 어린이제품 공통안전기준 나. 어린이용 자전거 안전기준
10. 삭제 〈2018. 4. 19.〉	
11. 학용품	가. 어린이제품 공통안전기준 나. 학용품 안전기준
12. 보행기	가. 어린이제품 공통안전기준 나. 보행기 안전기준
13. 유모차	가. 어린이제품 공통안전기준

	나. 유모차 안전기준
14. 유아용 침대	가. 어린이제품 공통안전기준 나. 유아용 침대 안전기준
15. 어린이용 온열팩 (주머니난로 포함)	가. 어린이제품 공통안전기준 나. 어린이용 온열팩 안전기준
16. 유아용 캐리어	가. 어린이제품 공통안전기준 나. 유아용 캐리어 안전기준
17. 어린이용 스포츠용 구명복	가. 어린이제품 공통안전기준 나. 어린이용 스포츠용 구명복 안전기준

2-3. 안전확인의 표시

① 안전확인대상 어린이제품의 제조업자 또는 수입업자는 산업통상자원부장관에게 신고한 안전확인대상 어린이제품에 안전확인의 표시(제품정보에 관한 표시를 포함하며, 이하 "안전확인표시"라 함)를 해야 하며, 안전확인표시는 도형 또는 기호를 이용하여 어린이가 쉽게 알 수 있도록 해야 합니다(「어린이제품 안전 특별법」 제22조제1항, 제23조제1항 본문 및 제2항).

② 안전확인대상 어린이제품의 안전확인표시 기준과 방법은 「어린이제품 안전 특별법 시행규칙」 별표 11에서 확인할 수 있습니다(「어린이제품 안전 특별법 시행규칙」 제39조제1항).

③ 사업자는 안전확인표시와 별도로 안전확인대상 어린이제품이 어린이의 생명·신체에 미치는 영향에 관하여 주의 또는 경고의 표시를 해야 합니다(「어린이제품 안전 특별법」 제23조제5항 및 「어린이제품 안전 특별법 시행규칙」 별표 8).

3. 안전한 어린이놀이시설을 위한 다양한 검사제도

3-1. 어린이놀이시설 안전제도

① 어린이놀이시설에 대한 안전을 위해 어린이놀이시설 설치검사제도, 정기시설검사제도, 유지관리제도 등의 품질관리제도가 시행되고 있습니다.

구분	내용
어린이놀이시설 설치검사	안전인증을 받은 어린이놀이기구 설치자는 어린이놀이시설의 소유자로서 관리책임이 있는 자, 다른 법령에 의하여 어린이놀이시설의 관리자로 규정된 자 또는 그 밖에 계약에 의하여 어린이놀이시설의 관리책임을 진 자(이하, "관리주체"라 함)에게 인도하기 전에 해당 어린이놀이기구를 시설기준 및 기술기준에 적합하게 설치했는지 여부를 안전검사기관으로부터 검사를 받아야 합니다(「어린이놀이시설 안전관리법」 제2조제6호, 제11조 및 제12조제1항).
어린이놀이시설 정기시설검사	어린이놀이시설의 관리주체는 설치검사를 받은 어린이놀이시설이 시설기준 및 기술기준에 따른 적합성을 유지하고 있는지를 확인하기 위해 안전검사기관으로부터 2년에 1회 이상 검사를 받아야 합니다(「어린이놀이시설 안전관리법」 제2조제6호의2 및 제12조제2항).
어린이놀이시설 안전점검	어린이놀이시설의 관리주체는 월 1회 이상 안전점검을 실시해야 합니다(「어린이놀이시설 안전관리법」 제15조제1항 및 「어린이놀이시설 안전관리법 시행령」 제11조제1항).

② 그 밖에 어린이놀이시설 분야의 안전에 관한 자세한 내용은 이 사이트 『어린이 생활안전』 콘텐츠의 〈놀이안전 - 어린이놀이시설 안전사고 - 어린이놀이시설에서의 안전수칙〉에서 확인하실 수 있습니다.

③ 어린이 안전사고 예방을 위해 필요한 안전정보 및 학습자료 등은 〈한국소비자원 어린이안전넷〉에서 확인하실 수 있습니다.

● 아기 섬유제품을 구매할 경우, 어떤 것을 확인해야 해당 제품이 안전한 제품인지 알 수 있을까요?

Q. 아기 섬유제품을 구매하려고 하는데 어떤 것을 확인해야 해당 제품이 안전한 제품인지 알 수 있을까요?

A. 유아용 섬유제품은 구조·재질 및 사용방법 등으로 인하여 어린이의 생명·신체에 위해를 초래할 우려가 있는 어린이제품 중에서 제품검사로 그 위해를 방지할 수 있다고 인정되는 어린이제품으로서 안전확인 대상 제품입니다. 따라서 소비자는 해당 제품이 안전확인을 받았는지 여부를 확인할 수 있습니다.

◇ 안전확인

"안전확인"이란 제품검사를 통하여 안전성을 증명하는 것을 말합니다.

◇ 안전확인대상 어린이제품

① 안전확인대상 어린이제품은 구조·재질 및 사용방법 등으로 인하여 어린이의 생명·신체에 위해를 초래할 우려가 있는 어린이제품 중에서 제품검사로 그 위해를 방지할 수 있다고 인정되는 어린이제품을 말합니다.

② 안전확인대상 어린이제품은 어린이용 스포츠 보호용품, 완구, 유모차 등으로 「어린이제품 안전 특별법 시행규칙」 별표 2에서 확인할 수 있습니다.

◇ 안전확인대상 제품 검색

① 제품안전정보센터(https://www.safetykorea.kr/)에서는 어린이제품의 안전확인여부 및 안전확인대상 어린이제품을 확인할 수 있습니다.

② 어린이안전넷(https://www.isafe.go.kr/)에서는 어린이제품의 위해정보 및 리콜정보를 확인할 수 있습니다.

PART 3. 식품, 승강기 및 자동차

1. 소비자의 건강과 안전을 위한 다양한 식품관련 안전제도

소비자가 먹는 식품의 안전성을 확보하기 위해서 식품 등의 기준·규격 관리제도, 식품안전관리인증기준제도, 식품이력추적관리제도, 유전자재조합식품의 안전성 평가제도, 식품 등 표시제도, 식품영양 표시제도, 원산지 표시제도 등이 시행되고 있습니다.

구분	내용
식품 등의 기준·규격	기준·규격이 정해지지 않은 화학적 합성품인 첨가물과 이를 함유한 물질을 식품첨가물로 사용할 수 없으며 이러한 식품첨가물이 함유된 식품을 판매하거나 판매할 목적으로 제조·수입·가공·사용·조리·저장·소반·운반 또는 진열할 수 없습니다(「식품위생법」 제6조 본문).
식품안전관리인증 기준제도	식품의 원료관리 및 제조·가공·조리·소분·유통의 모든 과정에서 위해한 물질이 식품에 섞이거나 식품이 오염되는 것을 방지하기 위해 각 과정의 위해요소를 확인·평가하여 중점적으로 관리하는 기준을 식품별로 정해서 사업자가 이를 준수하도록 하고 있습니다(「식품위생법」 제48조).
식품이력추적관리 제도	식품의 제조·가공단계부터 판매단계까지 각 단계별로 정보를 기록·관리해서 해당 식품의 안전성 등에 문제가 발생한 경우 해당 식품을 추적해서 원인을 규명하고 필요한 조치를 할 수 있도록 관리하고 있습니다(「식품위생법」 제2조제13호).
유전자변형식품 안정성 평가 및 표시제도	① 인위적으로 유전자를 재조합하거나 유전자를 구성하는 핵산을 세포 또는 세포 내 소기관으로 직접 주입하는 기술 또는 ② 분류학에 따른 과(科)의 범위를 넘는 세포융합기술을 활용하여 재배·육성된 농산물·축산물·수산물 등

	을 원재료로 하여 제조·가공한 식품 또는 식품첨가물은 유전자변형식품임을 표시해야 합니다. 다만, 제조·가공 후에 유전자변형 디엔에이(DNA, Deoxyribonucleic acid) 또는 유전자변형 단백질이 남아 있는 유전자변형식품 등에 한정합니다(「식품위생법」 제12조의2제1항).
식품 등의 표시제도	식품, 식품첨가물, 기구, 용기·포장, 건강기능식품, 축산물(이하 "식품 등"이라 함)에는 소비자 안전을 위한 주의사항과 그 밖에 식품 등에 관한 정보를 제공하기 위해 필요한 사항을 표시해야 합니다(「식품 등의 표시·광고에 관한 법률」 제4조제1항 참고).
식품 영양표시제도	식품 등(기구 및 용기·포장은 제외)을 제조·가공·소분하거나 수입하는 자는 영양표시를 하여야 합니다(「식품 등의 표시·광고에 관한 법률」 제5조제1항 및 「식품 등의 표시·광고에 관한 법률 시행규칙」 별표 4).

2. 소비자의 안전한 승강기 사용을 위해 승강기 안전검사제도

승강기 안전을 사전에 확보해 소비자의 생명 및 신체에 대한 위해를 방지하기 위해 승강기 안전검사 제도, 자체점검 제도 등이 시행되고 있습니다.

구분	내용
승강기 안전검사	승강기의 관리주체는 정기검사, 수시검사 및 정밀안전검사를 받아야 합니다(「승강기 안전관리법」 제32조제1항참고).
승강기 자체점검	승강기의 관리주체는 승강기의 안전에 관한 자체점검을 월 1회 이상 하고, 그 결과를 승강기안전종합정보망에 입력해야 합니다(「승강기 안전관리법」 제31조제1항).

3. 소비자는 자동차 정기검사제도

소비자의 생명 및 신체에 대한 위해를 방지하기 위해 자동차의 정기검사제도, 배출가스 정밀검사제도 등의 품질관리제도가 시행되고 있습니다.

구분	내용
정기검사 제도	자동차의 성능과 안전성 유지를 위해 자동차의 소유자가 자기 자동차의 구조 및 장치가 자동차검사기준에 적합한지와 차대번호 등이 전산정보처리조직에 기록된 자료의 내용과 동일한지 등에 대한 검사를 받아야 합니다(「자동차관리법」 제43조제2항 전단 및 「자동차관리법 시행규칙」 제73조).
배출가스 정밀검사 제도	자동차 배출가스 관련 장치의 성능유지와 대기환경 보전을 위해 특정지역에 등록된 자동차 소유자가 자기 자동차에서 나오는 배출가스가 운행차배출허용기준에 맞는지 검사를 받아야 합니다(「대기환경보전법」 제63조).

● 그네, 미끄럼틀 등이 설치된 놀이터의 안전은 어떻게 관리되나요?

Q. 그네, 미끄럼틀 등이 설치된 놀이터의 안전은 어떻게 관리되나요?

A. 그네, 미끄럼틀과 같은 어린이놀이기구는 안전인증을 받아야하며, 놀이터와 같은 어린이놀이시설은 설치검사, 정기시설검사 및 안전점검 등의 제도를 통하여 관리되고 있습니다.

◇ 어린이놀이시설의 안전제도

① 어린이놀이시설에 대한 안전을 위해 어린이놀이시설 설치검사제도, 정기시설검사제도, 유지관리제도 등의 품질관리제도가 시행되고 있습니다.

② 어린이놀이기구 설치자는 어린이놀이기구를 설치할 때 설치검사를 받으며, 어린이놀이시설의 소유자로서 관리책임이 있는 자, 다른 법령에 의하여 어린이놀이시설의 관리자로 규정된 자 또는 그 밖에 계약에 의하여 어린이놀이시설의 관리책임을 진 자(이하 "관리주체"라 함)는 어린이놀이기구 설치 후에 정기적으로 시설에 대한 검사를 받아야 합니다.

◇ 어린이놀이시설 설치검사

어린이놀이시설의 안전성 유지를 위해 안전인증을 받은 어린이놀이기구를 설치한 후 관리주체에게 인도하기 전에 어린이놀이기구 설치자가 해당 어린이놀이기구를 시설기준 및 기술기준에 적합하게 설치했는지 여부를 안전검사기관으로부터 검사를 받아야 합니다.

◇ 어린이놀이시설 정기시설검사

어린이놀이시설의 관리주체는 설치검사를 받은 어린이놀이시설이 시설기준 및 기술기준에 따른 적합성을 유지하고 있는지를 확인하기 위해 안전검사기관으로부터 2년에 1회 이상 검사를 받아야 합니다.

◇ 어린이놀이시설 안전점검

어린이놀이시설의 관리주체는 월 1회 이상 안전점검을 실시해야 합니다.

제3장

사후 제도[리콜(Recall), 위해정보, 제조물책임]

PART 1. 리콜(Recall) 제도

1. 리콜(Recall)의 개념, 유형 및 절차

소비자에게 발생한 위해를 사전에 보호하고, 사업자에게 사후적 법적 책임을 지우는 제도로 리콜(Recall)제도가 있습니다.

1-1. 리콜의 개념

"리콜(Recall)"이란 소비자에게 제공한 물품 또는 용역(시설물 포함. 이하 "물품 등"이라 함)의 결함으로 인해 소비자의 생명·신체 또는 재산에 위해를 끼치거나 끼칠 우려가 있는 경우 사업자가 스스로 또는 강제적으로 물품 등의 위해성을 알리고 해당 물품 등을 수거·파기·수리·교환·환급 또는 제조·수입·판매·제공 금지하는 등의 적절한 시정조치를 함으로써 위해요인을 제거하는 소비자보호조치입니다(「소비자기본법」 제48조, 제49조 및 제50조 참고).

1-2. 리콜의 유형

리콜은 사업자의 자발적인 리콜과 정부의 강제적인 리콜로 구분됩니다.(「소비자기본법」 제48조, 제49조 및 제50조 참고

구분	내용
자발적 리콜	사업자가 자신이 공급하는 물품 등이 소비자의 생명·신체 또는 재산상의 안전에 위해를 계속적·반복적으로 끼치거나 끼칠 우려가 있어 스스로 결함을 시정하는 것을 말합니다(「소비자기본법」 제48조 참고).
강제적 리콜	정부가 사업자에 대해 소비자의 생명·신체 및 재산상의 안전에 현저한 위해를 끼치거나 끼칠 우려가 있는 물품 등의 수거·파기를 강제함에 따라 이루어지는데, 강제적 리콜은 물품 등의 결함과 긴급성의 정도에 따라 '리콜권고'와 '리콜명령'으로 구분될 수 있습니다(\「소비자기본법」 제49조 및 제50조 참고).

1-3. 현행 법령상 주요 리콜제도

구분	근거법령	리콜요건	주관부처
모든 물품 및 용역	소비자 기본법	소비자의 생명·신체 및 재산상의 안전에 현저한 위해를 끼치거나 끼칠 우려가 있는 경우	중앙행정기관의 장 시·도지사
자동차	자동차 관리법	안전기준에 부적합하거나 안전운행에 지장을 주는 결함이 다수의 자동차에 발생하거나 발생할 우려가 있는 경우	국토교통부
	대기환경 보전법	배출가스 관련부품에 대한 결함 확인 검사결과 제작차 배출 허용기준을 위반하였을 경우	환경부
식품	식품위생법	식품위생상 위해가 발생하였거나 발생할 우려가 있다고 인정되는 때	식약처, 시·도지사, 시장·군수·구청장
	식품안전 기본법	국민건강에 위해가 발생하였거나 발생할 우려가 있다고	관계중앙행정기관의 장

		인정되는 때	
	건강기능 식품에 관한 법률	위생상의 위해가 발생하였거나 발생할 우려가 있다고 인정되는 때	식약처, 특별자치시장·특별자치도지사·시장·군수·구청장
의약품	약사법	관련 법령을 위반하여 안전성, 유효성에 문제가 있는 경우	식약처, 시·도지사, 시장·군수·구청장
축산물	축산물 위생관리법	공중위생상 위해가 발생하였거나 발생할 우려가 있는 축산물	농림축산식품부(검역검사본부), 시·도지사, 시장·군수·구청장
공산품	제품안전 기본법	제품의 제조·설계 또는 제품상 표시 등의 결함으로 인해 소비자의 생명·신체 또는 재산에 위해를 끼치거나 끼칠 우려가 있는 경우	중앙행정기관의 장
	품질경영 및 공산품 안전관리법	안전인증을 받지 않았거나 안전기준에 부적합한 경우 등	시·도지사
	전기용품 안전관리법	안전인증을 받지 않았거나 안전기준에 부적합한 경우 등	시·도지사
먹는물	먹는물 관리법	먹는샘물 등의 수질이나 용기와 포장등이 기준에 미달하여 국민건강상의 위해가 발생하거나 발생할 우려가 있는 경우	환경부, 시·도지사

※ 품목별 리콜요건에 대한 자세한 내용은 이 콘텐츠의 〈사후 제도[리콜(Recall), 위해정보, 제조물책임]-리콜(Recall)제도-품목별 리콜요건〉에서 확인하실 수 있습니다.

2. 리콜(Recall)의 유형 - 자진리콜, 리콜권고, 리콜명령

2-1. 자진리콜

① 사업자의 시정계획서 제출

물품 등의 결함을 시정하려는 사업자는 리콜 계획을 기재한 시정계획서를 소관 중앙행정기관의 장에게 제출해야 합니다(「소비자기본법」 제48조 및 「소비자기본법 시행령」 제36조 참고).

② 리콜조치

리콜조치가 시작되면 소비자는 물품 등의 결함에 대해 수거·파기·수리·교환·환급 등의 조치를 받을 수 있습니다(「소비자기본법」 제48조 참고).

③ 리콜결과 보고

사업자는 리콜조치를 마친 후 그 결과를 소관 중앙행정기관의 장에게 보고해야 합니다(「소비자기본법 시행령」 제36조).

[리콜 절차도]

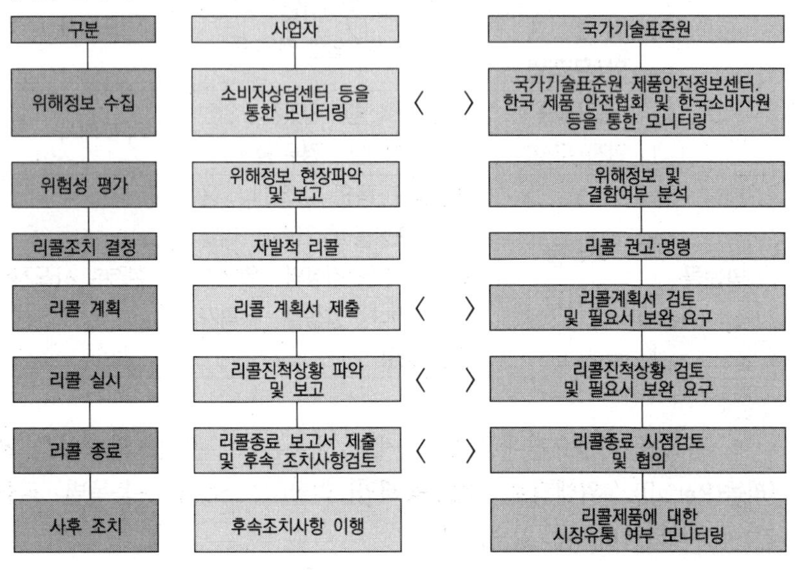

2-2. 리콜권고

① 중앙행정기관의 리콜권고

중앙행정기관의 장은 사업자가 제공한 물품 등의 결함으로 인해 소비자의 생명·신체 또는 재산에 위해를 끼치거나 끼칠 우려가 있다고 인정되는 경우에는 그 사업자에 대해 해당 물품 등의 수거·파기·수리·교환·환급 또는 제조·수입·판매·제공의 금지 그 밖의 필요한 조치를 권고할 수 있습니다(「소비자기본법」 제49조제1항).

② 사업자의 리콜권고 수락여부 통지

ⓐ 리콜권고를 받은 사업자는 7일 이내에 그 권고의 수락여부를 통지합니다(「소비자기본법」 제49조제2항 및 「소비자기본법 시행령」 제37조제3항).

ⓑ 만일, 사업자가 정당한 이유 없이 리콜권고를 수락하지 않으면 다음의 사항이 신문·방송 등을 통해 공표될 수 있습니다(「소비자기본법」 제49조제4항 및 「소비자기본법 시행령」 제37조제4항 본문).

- 사업자의 이름
- 리콜권고의 대상이 되는 물품 등의 명칭
- 리콜권고의 내용과 사업자의 리콜권고 수락거부사유
- 사업자의 리콜권고 수락거부사유에 대한 중앙행정기관의 장의의견
- 그 밖에 리콜권고와 관련된 사항

③ 리콜절차

사업자가 리콜권고를 수락한 경우의 절차는 자발적 리콜과 동일합니다.

2-3. 리콜명령

① 중앙행정기관의 리콜명령

중앙행정기관의 장은 사업자가 제공한 물품 등의 결함으로 인하여 소비자의 생명·신체 또는 재산에 위해를 끼치거나 끼칠 우려가 있다고 인정되는 경우에는 수거·파기·수리·교환·환급을 명하거나 제조·수

입·판매 또는 제공의 금지를 명할 수 있고, 그 물품 등과 관련된 시설의 개수(改修) 그 밖의 필요한 조치를 명할 수 있습니다(「소비자기본법」 제50조제1항 참고).

② 사업자의 시정계획서 제출

리콜명령을 받은 사업자는 7일 이내에 시정계획서를 소관 중앙행정기관의 장에게 제출하고 시정조치를 해야 합니다(「소비자기본법 시행령」 제38조제3항 전단 참고).

③ 소비자에 대한 리콜계획 통지

소관 중앙행정기관의 장은 소비자의 주소를 알고 있는 경우 등기우편에 의한 방법, 소비자의 주소를 모르거나 다수의 소비자 또는 판매자 등에게 시정조치계획을 신속하게 알릴 필요가 있는 경우에는 방송이나 신문에 광고하는 방법 및 대형마트 등이나 물품 등의 판매·제공장소에 안내문을 게시하는 방법으로 통지합니다(「소비자기본법」 제50조제1항 및 「소비자기본법 시행령」 제38조제3항제5호).

④ 리콜조치

사업자가 리콜조치기간 내에 리콜을 실시하지 않으면, 중앙행정기관의 장은 직접 리콜을 실시할 수 있습니다(「소비자기본법」 제50조제2항 및 「소비자기본법 시행령」 제38조제7항).

⑤ 리콜결과 보고 및 정부의 감독

리콜명령에 따라 리콜조치를 마친 사업자는 중앙행정기관의 장에게 그 서면으로 결과를 보고해야 합니다(「소비자기본법 시행령」 제38조제6항).

⑥ 위반 시 제재

리콜명령을 위반하면 3년 이하의 징역 또는 5천만원 이하의 벌금에 처해집니다(「소비자기본법」 제84조제1항제1호).

● 영양제에서 기준치를 초과하는 납이 검출되어 리콜조치를 하려고 하는데 어떻게 하면 되나요?

> Q. 영양제 등의 건강기능식품을 판매하는 사업자입니다. 판매중인 영양제에서 기준치를 초과하는 납이 검출되어 리콜조치를 하려고 하는데 어떻게 하면 되나요?

A. 리콜에는 사업자가 스스로 결함을 시정하는 자발적인 리콜과 정부가 사업자에게 물품 등의 수거·파기를 권고하거나 명령하는 강제적인 리콜이 있습니다.

◇ 리콜의 개념

"리콜(Recall)"이란 소비자에게 제공한 물품 등의 결함으로 인해 소비자의 생명·신체 또는 재산에 위해를 끼치거나 끼칠 우려가 있는 경우 사업자가 스스로 또는 강제적으로 물품 등의 위해성을 알리고 해당 물품 등을 수거·파기·수리·교환·환급 또는 제조·수입·판매·제공 금지하는 등의 적절한 시정조치를 함으로써 위해요인을 제거하는 소비자보호조치입니다.

◇ 자발적 리콜

사업자가 자신이 공급하는 물품 등이 소비자의 생명·신체 또는 재산상의 안전에 위해를 계속적·반복적으로 끼치거나 끼칠 우려가 있어 스스로 결함을 시정하는 것을 말합니다.

◇ 강제적 리콜

정부가 사업자에 대해 소비자의 생명·신체 및 재산상의 안전에 현저한 위해를 끼치거나 끼칠 우려가 있는 물품 등의 수거·파기를 강제함에 따라 이루어지는데, 강제적 리콜은 물품 등의 결함과 긴급성의 정도에 따라 '리콜권고'와 '리콜명령'으로 구분될 수 있습니다.

◇ 주요 리콜제도

리콜제도는 품목별로 개별법에서 규정하고 있습니다. 전기용품 및 생활용품은 「전기용품 및 생활용품 안전관리법」, 자동차는 「자동차관리법」 및 「대기환경보전법」, 위해식품은 「식품위생법」 및 「식품 등의 표시·광고에 관한 법률」에서 리콜제도를 규정하고 있습니다.

3. 품목별 리콜요건

자동차 또는 자동차부품 등에 결함이 있는 자동차는 리콜 대상이 될 수 있습니다.

3-1. 자동차 안전 관련 리콜요건

① 자동차의 제작·시험·검사시설 등을 국토교통부장관에게 등록한 자(이하 "자동차제작자등"이라 함)나 자동차부품을 제작·조립 또는 수입(이하 "제작등"이라 함)한 자(자동차와 별도로 자동차부품을 판매하는 경우만 해당. 이하 "부품제작자등"이라 함)에게 리콜조치를 취하는 경우는 다음과 같습니다(「자동차관리법」 제31조제1항 본문 및 「자동차관리법 시행규칙」 제41조제1항 각 호).

1. 제작등을 한 자동차 또는 자동차부품이 자동차안전기준 또는 부품안전기준에 적합하지 않은 경우

2. 설계, 제조 또는 성능상의 문제로 안전에 지장을 주는 경우
   - 다수의 같은 종류 자동차 또는 부품에서 공통적으로 나타나는 문제일 것
   - 사망 또는 부상 등의 인명 피해가 있는 교통사고를 초래하거나 초래할 우려가 있는 문제일 것

3. 다만, 자동차안전기준 또는 부품안전기준 중 연료소비율의 과다표시, 원동기 출력의 과다 표시 및 그 밖에 유사한 경우에 해당하는 결함에 대해서는 시정조치를 갈음하여 경제적 보상을 할 수 있습니다(「자동차관리법」 제31조제1항 단서 및 각 호 참고).

② 위반 시 제재

이를 위반해서 리콜조치를 하지 않으면 자동차 또는 자동차부품 매출액의 100분의 3을 초과하지 않는 범위에서 과징금을 부과받거나 10년 이하의 징역 또는 1억원 이하의 벌금에 처해집니다(「자동차관리법」 제74조제2항 및 제78조제1호).

● **자동차 관련 리콜사례**

Q. 리콜(결함시정) 차량인데 이미 수리하여 지급한 수리비를 환급 받을 수 있나요?

A. 네, 수리비를 환급받을 수 있습니다. 자동차의 제작결함 시정은 안전 운행에 지장을 줄 수 있는 중대한 결함이 발생했을 때 자발적 또는 강제적으로 시정명령이 이루어지게 되는데, 자동차의 제작결함 시정이 공표되면 해당 차량의 결함에 대해서 무상수리 등을 받을 수 있으며, 또한 1년 전까지 동일 부위를 수리한 사실이 있으면 수리비의 환급이 가능합니다(규제「자동차관리법」 제31조의 2 참고).

3-2. 자동차 배출가스 관련 리콜요건

① 자동차(원동기 및 저공해자동차 포함)를 제작(수입 포함)하려는 자(이하 "자동차제작자"라 함)는 배출가스보증기간 내에 운행중인 자동차에서 나오는 배출가스가 배출허용기준에 맞는지 환경부장관의 검사(이하 "결함확인검사"라 함)를 받아야 하며, 결함확인검사에서 검사대상차가 제작차배출허용기준에 맞지 않다고 판정되고 그 사유가 자동차 제작자에게 있다고 인정되면 환경부장관은 리콜조치를 취할 수 있습니다(「대기환경보전법」 제51조제4항 참고).

② 다만, 자동차제작자가 결함사실을 인정하고 스스로 그 결함을 시정하려는 경우에는 결함시정명령을 생략할 수 있습니다(「대기환경보전법」 제51조제4항 단서).

③ 배출가스보증기간 내에 있는 자동차의 소유자 또는 운행자는 배출가스 관련 부품이 정상적인 성능을 유지하지 않는 경우에는 자동차제작자에게 그 결함에 대해 리콜을 요구할 수 있습니다(「대기환경보전법」 제52조제1항).

④ 위반 시 제재

이를 위반해서 리콜조치를 하지 않으면 제작차에 대한 인증이 취소될 수 있으며, 5년 이하의 징역 또는 5천만원 이하의 벌금에 처해집니다(「대기환경보전법」 제55조제4호 및 제90조제7호).

4. 위해한 식품과 표시·광고를 위반한 식품은 리콜 대상

4-1. 위해식품 관련 리콜요건

① 판매의 목적으로 식품, 식품첨가물, 기구 또는 용기·포장(이하 "식품등"이라 함)을 제조·가공·소분·수입 또는 판매한 영업자(규제「수입식품안전관리 특별법」 제15조에 따라 등록한 수입식품등 수입·판매업자 포함)에게 리콜조치를 취하는 경우는 다음과 같습니다(「식품위생법」 제45조제1항).

- 위해식품 등의 판매 등 금지규정(규제「식품위생법」 제4조)을 위반한 경우
- 병든 동물 고기 등의 판매 등 금지규정(규제「식품위생법」 제5조)을 위반한 경우
- 기준·규격이 정해지지 않은 화학적 합성품 등의 판매 등 금지규정(「식품위생법」 제6조)을 위반한 경우
- 기준·규격에 맞지 않는 식품 또는 식품첨가물 판매 등 금지규정(「식품위생법」 제7조제4항)을 위반한 경우
- 유독기구 등의 판매·사용 금지규정(「식품위생법」 제8조)을 위반한 경우
- 기준·규격에 맞지 않는 기구 및 용기·포장 판매 등 금지규정(「식품위생법」 제9조제4항)을 위반한 경우
- 표시 기준 위반 유전자재조합식품 등의 판매 등 금지규정(「식품위생법」 제12조의2제2항)을 위반한 경우

② 위반 시 제재

이를 위반해서 리콜조치를 하지 않으면 영업허가 또는 등록이 취소되거나, 6개월 이내의 기간을 정하여 영업의 전부 또는 일부를 정지하거나 영업소 폐쇄명령을 받을 수 있습니다(「식품위생법」 제75조제1항제14호).

● 식품 관련 리콜사례

'순대' 등 제조 위생 불량 관련 조치

식품의약품안전처는 '순대' 등 제조시설이 비위생적으로 관리되고 있다는 정보를 사전에 입수하여 해당 제조업체를 불시에 조사한 결과, 일부 시설이 청결하게 관리되지 않는 등 「식품위생법」, 「식품 등의 표시·광고에 관한 법률」, 「축산물 위생관리법」의 위반사항을 확인하고 관할 관청에 행정처분과 수사의뢰를 요청했습니다. 점검 결과, 알레르기 유발물질인 '게 육수농축액'을 원료로 사용했음에도 제품에 알레르기 성분을 표시하지 않았고, 순대 충진실 천장에 맺힌 응결수를 확인하는 등 위생적 취급기준이 위반됐습니다. 또한 알레르기 유발물질 함유 제품에 소비자 안전을 위한 표시를 하지 않은 해당 제품을 판매 중단하고 회수 조치하였습니다.

4-2. 건강기능식품 관련 리콜요건

① 식품의약품안전처장 또는 특별자치시장·특별자치도지사·시장·군수·구청장은 영업자(「수입식품안전관리 특별법」 제15조에 따라 등록한 수입식품등 수입·판매업자를 포함)가 다음 중 어느 하나를 위반하였을 때에는 관계 공무원으로 하여금 리콜조치를 취할 수 있습니다(「건강기능식품에 관한 법률」 제30조제1항).

- 표시기준 위반 유전자변형건강기능식품 판매 등 금지규정(「건강기능식품에 관한 법률」 제17조의2제2항)을 위반한 경우
- 위해 건강기능식품 등의 판매 등 금지규정(「건강기능식품에 관한 법률」 제23조)을 위반한 경우
- 기준·규격 위반 건강기능식품의 판매 등 금지규정(「건강기능식품에 관한 법률」 제24조)을 위반한 경우

② 위반 시 제재

ⓐ 이를 위반해서 리콜조치를 하지 않으면 영업허가를 취소하거나 6개월 이내의 기간을 정하여 그 영업의 전부 또는 일부의 정지를 명하거나 영업소 폐쇄명령을 받을 수 있습니다(「건강기능식품에 관한 법률」 제32조제1항제8호).

ⓑ 영업정지 명령을 위반한 경우에는 5년 이하의 징역 또는 5천만원 이하의 벌금에 처해집니다(「건강기능식품에 관한 법률」 제44조제9호).

● **건강기능식품 관련 리콜사례**

납 기준 초과한 수입 건강기능식품 회수 조치

식품의약품안전처(이하 "식약처"라 함)는 수입식품 등 수입·판매업체가 수입 및 판매한 눈 영양제에서 납이 기준치(1.0㎎/㎏)보다 초과 검출(1.6㎎/㎏)되어 해당 제품을 판매중단하고 회수 조치하였습니다. 식약처는 해당 제품을 신속히 회수하도록 조치하였으며, 해당 제품을 구매한 소비자는 섭취를 중단하고 구입처에 반품하여 줄 것을 당부했습니다.

4-3. 식품 등 표시·광고 위반 리콜요건

① 판매의 목적으로 식품 등을 제조·가공·소분 또는 수입하거나 식품 등을 판매한 영업자는 해당 식품 등이 다음을 위반한 사실(식품 등의 위해와 관련이 없는 위반사항은 제외)을 알게 된 경우에는 지체 없이 유통 중인 해당 식품 등을 회수하거나 회수하는 데에 필요한 조치를 해야 합니다(「식품 등의 표시·광고에 관한 법률」 제15조제1항).

- 식품, 식품첨가물, 축산물 및 건강기능식품 등 표시 및 표시방법 규정(「식품 등의 표시·광고에 관한 법률」 제4조제3항)을 위반한 경우
- 부당한 표시 또는 광고행위의 금지규정(「식품 등의 표시·광고에 관한 법률」 제8조제1항)을 위반한 경우

② 위반 시 제재

ⓐ 이를 위반해서 리콜조치를 하지 않으면 식품의약품안전처장, 시·도지사 또는 시장·군수·구청장은 6개월 이내의 기간을 정하여 그 영업의 전부 또는 일부를 정지하거나 영업허가 또는 등록을 취소할 수 있으며, 특별자치시장·특별자치도지사·시장·군수·구청장은 6개월 이내의 기간을 정하여 그 영업의 전부 또는 일부를 정지하거나 영업소 폐쇄를 명할 수 있습니다(「식품 등의 표시·광고에 관한 법률」 제16조제1항제4호 및 제16조제3항제4호).

ⓑ 회수 또는 회수하는 데에 필요한 조치를 하지 않은 경우에는 5년 이하의 징역 또는 5천만원 이하의 벌금에 처해집니다(「식품 등의 표시·광고에 관한 법률」 제27조제3호).

5. 안전성에 문제가 있는 의약품도 리콜 대상

① 의약품에 안전성·유효성에 문제가 있는 사실을 알게 되어 의약품 품목허가를 받은 자, 의약외품 제조업자, 의약품 또는 의약외품(이하 "의약품 등"이라 함)의 수입자 및 판매업자, 약국개설자, 의료기관의 개설자에게 리콜조치를 취하는 경우는 다음과 같습니다(「약사법」 제39조제1항 참고).

- 의약품 국가출하승인규정(「약사법」 제53조제1항)을 위반한 경우
- 판매 등의 금지규정(「약사법」 제61조)을 위반한 경우
- 제조 등 금지규정(「약사법」 제62조)을 위반한 경우

② 위반 시 제재

ⓐ 이를 위반해서 리콜조치를 하지 않으면 의약품등의 제조업자, 품목허가를 받은 자, 원료의약품의 등록을 한 자, 수입자, 임상시험의 계획 승인을 받은 자에게는 식품의약품안전처장이, 약국개설자나 의약품 판매업자, 의약품 판촉영업자에게는 시장·군수·구청장이 그 허가·승인·등록의 취소, 신고 수리의 취소 또는 위탁제조판매업소·제조소 폐쇄(의약외품 제조업 신고를 한 경우만 해당), 영업소 폐쇄(의약품 등의 수입신고를 한 경우만 해당), 품목제조 금지나 품목수입 금지를 명하거나, 1년의 범위에서 업무의 전부 또는 일부의 정지를 명할 수 있습니다(「약사법」 제76조제1항제5호).

ⓑ 회수 또는 회수하는 데에 필요한 조치를 하지 않은 경우에는 3년 이하의 징역 또는 3천만원 이하의 벌금에 처해집니다(「약사법」 제94조제4호의2).

● **의약품 관련 리콜사례**

의료기기 수입업체가 수입하는 의료용 일반클립, 봉합사 등 62개 품목 판매 중지

식품의약품안전처는 수입의료기기 제조소가 '제조 및 품질관리체계 적합성 인정'을 위해 제출한 서류를 심사하던 중 제출서류 일부를 조작하여 제출한 것을 확인하였습니다. 식품의약품안전처는 서류 조작으로 받은 허가(인증) 및 GMP 적합인정서를 취소하는 절차에 착수하는 한편, 행정절차 상 소요되는 기간을 감안하여 소비자 보호 및 사전 예방 차원에서 잠정적으로 판매중지를 명령하였습니다.

6. 가공기준과 규격에 맞지 않는 축산물도 리콜 대상

① 영업자(「수입식품안전관리 특별법」 제15조에 따라 등록한 수입식품 등 수입·판매업자 포함) 또는 영업에 사용할 목적으로 축산물을 수입하는 자는 해당 축산물이 다음에 위반된 사실(축산물의 위해와 관련이 없는 위반사항 제외)을 알게 된 경우에는 지체 없이 유통 중인 해당 축산물을 회수하여 폐기(회수한 축산물을 다른 용도로 활용하는 경우에는 폐기하지 않을 수 있음)하는 등 필요한 조치를 해야 합니다(「축산물 위생관리법」 제31조의2제1항).

- 기준·가공기준·성분규격에 맞지 않는 축산물의 판매 등 금지규정(「축산물 위생관리법」 제4조)을 위반한 경우
- 규격에 맞지 않는 용기·기구·포장 또는 검인용·인쇄용 색소 사용 금지규정(「축산물 위생관리법」 제5조)을 위반한 경우
- 판매 등의 금지규정(「축산물 위생관리법」 제33조)을 위반한 경우

② 위반 시 제재

ⓐ 회수 또는 회수하는 데에 필요한 조치를 하지 않은 경우에는 5년 이하의 징역 또는 5천만원 이하의 벌금에 처해집니다(「축산물 위생관리법」 제45조제3항제1호).

ⓑ 식품의약품안전처장, 시·도지사 또는 시장·군수·구청장은 다음 중 어느 하나에 해당하는 경우에는 검사관 또는 「축산물 위생관리법」 제20조의2에 따라 임명된 축산물위생감시원(이하 "축산물위생감시원"이라 함)에게 축산물을 압류 또는 폐기하게 하거나 그 축산물의 소유자 또는 관리자에게 공중위생상 위해가 발생하지 아니하도록 용도, 처리방법 등을 정하여 필요한 조치를 할 것을 명할 수 있습니다(「축산물 위생관리법」 제36조제1항 참고).

- 기준·가공기준·성분규격에 맞지 않는 축산물의 판매 등 금지규정(「축산물 위생관리법」 제4조제6항 및 제7항 참고)을 위반한 경우

- 규격에 맞지 않는 용기·기구·포장 또는 검인용·인쇄용 색소 사용 금지규정(「축산물 위생관리법」 제5조제2항 참고)을 위반한 경우
- 도축업·집유업·축산물가공업 또는 식용란선별포장업 영업허가규정(「축산물 위생관리법」 제22조제1항 및 제2항)을 위반한 경우
- 축산물운반법·축산물판매업·식육즉석판매가공업 등 영업신고규정(「축산물 위생관리법」 제24조)을 위반한 경우
- 판매 등의 금지규정(「축산물 위생관리법」 제33조제1항)을 위반한 경우

③ 위반 시 제재

ⓐ 이를 위반해서 리콜조치를 하지 않으면 시·도지사 또는 시장·군수·구청장은 영업허가를 취소하거나 6개월 이내의 기간을 정하여 그 영업의 전부 또는 일부의 정지를 명하거나 영업소 폐쇄명령을 할 수 있습니다(「축산물 위생관리법」 제27조제1항제4호).

ⓑ 리콜 명령을 위반한 경우에는 3년 이하의 징역 또는 3천만원 이하의 벌금에 처해집니다(「축산물 위생관리법」 제45조제4항제15호).

7. 안전인증대상제품 및 안전확인대상제품 등의 공산품도 리콜 대상

7-1. 제품 리콜권고

소비자가 최종으로 사용하는 물품 또는 그 부분품이나 부속품(이하 "제품"이라 함)의 제조·설계 또는 제품상 표시 등의 결함 또는 제품의 기술상·구조상 특성으로 인하여 소비자의 생명·신체 또는 재산에 위해를 끼치거나 끼칠 우려가 있는 경우에는 해당 제품의 사업자에 대하여 리콜조치를 권고할 수 있습니다(「제품안전기본법」 제3조제1호 및 제10조제1항).

7-2. 제품 리콜명령

① 중앙행정기관의 장은 다음 중 어느 하나에 해당하는 경우에는 해당 제품의 사업자에게 리콜명령을 할 수 있습니다(「제품안전기본법」 제11조제1항).

- 안전성조사를 실시한 결과 해당 제품의 위해성이 확인된 경우
- 제품 리콜권고를 받은 사업자가 정당한 사유 없이 그 권고를 따르지 아니하는 경우
- 시중에 유통되는 제품의 제조·설계 또는 제품상 표시 등의 「제품안전기본법 시행령」 제10조의 중대한 결함으로 인하여 소비자의 생명·신체 또는 재산에 위해를 끼치거나 끼칠 우려가 있다고 인정할 만한 상당한 이유가 있는 경우
- 개별 법령에서 정하고 있는 인증을 받거나 신고·확인 등을 한 후 해당 제품의 부품 등을 변경하여 소비자의 생명·신체 또는 재산에 위해를 끼치거나 끼칠 우려가 있는 경우

② 위반 시 제재

이를 위반해서 리콜조치를 하지 않으면 3년 이하의 징역 또는 3천만원 이하의 벌금에 처해집니다(「제품안전기본법」 제26조제1항제1호).

● **액체괴물(슬라임) 리콜사례**

> Q. 액체괴물(슬라임)에서 방부제, 납 등의 유해물질이 검출되어 리콜 조치가 시행되었다고 하는데, 이미 구매한 제품은 어떻게 처리하면 되나요?

A. 사업자는 해당 제품을 즉시 수거하고 이미 판매된 제품은 수리·교환·환급 등을 해주어야 합니다(「제품안전기본법」 제11조제1항).

마트나 문구점 등에서 수거지 않은 제품을 발견하면 국민신문고 또는 한국제품안전관리원(02-1833-4010)으로 신고를 하시면 됩니다.

슬라임 구매 시에는 제조일자를 꼭 확인하여야 하며, 제조일자가 표시되어 있지 않은 경우 제품안전정보센터에서 인증번호를 검색하여 안전인증을 받은 시기를 확인할 수 있습니다.

7-3. 제품 자진리콜

① 사업자는 시중에 유통되는 제품의 중대한 결함으로 인하여 소비자의 생명·신체 또는 재산에 위해를 끼치거나 끼칠 우려가 있다는 사실을 알게 된 때에는 그 결함을 소관 중앙행정기관의 장에게 즉시 보고하고 제품을 자진 수거해야 합니다(「제품안전기본법」 제13조제1항 및 「제품안전기본법 시행령」 제14조제1항).

② 이를 위반해서 제품의 수거를 하지 않으면 3년 이하의 징역 또는 3천만원 이하의 벌금에 처해집니다(「제품안전기본법」 제26조제1항제2호).

7-4. 안전인증대상제품 리콜

① 시·도지사가 안전인증대상제품의 제조업자·수입업자·판매업자·대여업자·영업자·판매중개업자·구매대행업자 및 수입대행업자에게 전기용품에 대한 리콜조치를 취하는 경우는 다음과 같습니다(「전기용품 및 생활용품 안전관리법」 제40조제1항).

- 「전기용품 및 생활용품 안전관리법」 제5조제1항에 따른 안전인증을 받지 않은 경우
- 「전기용품 및 생활용품 안전관리법」 제5조제2항 본문에 따른 변경인증을 받지 않은 경우
- 「전기용품 및 생활용품 안전관리법」 제5조제3항에 따른 안전기준(「전기용품 및 생활용품 안전관리법」 제5조제3항 단서에 따라 안전인증을 받은 경우에는 그 기준을 말함) 또는 공장심사 기준에 적합하지 않은 경우
- 「전기용품 및 생활용품 안전관리법」 제8조제1항에 따른 안전검사를 받지 않은 경우
- 「전기용품 및 생활용품 안전관리법」 제9조제1항을 위반하여 안전인증을 받은 안전인증대상제품에 안전인증표시 등을 하지 않은 경우

- 「전기용품 및 생활용품 안전관리법」 제9조제2항을 위반하여 안전인증표시 등을 하거나 이와 비슷한 표시를 한 경우
- 「전기용품 및 생활용품 안전관리법」 제9조제3항을 위반하여 안전인증표시 등을 임의로 변경하거나 제거한 경우
- 「전기용품 및 생활용품 안전관리법」 제10조제1항을 위반하여 안전인증표시 등이 없는 안전인증대상제품을 판매·대여하거나 판매·대여할 목적으로 수입·진열 또는 보관한 경우
- 「전기용품 및 생활용품 안전관리법」 제10조제2항을 위반하여 안전인증표시 등이 없는 안전인증대상제품의 판매를 중개하거나 구매 또는 수입을 대행한 경우
- 「전기용품 및 생활용품 안전관리법」 제10조제3항을 위반하여 안전인증표시 등이 없는 안전인증대상제품을 사용한 경우

② 위반 시 제재

ⓐ 리콜명령을 위반한 경우 안전인증기관은 안전인증을 받은 안전인증대상제품의 제조업자 또는 수입업자에게 안전인증을 취소하거나 6개월 이내의 범위에서 안전인증표시등의 사용금지명령 또는 개선명령을 할 수 있습니다(「전기용품 및 생활용품 안전관리법」 제11조제1항제9호).

ⓑ 이를 위반해서 리콜조치를 하지 않으면 3년 이하의 징역 또는 3천만원 이하의 벌금에 처해집니다(「전기용품 및 생활용품 안전관리법」 제49조제1항제34호).

③ 안전인증대상제품에 대한 자세한 내용은 이 콘텐츠의 〈사전 제도(안전 관리)-제품안전관리제도-전기용품 및 생활용품〉에서 확인하실 수 있습니다.

7-5. 안전확인대상제품 리콜

① 시·도지사가 안전확인대상제품의 제조업자·수입업자·판매업자·대여업자·영업자·판매중개업자·구매대행업자 또는 수입대행업자에게 전기용품에 대한 리콜조치를 취하는 경우는 다음과 같습니다(「전기용품 및 생활용품 안전관리법」 제40조제2항).

- 「전기용품 및 생활용품 안전관리법」 제15조제1항에 따른 신고를 하지 않은 경우
- 「전기용품 및 생활용품 안전관리법」 제15조제2항 본문에 따른 변경신고를 하지 않은 경우
- 「전기용품 및 생활용품 안전관리법」 제15조제4항에 따른 안전기준(「전기용품 및 생활용품 안전관리법」 제15조제4항 단서에 따라 안전확인시험을 하는 경우에는 그 기준을 말함)에 적합하지 않은 경우
- 「전기용품 및 생활용품 안전관리법」 제17조제1항에 따른 안전검사를 받지 않은 경우
- 「전기용품 및 생활용품 안전관리법」 제18조제1항을 위반하여 안전확인표시 등을 하지 않은 경우
- 「전기용품 및 생활용품 안전관리법」 제18조제3항을 위반하여 안전확인표시 등을 임의로 변경하거나 제거한 경우
- 「전기용품 및 생활용품 안전관리법」 제19조제1항을 위반하여 안전확인표시 등이 없는 안전확인대상제품을 판매·대여하거나 판매·대여할 목적으로 수입·진열 또는 보관한 경우
- 「전기용품 및 생활용품 안전관리법」 제19조제2항을 위반하여 안전확인표시 등이 없는 안전확인대상제품의 판매를 중개하거나 구매 또는 수입을 대행한 경우
- 「전기용품 및 생활용품 안전관리법」 제19조제3항을 위반하여 안전확인표시 등이 없는 안전확인대상제품을 사용한 경우

② 위반 시 제재

ⓐ 리콜명령을 위반한 경우 산업통상자원부장관은 안전확인대상제품의 제조업자 또는 수입업자가에게 안전확인신고의 효력상실 처분을 하거나 6개월 이내의 범위에서 안전확인표시등의 사용금지명령 또는 개선명령을 할 수 있습니다(「전기용품 및 생활용품 안전관리법」 제20조제1항제4호).

ⓑ 이를 위반해서 리콜조치를 하지 않으면 3년 이하의 징역 또는 3천만원 이하의 벌금에 처해집니다(「전기용품 및 생활용품 안전관리법」 제49조제1항제34호).

③ 안전확인대상제품에 대한 자세한 내용은 이 콘텐츠의 〈사전 제도(안전 관리) 제품안전관리제도 전기용품 및 생활용품〉에서 확인하실 수 있습니다.

8. 위해성이 높은 먹는샘물 등도 리콜 대상

① 다음과 같은 경우에는 먹는샘물 또는 먹는염지하수(이하 "먹는샘물 등"이라 함), 수처리제, 정수기 또는 그 용기와 포장 등을 압류하거나 폐기하는 등의 조치를 받을 수 있습니다(「먹는물관리법」 제47조제1항).

- 기준과 규격에 맞지 않는 먹는샘물 등, 수처리제 도는 정수기의 사용금지 규정(규제「먹는물관리법」 제36조제3항) 위반
- 거짓 또는 과대 표시·광고 금지규정(「먹는물관리법」 제40조제1항) 위반

② 위반 시가 제재

이를 위반하여 리콜조치를 하지 않으면 영업허가 또는 등록을 취소하거나 영업장 폐쇄 또는 6개월 이내의 기간을 정해 영업의 전부 또는 일부정지 명령을 받을 수 있으며, 영업정지 명령을 위반한 경우에는 3년 이하의 징역이나 3천만원 이하의 벌금에 처해집니다(「먹는물관리법」 제48조제1항제12호 및 제58조제8호).

③ 영업의 허가 등을 받지 않거나 등록·신고를 하지 않고 제조·수입·유통판매하는 먹는샘물 등, 수처리제, 정수기 또는 그 용기와 포장 등에 해당하는 물건은 압류하거나 폐기처분 등의 조치를 받을 수 있습니다(「먹는물관리법」 제47조제2항).

④ 위반 시 제재

이를 위반하여 리콜조치를 하지 않으면 1년 이하의 징역이나 1천만원 이하의 벌금에 처해집니다(「먹는물관리법」제59조제17호).

⑤ 기준과 규격에 맞지 않거나 거짓 또는 과대의 표시·광고, 의약품과 혼동할 우려가 있는 표시·광고를 한 경우는 압류 또는 폐기명령을 받을 수 있습니다(「먹는물관리법」 제47조제4항).

⑥ 유통 중인 먹는샘물 등, 수처리제, 정수기 또는 그 용기와 포장 등이 다음의 기준에 미달하여 국민건강상의 위해가 발생하거나 발생할 우

려가 있는 경우에는 회수·폐기명령을 받습니다(「먹는물관리법」 제47조제5항 및 「먹는물관리법 시행령」 제17조의2).

- 먹는샘물 등이 「먹는물관리법」 제5조에 따른 먹는물 등의 수질 기준을 위반한 경우
- 먹는샘물 등의 용기에서 「식품위생법」 제9조 및 제14조에 따른 식품 등의 공전에서 정한 용기의 기준과 규격을 위반하여 유해물질이 검출된 경우

⑦ 위반 시 제재

이를 위반하여 리콜조치를 하지 않으면 영업허가 또는 등록을 취소하거나 영업장 폐쇄 또는 6개월 이내의 기간을 정해 영업의 전부 또는 일부정지 명령을 받을 수 있습니다(「먹는물관리법」 제48조제1항제12호).

● **의약품의 리콜 사유로는 어떤 것이 있으며 해당 제품은 어떻게 처리하면 되나요?**

> Q. 기사를 통해 사용하고 있던 연고가 리콜조치가 들어간 것을 확인하였습니다. 의약품의 리콜 사유로는 어떤 것이 있으며 해당 제품은 어떻게 처리하면 되나요?

A. 의약품의 국가출하승인규정을 위반하거나 판매 등의 금지규정을 위반하는 등 의약품의 안전성·유효성에 문제가 있는 사실이 발생하면 리콜조치가 이루어지며, 해당 제품은 판매처 또는 구입처에서 반품을 할 수 있습니다.

◇ 의약품 등의 리콜

① 의약품에 다음과 같이 안전성·유효성에 문제가 있는 사실이 발생하면 의약품 품목허가를 받은 자, 의약외품 제조업자, 의약품 또는 의약외품의 수입자 및 판매업자, 약국개설자, 의료기관의 개설자에게 리콜조치를 취할 수 있습니다.

- 의약품 국가출하승인규정을 위반한 경우
- 판매 등의 금지규정을 위반한 경우
- 제조 등 금지규정을 위반한 경우

② 리콜사유가 발생한 의약품에 대해서는 회수·폐기 명령을 내리며, 제품을 구매한 소비자는 판매처 또는 구입처에서 반품을 할 수 있습니다.

◇ 리콜대상 의약품 확인

소비자24(https://www.consumer.go.kr)에서는 리콜대상 의약품 및 리콜뉴스 등을 확인할 수 있습니다.

● **제 차량이 리콜대상이 맞는지 정확하게 알 수 있는 방법이 있을까요?**

Q. 뉴스에서 제가 보유하고 있는 차종이 리콜대상이라고 하는데 왜 리콜이 되는지, 그리고 제 차량이 리콜대상이 맞는지 정확하게 알 수 있는 방법이 있을까요?

A. 자동차 또는 자동차부품이 안전기준에 적합하지 않거나 안전운행에 지장을 주는 등의 결함이 있는 경우 리콜을 받을 수 있으며, 리콜대상확인은 자동차리콜센터에서 할 수 있습니다.

◇ 자동차 안전 관련 리콜

① 자동차제작자나 부품제작자는 제작 등을 한 자동차 또는 자동차부품이 자동차안전기준 또는 부품안전기준에 적합하지 않거나 설계, 제조 또는 성능상의 문제로 안전에 지장을 주는 등의 결함이 있는 경우에는 리콜조치를 해야 합니다.

② 이를 위반해서 리콜조치를 하지 않으면 자동차 또는 자동차부품 매출액의 100분의 3을 초과하지 않는 범위에서 과징금을 부과받거나 10년 이하의 징역 또는 1억원 이하의 벌금에 처해집니다.

③ 자동차제작자나 부품제작자는 결함을 안 날부터 30일 이내에 시정조치계획을 수립하여 자동차소비자 또는 자동차정비사업조합 및 자동차전문정비사업조합(자동차부품만 해당)에게 우편 또는 휴대전화를 이용한 문자메시지로 통지하고, 서울특별시에 주사무소를 두고 전국에 배포되는 1개 이상의 일간신문에 이를 공고해야 합니다.

◇ 확인방법 및 사이트 안내

자동차리콜센터(https://www.car.go.kr/)에서 자동차등록번호 또는 차대번호 조회를 통해 리콜대상확인을 할 수 있습니다.

PART 2. 위해정보의 개념 및 수집·처리

1. 위해정보의 개념 및 수집·처리

1-1. “위해정보”란?

위해정보는 소비자의 생명·신체 또는 재산에 위해가 발생하였거나 발생할 우려가 있는 사안에 대한 정보(이하 “위해정보”라 함)를 의미합니다(「소비자기본법」 제52조제1항 참고).

1-2. 위해정보 수집

① 소비자안전시책을 지원하기 위하여 한국소비자원에 소비자안전센터를 두고 있으며, 소비자안전센터는 위해정보를 수집할 수 있습니다(「소비자기본법」 제51조제1항 및 제52조제1항).

② 위해정보 제출기관

ⓐ 공정거래위원회는 소비자안전센터가 위해정보를 효율적으로 수집하기 위해서 필요한 경우에는 행정기관·병원·학교·소비자단체 등을 위해정보 제출기관으로 지정·운영할 수 있습니다(「소비자기본법」 제52조제6항).

ⓑ 소비자안전센터는 병원, 소방서 등 전국의 76개 위해정보 제출기관을 통해 위해정보를 수집하고 있습니다.

1-3. 위해정보 분석 및 결과에 따른 조치

① 소비자안전센터가 수집한 위해정보를 분석하여 그 결과에 따라 필요하다고 인정되는 경우에는 다음과 같은 조치가 취해집니다(「소비자기본법」 제52조제2항).

1. 위해방지 및 사고예방을 위한 소비자안전경보의 발령
2. 물품 또는 용역(시설물 포함. 이하 "물품 등"이라 함)의 안전성에 관한 사실의 공표
3. 위해 물품 등을 제공하는 사업자에 대한 시정 권고
4. 국가 또는 지방자치단체에의 시정조치·제도개선 건의
5. 그 밖에 소비자안전을 확보하기 위해 필요한 조치

● 위해정보 분석 및 결과에 따른 조치 사례

한국소비자원과 산업통상자원부 국가기술표준원, '단추형 전지 삼킴 사고' 안전주의보 발령

영·유아들이 단추형 전지를 삼키는 사고가 지속적으로 발생하고 있어 한국소비자원과 국가기술표준원은 소비자의 주의를 당부하며 안전기준 강화에 나섰습니다.

국가기술표준원은 연구용역 및 업계 의견수렴 등을 거쳐 어린이보호포장과 사용 제품의 안전설계, 주의·경고 표시를 안전기준에 반영하여 의무화 할 예정이며, 한국소비자원은 선제적으로 단추형 전지 및 사용 제품 제조·유통·판매업체 등 관련 업계에 전지의 어린이보호포장과 단자함 안전설계, 주의·경고표시를 강화토록 권고하였고, 업계는 이를 수용하여 자발적인 조치를 진행중입니다.

두 기관은 단추형 전지 안전사고로 인한 해외리콜 사례 및 불법·불량 제품에 대한 모니터링을 지속적으로 실시하는 한편, (사)한국전지재활용협회 ·대한소아청소년과학회·대한소아소화기영양학회 등과 협력하여 단추형 전지에 대한 소비자 안전의식 개선 캠페인도 전개할 계획입니다.

아울러, 소비자들에게는 단추형 전지로 인한 사고를 예방하기 위해 ▲(구입 시) 어린이보호포장이 적용된 단추형 전지를 구입하고, ▲(사용 시) 단추형 전지 사용 제품에 안전설계가 적용되지 않은 경우 테이프 등을 붙여 전지가 이탈되지 않게 관리하며, ▲(보관·폐기 시) 단추형 전지는 어린이 손이 닿지 않는 곳에 보관·폐기할 것을 당부하였습니다.

② 한국소비자원의 원장(이하 "원장"이라 함)은 위 3.에 따라 시정 권고를 받은 사업자에게 수락 여부 및 다음의 사항을 포함한 이행 결과 등의 제출을 요청할 수 있으며, 사업자는 특별한 사유가 없으면 이에 따라야 합니다(「소비자기본법」 제52조제3항).

- 시정 권고에 따른 이행 내용과 실적
- 시정 권고를 이행하지 못한 물품 등에 대한 조치계획

- 위해의 재발방지를 위한 대책

③ 원장은 물품 등으로 인해 소비자의 생명·신체 또는 재산에 위해가 발생하거나 발생할 우려가 높다고 판단되는 경우로서 사업자가 위 3.에 따른 시정권고를 이행하지 않는 경우에는 공정거래위원회에 시정요청을 해 줄 것을 건의할 수 있습니다(「소비자기본법」 제52조제4항).

④ 위해정보를 수집·처리하는 자는 물품 등의 위해성이 판명되어 공표되기 전까지 사업자명·상품명·피해정도·사건경위에 관한 사항을 누설해서는 안 됩니다(「소비자기본법」 제52조제5항).

● **의약품, 건강식품 및 화장품 등 위해한 제품에 대한 기사를 자주 접하는데 해당 정보는 어디서 찾을 수 있나요?**

Q. 의약품, 건강식품 및 화장품 등 위해한 제품에 대한 기사를 자주 접하는데 해당 정보는 어디서 찾을 수 있나요?

A. 한국소비자원의"소비자위해감시시스템(http://www.ciss.go.kr)"에서 품목별 위해정보를 확인할 수 있습니다.

◇ 위해정보의 개념 및 수집

① "위해정보"는 소비자의 생명·신체 또는 재산에 위해가 발생하였거나 발생할 우려가 있는 사안에 대한 정보를 말합니다.

② 한국소비자원의 소비자안전센터는 위해정보를 수집 분석하고, 적절한 조치를 취하는 일련을 과정을 담당하고 있습니다.

◇ 위해정보에 대한 조치

① 소비자안전센터가 수집한 위해정보를 분석하여 그 결과에 따라 필요하다고 인정되는 경우에는 다음과 같은 조치가 취해집니다.

1. 위해방지 및 사고예방을 위한 소비자안전경보의 발령
2. 물품 또는 용역(시설물 포함. 이하 '물품 등'이라 함)의 안전성에 관한 사실의 공표
3. 위해 물품 등을 제공하는 사업자에 대한 시정 권고
4. 국가 또는 지방자치단체에의 시정조치·제도개선 건의
5. 그 밖에 소비자안전을 확보하기 위해 필요한 조치

② 사업자는 위 3.을 따라야 하고, 시정 권고를 이행하지 않을시 한국소비자원의 원장은 공정거래위원회에 시정요청을 건의할 수 있다.

◇ 사이트 안내

품목별 위해정보는 소비자위해감시시스템(https://www.ciss.go.kr)에서 확인하실 수 있습니다.

PART 3. 제조물 책임

1. 제조물 책임의 개념 및 요건 등

1-1. "제조물 책임"이란?

① 제조되거나 가공된 동산(다른 동산이나 부동산의 일부를 구성하는 경우를 포함. 이하 "제조물"이라 함)의 결함으로 인해 소비자에게 발생한 손해에 대해 제조업자가 배상해야 하는 것을 말합니다(「제조물 책임법」 제1조 및 제3조제1항).

② 리콜제도는 결함 제품의 수거 등을 통해 소비자의 피해를 사전적으로 예방하는 제도인데 반해, 제조물 책임제도는 물품 결함에 따른 소비자의 손해를 배상해 주는 사후적 피해구제 제도입니다.

구분	리콜제도	제조물책임제도
시점	소비자위해의 사전예방	소비자피해 사후배상
대상물품	결함물품 전체	결함이 발생한 특정제품
절차	수리, 교환, 환급, 수거 등	개별 소비자에 대한 손해배상
관련법	「제품안전기본법」 및 품목별 관련 법규	「제조물 책임법」

〉 결합제품의 수거 등을 통한 사전적 피해예방 제도
〉 사고발생을 미리 방치하고 이미 발생한 손해의 확대를 막을 수 있는 가장 확실한 방법
*결함: 제품에 문제가 생긴 시점에서, 해당제품이 일반적으로 가져야 하는 안정성이 부족한 것을 말함

〉 물품결함에 따른 손해를 배상해 주는 사후적 피해구제제도
*결함: 제품 출하시의 기술수준 등을 고려하여 해당제품이 일반적으로 가져야 하는 안정성이 결여된 것을 말함

1-2. 제조물 책임의 요건

① "제조업자"란 다음에 해당하는 사람을 말합니다(「제조물 책임법」 제2조제3호).

1. 제조물의 제조·가공 또는 수입을 업(業)으로 하는 사람
2. 제조물에 성명·상호·상표 또는 그 밖에 식별(識別) 가능한 기호 등을 사용하여 위 1.의 사람으로 표시한 사람 또는 위 1.의 사람으로 오인(誤認)하게 할 수 있는 표시를 한 사람

② 제조업자에게 제조물 책임이 적용되려면 제조물의 결함으로 소비자의 생명·신체 또는 재산에 손해(그 제조물에 대하여만 발생한 손해는 제외)를 입어야 합니다(「제조물 책임법」 제3조제1항).

구분	내용
제조물	- 제조되거나 가공된 동산(다른 동산이나 부동산의 일부를 구성하는 경우를 포함)을 말합니다(「제조물 책임법」 제2조제1호).
결함	- 제조물에 다음과 같은 제조·설계 또는 표시상의 결함이 있거나 그 밖에 통상적으로 기대할 수 있는 안정성이 결여된 것을 말합니다(「제조물 책임법」 제2조제2호). • 제조상의 결함 : 제조업자가 제조물에 대해 제조상·가공상의 주의의무의 이행하였는지에 관계없이 제조물이 원래 의도한 설계와 다르게 제조·가공됨으로써 안전하지 못하게 된 경우 • 설계상의 결함 : 제조업자가 합리적인 대체설계를 채용하였더라면 피해나 위험을 줄이거나 피할 수 있었음에도 대체설계를 채용하지 않아 해당 제조물이 안전하지 못하게 된 경우 • 표시상의 결함 : 제조업자가 합리적인 설명·지시·경고 또는 그 밖에 표시를 하였더라면 해당 제조물에 의해 발생할 수 있는 피해나 위험을 줄이거나 피할 수 있었음에도 이를 하지 않은 경우
생명·신체·재산상 손해	- 제조업자는 소비자의 생명·신체 또는 재산에 손해(해당 제조물에 대해서만 발생한 손해 제외)를 입은 자에게 손해를 배상합니다(「제조물 책임법」 제3조제1항).

■ **관련판례**

※ **제조물책임의 성립요건(대법원 2004. 3. 12. 선고 2003다16771 판결)**

판례는 물품을 제조·판매하는 제조업자는 그 제품의 구조·품질·성능 등에 있어서 그 유통 당시의 기술수준과 경제성에 비추어 기대 가능한 범위 내의 안전성과 내구성을 갖춘 제품을 제조·판매하여야 할 책임이 있고, 이러한 안전성과 내구성을 갖추지 못한 결함으로 인하여 소비자에게 손해가 발생한 경우에는 불법행위로 인한 손해배상의무를 부담한다고 보고 있습니다.

※ 표시(지시·경고)상의 결함으로 제조물책임을 인정할 수 있는지 여부 및 표시상의 결함이 있는지 여부를 판단하는 기준(대법원 2003. 9. 5. 선고 2002다17333 판결)

판례는 제조물에 대한 제조상 또는 설계상의 결함이 인정되지 아니하는 경우라 할지라도, 제조업자 등이 합리적인 설명, 지시, 경고 기타의 표시를 하였더라면 해당 제조물에 의하여 발생될 수 있는 피해나 위험을 줄이거나 피할 수 있었음에도 이를 하지 아니한 때에는 그와 같은 표시상의 결함(지시·경고상의 결함)에 대하여도 불법행위로 인한 책임이 인정될 수 있고, 그와 같은 결함이 존재하는지 여부에 대한 판단을 함에 있어서 는 제조물의 특성, 통상 사용되는 사용형태, 제조물에 대한 사용자의 기대의 내용, 예상되는 위험의 내용, 위험에 대한 사용자의 인식 및 사용자에 의한 위험회피의 가능성 등의 여러 사정을 종합적으로 고려하여 사회통념에 비추어 판단해야 한다고 보고 있습니다.

2. 제조물 책임이 인정된다면, 징벌적 손해배상 청구

2-1. 배상 책임

제조업자가 제조물의 결함을 알면서도 그 결함에 대하여 필요한 조치를 취하지 않은 결과로 생명 또는 신체에 중대한 손해를 입은 자가 있는 경우에는 그 자에게 발생한 손해의 3배를 넘지 않는 범위에서 배상책임을 집니다(「제조물 책임법」 제3조제2항 전단).

2-2. 배상액 산정

법원은 징벌적 손해배상액을 정할 때 다음의 사항을 고려해야 합니다(「제조물 책임법」 제3조제2항 후단).

- 고의성의 정도
- 해당 제조물의 결함으로 인해 발생한 손해의 정도
- 해당 제조물의 공급으로 인해 제조업자가 취득한 경제적 이익
- 해당 제조물의 결함으로 인해 제조업자가 형사처벌 또는 행정처분을 받은 경우 그 형사처벌 또는 행정처분의 정도
- 해당 제조물의 공급이 지속된 기간 및 공급 규모
- 제조업자의 재산상태
- 제조업자가 피해구제를 위해 노력한 정도

3. 소비자의 입증책임 경감으로 소비자의 권리구제

피해자가 다음의 사실을 증명한 경우에는 제조물을 공급할 당시 해당 제조물에 결함이 있었고 그 제조물의 결함으로 인해 손해가 발생한 것으로 추정합니다. 다만, 제조업자가 제조물의 결함이 아닌 다른 원인으로 인해 그 손해가 발생한 사실을 증명한 경우에는 제조물의 결함으로 인해 손해가 발생한 것으로 추정하지 않습니다(「제조물 책임법」 제3조의2).

1. 해당 제조물이 정상적으로 사용되는 상태에서 피해자의 손해가 발생하였다는 사실
2. 위 1.의 손해가 제조업자의 실질적인 지배영역에 속한 원인으로부터 초래되었다는 사실
3. 위 1.의 손해가 해당 제조물의 결함 없이는 통상적으로 발생하지 않는다는 사실

■ 관련판례

※ 제조물책임에 관한 입증책임의 분배(대법원 2004. 3. 12. 선고 2003다16771 판결)

판례는 고도의 기술이 집약되어 대량으로 생산되는 제품의 결함을 이유로 그 제조업자에게 손해배상책임을 지우는 경우 그 제품의 생산과정은 전문가인 제조업자만이 알 수 있어서 그 제품에 어떠한 결함이 존재하였는지, 그 결함으로 인하여 손해가 발생한 것인지 여부는 일반인으로서는 밝힐 수 없는 특수성이 있어서 소비자 측이 제품의 결함 및 그 결함과 손해의 발생과의 사이의 인과관계를 과학적·기술적으로 입증한다는 것은 지극히 어려우므로 그 제품이 정상적으로 사용되는 상태에서 사고가 발생한 경우 소비자 측에서 그 사고가 제조업자의 배타적 지배하에 있는 영역에서 발생하였다는 점과 그 사고가 어떤 자의 과실 없이는 통상 발생하지 않는다고 하는 사정을 증명하면, 제조업자 측에서 그 사고가 제품의 결함이 아닌 다른 원인으로 말미암아 발생한 것임을 입증하지 못하는 이상 그 제품에게 결함이 존재하며 그 결함으로 말미암아 사고가 발생하였다고 추정하여 손해배상책임을 지울 수 있도록 입증책임을 완화하는 것이 손해의 공평·타당한 부담을 그 지도원리로 하는 손해배상제도의 이상에 맞다고 보고 있습니다.

4. 제조업자를 알 수 없는 경우 제조물을 판매한 공급자도 손해를 배상

① 피해자가 제조물의 제조업자를 알 수 없는 경우에 그 제조물을 영리 목적으로 판매·대여 등의 방법으로 공급한 자는 위에 따른 손해를 배상해야 합니다(「제조물 책임법」 제3조제3항 본문).

② 다만, 피해자 또는 법정대리인의 요청을 받고 상당한 기간 내에 그 제조업자 또는 공급한 자를 그 피해자 또는 법정대리인에게 고지한 때에는 배상책임이 없습니다(「제조물 책임법」 제3조제3항 단서).

5. 제조물 책임에 의한 손해배상 청구권은 기한 안에 행사

5-1. 소멸시효

「제조물 책임법」에 따른 손해배상의 청구권은 피해자 또는 그 법정대리인이 손해 및 손해배상책임을 지는 자를 모두 안 날부터 3년간 행사하지 않으면 시효의 완성으로 소멸하게 됩니다(「제조물 책임법」 제7조제1항).

5-2. 손해배상의 청구기간

① 「제조물 책임법」에 따른 손해배상청구권은 제조업자가 손해를 발생시킨 제조물을 공급한 날부터 10년 이내에 행사해야 합니다(「제조물 책임법」 제7조제2항 본문).

② 다만, 신체에 누적되어 사람의 건강을 해치는 물질에 의해 발생한 손해 또는 일정한 잠복기간이 지난 후에 증상이 나타나는 손해에 대해서는 그 손해가 발생한 날부터 기산합니다(「제조물 책임법」 제7조제2항 단서).

■ 「제조물 책임법」에 따른 손해배상 청구방법

「제조물책임법」상 제조물 책임은 「민법」 제750조 불법행위책임의 특칙으로서, 제조물 책임법에 대한 구체적인 법 적용 및 손해배상 등은 법원을 통한 민사절차로써 이루어집니다. 즉, 제조물 책임법은 민사상 손해배상청구를 전제로 하는 법으로서, 소관부처인 법무부와 공정거래위원회는 개별 사건에서 제조물의 결함 유무(예컨대, '설계상 결함' 유무) 확인 및 손해배상청구 소송 등과 관련한 법적 권한이 없습니다. 따라서 「제조물책임법」에 따른 손해배상 등의 권리구제를 받으시기 위해서는 민사소송을 제기하셔야 합니다.

● 제조업자가 제조물의 결함을 알고도 조치를 취하지 않아 손해가 발생했다면 손해배상을 받을 수 있나요?

Q. 제조업자가 제조물의 결함을 알고도 조치를 취하지 않아 손해가 발생했다면 손해배상을 받을 수 있나요?

A. 징벌적 손해배상제도를 통해 제조업자의 불법행위에 대한 징벌을 하고, 피해자는 실질적인 보상을 받을 수 있습니다.

◇ 배상 책임

제조업자가 제조물의 결함을 알면서도 그 결함에 대하여 필요한 조치를 취하지 않은 결과로 생명 또는 신체에 중대한 손해를 입은 자가 있는 경우에는 그 자에게 발생한 손해의 3배를 넘지 않는 범위에서 배상책임을 집니다.

◇ 소비자의 입증책임 경감

피해자가 다음의 사실을 증명한 경우에는 제조물을 공급할 당시 해당 제조물에 결함이 있었고 그 제조물의 결함으로 인해 손해가 발생한 것으로 추정합니다. 다만, 제조업자가 제조물의 결함이 아닌 다른 원인으로 인해 그 손해가 발생한 사실을 증명한 경우에는 제조물의 결함으로 인해 손해가 발생한 것으로 추정하지 않습니다.

1. 해당 제조물이 정상적으로 사용되는 상태에서 피해자의 손해가 발생하였다는 사실
2. 위 1.의 손해가 제조업자의 실질적인 지배영역에 속한 원인으로부터 초래되었다는 사실
3. 위 1.의 손해가 해당 제조물의 결함 없이는 통상적으로 발생하지 않는다는 사실

◇ 제조업자를 알 수 없는 경우

① 피해자가 제조물의 제조업자를 알 수 없는 경우에는 그 제조물을 영리 목적으로 판매·대여 등의 방법으로 공급한 자가 손해

를 배상해야 합니다.

② 다만, 피해자 또는 법정대리인의 요청을 받고 상당한 기간 내에 그 제조업자 또는 공급한 자를 그 피해자 또는 법정대리인에게 고지한 때에는 배상책임이 없습니다.

● 냉장고가 터져 주변에 있는 가구에 불이 붙어 재산피해를 입게 되었는데 손해배상을 받을 수 있나요?

Q. 드라마 시청 중 냉장고가 터져 주변에 있는 가구에 불이 붙었습니다. 화재발생으로 재산피해를 입게 되었는데 손해배상을 받을 수 있나요?

A. 네, 제조물의 결함에 해당하여 소비자의 재산에 손해를 입은 경우 손해배상을 받을 수 있습니다.

◇ 제조물 책임의 개념 및 요건

① 제조물 책임은 제조물의 결함으로 인해 소비자에게 발생한 손해를 제조업자가 배상해 주는 사후적 피해구제 제도입니다.

② 제조업자에게 제조물 책임이 적용되려면 제조물의 결함으로 소비자의 생명·신체 또는 재산에 손해(그 제조물에 대하여만 발생한 손해는 제외)를 입어야 합니다.

◇ 제조물의 결함

"결함"이란 제조물에 다음과 같은 제조·설계 또는 표시상의 결함이 있거나 그 밖에 통상적으로 기대할 수 있는 안정성이 결여된 것을 말합니다.

- 제조상의 결함: 제조업자가 제조물에 대해 제조상·가공상의 주의의무의 이행하였는지에 관계없이 제조물이 원래 의도한 설계와 다르게 제조·가공됨으로써 안전하지 못하게 된 경우
- 설계상의 결함: 제조업자가 합리적인 대체설계를 채용하였더라면 피해나 위험을 줄이거나 피할 수 있었음에도 대체설계를 채용하지 않아 해당 제조물이 안전하지 못하게 된 경우
- 표시상의 결함: 제조업자가 합리적인 설명·지시·경고 또는 그에 표시를 하였더라면 해당 제조물에 의해 발생할 수 있는 피해나

위험을 줄이거나 피할 수 있었음에도 이를 하지 않은 경우

◇ 손해배상청구권

① 청구방법 : 「제조물책임법」에 따른 손해배상 등의 권리구제를 받기 위해서는 민사소송을 제기할 수 있습니다.

② 소멸시효 및 청구기간 : 손해배상의 청구권은 피해자 또는 그 법정대리인이 손해 및 손해배상책임을 지는 자를 모두 안 날부터 3년간 행사하지 않으면 시효의 완성으로 소멸하게 되며, 제조업자가 손해를 발생시킨 제조물을 공급한 날부터 10년 이내에 행사해야 합니다.

제2편
소비자 분쟁해결

제1장

물건구입

PART 1. 물건구입하기

1. 물품 구매계약 등

1-1. 계약의 체결

물건을 구입한다는 것은 소비자와 사업자간의 물품 구매계약을 체결했다는 것을 의미합니다. 이러한 물품구매계약은 원칙적으로 소비자가 청약(請約)이라는 의사표시를 하고 여기에 대해 사업자가 승낙(承諾)함으로써 성립됩니다.

1-2. 구입의사의 철회

① 물건을 구입 후 소비자의 단순변심에 의해 물건을 반품하는 것은 청약의 철회라고 할 수 있는데, 원칙적으로 청약은 철회할 수 없습니다(「민법」 제527조).

② 그러나 거래 일반의 경우에는 판매자의 판매정책에 따라 물건의 가치가 훼손되지 않는 한 물품반품에 따르는 비용을 소비자가 부담하고 반품을 허용하는 경우가 많습니다.

③ 다만, 우리 법은 할부거래, 전자상거래, 통신판매, 방문판매 등의 거래에서는 충동구매로부터 소비자를 보호하기 위해 일정 기간 재고(再考)해 본 후 계약체결의사를 철회할 수 있도록 소비자의 청약철회권을 인정하고 있습니다.

2. 약관을 통한 계약의 체결

① "약관"이란 계약의 일방 당사자가 특정 종류의 계약을 불특정 다수의 상대방과 계속 반복해서 체결할 것을 예정하고, 이에 대비해서 일정한 형식으로 미리 마련한 계약의 내용을 말합니다(「약관의 규제에 관한 법률」 제2조제1호).

② 예를들어 대중교통을 이용하는 것은 운송서비스 이용계약을 체결한 것이라고 볼 수 있는데, 이런 경우에는 다수의 소비자와 일일이 계약을 체결하기 어렵기 때문에 약관을 통해 해결하고 있습니다.

③ 이와 같이 화재·생명 등의 보험계약, 가스·전기·수도 등의 공급계약, 지하철·버스·택시·항공기·선박 등의 운송계약, 예금·저축계약, 우편·전화 등의 이용계약, 영화관·극장 등의 입장계약, 창고임차계약, 병원의 진료계약 등에서는 계약의 내용에 관해 개별적인 합의가 일일이 이루어지지 않고, 사업자가 미리 정해놓은 정형적 계약조항이 소비자에게 제시되고 소비자는 이를 포괄적으로 받아들여 이에 응함으로써 계약이 성립합니다.

④ 다만 약관에서 정하고 있는 사항에 관해 사업자와 소비자가 약관의 내용과 다르게 합의한 사항이 있을 때에는 그 합의사항(개별약정)이 약관보다 우선합니다(「약관의 규제에 관한 법률」 제4조).

3. 판매/거래유형별 물건 구입할 때 주의사항

3-1. 판매유형

판매방법은 크게 상품을 매장에 전시하고 소비자에게 판매하는 형태인 '일반판매'와 매장 외 판매 형태인 '특수판매'로 구분할 수 있습니다. 특수판매에는 방문판매, 통신판매(전자상거래·TV홈쇼핑 포함), 전화권유판매, 다단계판매, 할부거래가 있습니다.

3-2. 일반판매

소비자가 일반판매 방식을 통하여 물품을 구입한 경우는 일반 계약 체결로 계약 관련 법령 및 약관에 따라 처리됩니다.

3-3. 특수판매

구분	주의사항
방문판매	√ 방문판매원의 주민등록증, 허가증, 또는 등록증의 확인을 요구해야 합니다. 또한 방문판매원의 이름, 회사 주소 및 상호, 그리고 그 판매원이 적합한 신분증을 지니고 있는지를 확인합니다. √ 방문판매 주요품목은 건강식품, 화장품, 차량용품, 진공청소기, 학습교재 등으로 매우 다양며, 주요 피해유형은 사업자의 청약철회 거부, 과다한 위약금 요구, 계약내용 미이행 등입니다.
전자상거래 및 통신판매 (TV홈쇼핑 포함)	① 상품내용, 가격, 품질, 배달비용 부담여부, 반품가능시기, 반품 시 비용부담 여부, 반품조건 등 광고 및 표시내용을 꼼꼼하게 확인해야 합니다. ② 주문취소나 반품 등에 대비하여 계약서와 광고지, 영수증 등을 반드시 보관합니다. 인터넷 거래 시에도 계약사항은 반드시 출력·저장해 두어야 분쟁에 대비할 수 있습니다. ③ A/S나 부품교환 여부, 유지비용 등에 대해 꼼꼼히 따져

	보아야 합니다. √ 통신판매는 광고나 컴퓨터·TV 화면을 보고 물품을 구입하므로 광고나 화면상의 물품 상태와 실제 상태가 다를 수 있습니다. 따라서 소비자는 통신판매를 통하여 물품을 구입하는 경우 화면캡처, 광고물 등을 확보하여 나중에 발생할 수 있는 분쟁에 대비하는 게 좋습니다.
다단계판매	√ 해당 회사의 본점 소재지 관할 시·도나 공제조합 등에 해당 회사가 등록된 다단계판매업체인지 여부를 확인합니다. 등록된 다단계업체는 공제조합을 통한 피해 보상이 가능하므로 관할 시·도나 공제조합(직접판매공제조합, 한국특수판매공제조합)을 통해 등록 여부를 확인하여 등록된 업체일 경우 가입 전에 '다단계판매업자 정보공개'를 통해 매출, 후원수당, 소비자불만처리 등을 확인해 두어야 합니다.
할부거래	√ 충동구매로 인한 피해를 최소화하기 위해 매수인이할부계약의 내용을 이해할 수 있도록 일정사항에 대해 표시하고 고지하고, 계약체결 시 기재한 계약서를 제공하도록 되어 있습니다(「할부거래에 관한 법률」 제5조 제1항). 따라서 계약서에 해당내용이 명시되었는지, 누락되거나 허위사실이 있는지 등을 확인해 둡니다.
계속거래	√ 계속거래 계약은 일회성 일반거래와 달리 잘못 계약하면 피해가 지속되므로 계약하기 전에 계약 내용·기간·약관 등을 신중하게 검토합니다. 계약할 경우 반드시 서면으로 하고 계약서는 받아서 잘 보관해야 합니다. √ 약관에 없는 내용은 특약 사항으로 기재하고, 방문판매원이나 영업사원이 말로 하는 약속은 증명할 수 없으므로 계약서에 기재하도록 해야 합니다.

① 소비자가 특수판매 방식을 통하여 물품을 구입한 경우 단순 변심으로 물품을 반품할 때에는 판매방법에 따라 관계 법령에 정해진 일정

한 기간 내에 사업자에게 청약을 철회하는 의사표시를 하면 됩니다.

② 청약철회 의사표시는 구두로 하지 말고 우체국의 내용증명우편으로 해두는 게 향후 분쟁 발생 시 증거를 확보하는데 도움이 됩니다.

판매방법	청약철회사유	청약철회기간	청약철회 시재화 등의 반환 비용
방문판매 및 다단계판매	1. 재화 등의 제공이 계약서 교부보다 빠르거나 동일한 경우	계약서를 받은 날부터 14일	소비자가 재화 등을 반환하는 데 필요한 비용은 판매자 등이 부담(「방문판매 등에 관한 법률」 제9조제9항 및제18조제8항).
	2. 재화 등의 제공이 계약서 교부보다 늦은 경우	재화 등을 공급받거나 공급이 시작된 날부터 14일	
	3. 판매자 등에게 계약서를 받지 않은 경우	판매자등의 주소를 안 날 또는 알 수 있었던 날부터 14일	
	4. 판매자 등의 주소 등이 적혀 있지 않은 계약서를 받은 경우	판매자등의 주소를 안 날 또는 알 수 있었던 날부터 14일	
	5. 판매자 등의 주소변경 등의 사유로 1, 2에 따른 기간 이내에 청약철회 등을 할 수 없는 경우	판매자 등의 주소를 안 날 또는 알 수 있었던 날부터 14일	
	6. 계약서에	청약철회 등을	

	청약철회 등에 관한 사항이 적혀 있지 않은 경우	할 수 있음을 안 날 또는 알 수 있었던 날부터 14일	
	7. 판매업자 등이 청약철회 등을 방해한 경우	방해 행위가 종료한 날부터 14일	
전자상거래 및 통신판매	재화 등의 제공이 계약서 교부보다 빠르거나 동일한 경우	계약서를 받은 날부터 7일	원상회복의무에 따라 소비자가 재화 등을 반환하는데 필요한 비용은 자신이 부담해야 하지만, 재화 등의 내용이 표시·광고 내용과 다르거나 계약내용과 다르게 이행된 경우의 반환비용은 사업자가 부담(「전자상거래 등에서의 소비자보호에 관한 법률」 제18조제9항 및 제10항)
	재화 등의 제공이 계약서 교부보다 늦은 경우	재화 등을 공급받거나 공급이 시작된 날부터 7일	
할부거래	계약서를 받지	사업자의 주소	원상회복의무

<table>
<tr><td rowspan="3"></td><td>않은 경우 또는 사업자의 주소 등이 기재되지 않은 계약서를 받은 경우</td><td>를 안 날 또는 알 수 있었던 날부터 7일</td><td rowspan="3">에 따라 소비자가 재화 등을 반환하는 데 필요한 비용은 할부거래업자가 부담합니다(「할부거래에 관한 법률」 제10조제10항 전단).</td></tr>
<tr><td>사업자가 주소를 변경하는 등의 사유로 철회기간 내에 청약철회를 할 수 없었던 경우</td><td>사업자의 주소를 안 날 또는 알 수 있었던 날부터 7일</td></tr>
<tr><td>재화 등의 내용이 표시·광고와 다르거나 계약내용과 다르게 이행된 경우</td><td>재화 등을 공급받은 날부터 3개월 이내 또는 그 사실을 알거나 알 수 있었던 날부터 30일 이내</td></tr>
</table>

4. 물품 사용 시 주의사항

① 후에 발생할지 모르는 문제 등에 대비하기 위하여 소비자는 제품 구입 시 작성했던 계약서, 영수증, 구매 취소 확인서, 사용설명서, 보증서 등을 잘 보관해 두어야 합니다.

② 제품을 사용할 때는 제품설명서에 따라서 사용해야 합니다. 설명서에 따르지 않고 제품을 사용하다가 문제가 발생할 경우 무상 보증을 받지 못하게 될 수도 있기 때문입니다.

5. 피해구제 관련 법규·제도

법률명	관련 내용
「민법」	사기판매 계약 취소(「민법」 제140조부터 제146조까지) 계약해제·해지(「민법」 제543조부터 제553조까지) 채무불이행·불법행위로 인한 손해 배상 요구(「민법」 제750조)
「방문판매 등에 관한 법률」	방문판매·다단계판매 청약철회(「방문판매 등에 관한 법률」 제8조, 제9조, 제17조 및 제18조) 계속거래 계약해지(「방문판매 등에 관한 법률」 제31조 및 제32조)
「전자상거래 등에서의 소비자보호에 관한 법률」	전자상거래·통신판매·TV홈쇼핑 청약철회(「전자상거래 등에서의 소비자보호에 관한 법률」 제17조 및 제18조)
「할부거래에 관한 법률」	할부거래 청약철회(「할부거래에 관한 법률」 제8조 및 제10조) 신용카드 항변권 행사(「할부거래에 관한 법률」 제16조)
「약관의 규제에 관한 법률」	약관 교부·설명 의무 위반 시 해당 약관의 계약 내용 주장 불가(「약관의 규제에 관한 법률」 제3조) 불공정약관조항의 무효 및 사용금지(「약관의 규제에 관한 법률」 제6조 및 제17조)
「소비자기본법」 「소비자분쟁해결기준」	피해유형 및 배상기준[「소비자기본법」 제16조 및 「소비자분쟁해결기준」(공정거래위원회고시 제2023-28호, 2023. 12. 20. 발령·시행)]
그 밖에 소비자 관련 개별법	사업자의 부당행위 판정기준 근거 제공(판매·제조 금지, 허위표시·과장광고 금지 등)

● 물건을 구입을 취소하고 싶은데, 판매자가 환불을 해주지 않는 등의 문제가 발생할 것을 대비하여 어떻게 해야 좋을까요?

Q. 물건을 구입을 취소하고 싶은데, 판매자가 환불을 해주지 않는 등의 문제가 발생할 것을 대비하여 명확히 하고 싶은데 어떻게 해야 할까요?

A.

◇ 사업자에 대한 서면 의사표시

청약철회권 또는 계약해제권을 행사하려면 청약철회권 등의 행사기간 내에 사업자에게 철회 등의 의사표시가 기재된 서면을 내용증명우편으로 발송하는 것이 좋습니다.

◇ 신용카드사에 대한 서면 의사표시

① 신용카드를 이용한 경우와 같이 신용제공자(예를 들어, 신용카드사)가 따로 있는 경우에는 신용제공자에게도 철회 등의 의사표시가 기재된 서면을 발송해야 신용제공자가 사업자에게 결제대금 지급을 청구받더라도 이를 거절할 수 있습니다.

② 그러나 청약철회 등의 기간이 아직 다 지나지 않은 상태에서 신용제공자가 사업자에게 그 대금을 지급했다면 소비자는 청약철회 등에 관한 서면을 신용제공자에게 발송하지 않더라도 신용제공자의 소비자에 대한 대금 지급 청구를 거절할 수 있습니다.

◇ 내용증명우편

내용증명우편은 발송자가 발송일자에 내용증명서에 기재된 내용을 수취인에게 발송했음을 증명해 주는 제도입니다. 내용의 작성에 특별한 형식이 있는 것은 아닙니다. 내용을 작성한 후 우체국에 가서 내용증명우편의 발송을 요청하면 그 내용의 발송사실, 발송일자 및 전달사실까지 공적으로 증명될 수 있습니다.

제2장

문제발생

PART 1. 문제발생

1. 문제가 발생했을 때 가장 먼저 할 일

1-1. 피해발생 사실 기록하기

① 소비자가 물품 등을 구매한 후 문제가 발생했을 때 가장 먼저 할 일은 자신이 구매한 제품의 하자나 피해의 내용이 무엇인지, 이 문제가 어떻게 해결되기를 원하는지를 판매자에게 명확히 알려야 합니다. 따라서 하자나 피해 사실을 사진이나 비디오 등 증거가 될 만한 자료를 만들고 보관해야 합니다.

② 품질보증서 및 피해관련사례 및 규정 등을 찾아보고 보상요구가 적정한지 사전에 확인합니다.

1-2. 업체 연락하기

① 피해 사실 등이 발생하면 가능한 빠른 시일 내에 판매자에게 불만사항에 대해 알리고, 이에 대한 기록의 원본이나 사본은 보관해야 합니다.

② 사업자(판매자)에게 연락을 할 때에는 소매상의 경우 환불이나 교환에 일정한 기간을 정해두고 있는 경우가 많으므로 신속히 연락을 취하는 것이 좋습니다.

③ 영수증, 주문서, 상품설명서, 품질보증이나 수리, 서비스 관련 증빙서류 등을 사전에 준비한 후 사업자에게 연락을 취해야 합니다.

④ 전화로 불만을 제기하는 경우, 누구와 통화했는지, 언제 통화가 이루어졌는지, 어떠한 대화가 오고 갔는지에 대해 기록하는 것이 좋습니다.

⑤ 사업자에게 피해 및 불만내용을 명확히 제시해야 합니다. 영수증, 사진, 이메일, 전화내용 기록 등 모든 관련 기록의 원본은 본인이 보관하고 상대방에게는 사본을 보내는 것이 좋습니다.

2. 피해구제절차 미리 알아놓기

① 물품 또는 서비스의 거래·사용 과정에서 발생한 피해를 둘러싼 분쟁의 해결은 크게 ⓐ 소비자와 사업자 간 직접적 협의를 통한 해결, ⓑ 소비자단체 등 제3기관의 알선·조정·중재를 통한 해결, ⓒ 소송을 통한 해결로 나누어 볼 수 있습니다.

② 소비자는 직접 사업자에게 연락하여 피해 사실을 알리고 피해보상을 요구할 수 있으며, 사업자가 소비자의 불만 및 보상요구를 거부하는 경우 소비자는 지방자치단체 소비생활센터, 한국소비자원, 소비자단체 등에 피해구제 신청을 하거나, 법원에 소액사건심판, 지급명령, 민사조정, 민사소송 등을 제기할 수 있습니다.

● **쇼핑몰에서 물건을 샀는데 사업자가 반품을 거부하고 있는데, 어떻게 해결할 수 있나요?**

Q. 인터넷 쇼핑몰에서 물건을 샀는데 사업자가 반품을 거부하고 있습니다. 이런 문제가 발생하면 어떻게 해결할 수 있나요?

A.

① 소비자는 물품 또는 서비스의 거래 및 사용 과정에서 피해를 입은 경우에는 사업자와 직접 면담해서 피해를 구제받을 수 있습니다.

② 그러나 사업자가 이를 거부하는 경우에는 국가 및 지방자치단체에서 운영하는 소비자피해구제기구, 공정거래위원회에 등록된 소비자단체, 소비자단체협의체(www.consumer.or.kr), 각종 분쟁조정위원회, 한국소비자원(www.kca.go.kr)에 의뢰해서 피해를 구제받을 수 있으며 소송 등의 방법을 이용할 수도 있습니다.

③ 소비자상담을 원하는 경우 1372 소비자상담센터를 이용할 수 있습니다.

- 전화상담: 전국 어디서나 국번 없이 1372번
- 인터넷 상담 : www.ccn.go.kr

PART 2. 사업자에 연락하기

■ 사업자에게 피해 사실 알리기

[주요 내용]

- 언제, 어디서, 어떠한 물품 및 서비스를 구입하였는지(구체적인 제품명/모델, 서비스 등)
- 제품이나 서비스와 관련해서 어떠한 문제가 발생하였는지
- 발생한 문제나 불만과 관련해서 사업자측에 과거 문제제기 여부 및 현재까지 진행경위
- 해당 문제나 불만에 대한 소비자의 요구나 해결방안, 문제나 불만이 해결되길 원하는 시일이나 기한

제3장
직접해결

PART 1. 사업자와 해결하기

1. 협의하기

1-1. 협의하기

소비자는 피해사실 등을 사업자에 알리고 사업자가 정한 소비자피해 보상 기준에 따라 보상 여부를 협의할 수 있습니다. 업체에서 따로 정한 기준이 없을 경우에는 관련 법령 또는 「소비자분쟁해결기준」(공정거래위원회고시 제2023-28호, 2023. 12. 20. 발령·시행)에 따라 해결할 수 있습니다.

1-2. 사업자가 협의를 거부하는 경우

① 가급적 사업자에게 거부사유에 대한 근거나 자료를 서면으로 제공해 줄 것을 요구하시기 바랍니다.

② 사업자가 보상거부 근거자료를 제공하지 않는 경우 사업자와의 대화 내용이나 중요사항들을 메모해 두시면 분쟁해결기관에 도움을 요청할 때 활용하실 수 있습니다.

③ 아울러 피해구제 및 분쟁해결 기관, 유관행정 기관 등에 불만처리를 의뢰할 것임을 표명하십시오.

④ 사업자가 보상에 대해 명확한 입장을 표명하지 않거나 미온적인 태도를 취할 경우 일정 시점을 정해 명확한 보상의사를 통보해줄 것을 사업자에게 요구하시기 바랍니다.

⑤ 아울러 회신이 없거나 보상거부 시 소비자 피해구제, 분쟁해결 기관 및 소액재판 등 피해보상, 유관 행정기관 등에 해당내용의 처리를 요구할 것임을 통보하시기 바랍니다.

2. 사업자가 소비자의 불만 및 보상요구를 거부할 경우

2-1. 사업자가 소비자의 불만 및 보상요구를 거부할 경우

사업자가 소비자의 불만 및 보상요구를 거부하는 경우 소비자는 지방자치단체 소비생활센터, 한국소비자원, 소비자단체 등에 피해구제 신청을 하거나, 사법적 구제 방법으로 법원에 소액사건심판, 지급명령, 민사조정, 민사소송 등을 제기할 수 있습니다.

2-2. 소비자상담 및 피해구제 처리의 의뢰

① 소비자상담센터[전화상담(☎1372)또는인터넷상담(http://www.ccn.go.kr)], 각 지방자치단체의 소비자피해구제기구, 소비자 단체 등에 상담 신청을 하면, 상담원들이 적절한 대처방안 또는 피해구제나 분쟁조정 절차를 통해 피해보상을 받을 수 있도록 안내를 받을 수 있습니다.

② 1372 소비자상담센터

소비자상담을 원하는 경우 1372 소비자상담센터를 이용할 수 있습니다.

- 전화상담 : 전국 어디서나 국번없이 1372번 (공정거래위원회 소비자상담센터)
- 인터넷 상담 : www.ccn.go.kr(공정거래위원회 소비자상담센터 홈페이지)

PART 2. 일반적 해결 기준

1. 소비자분쟁해결기준에 따른 해결

1-1. 소비자분쟁해결기준

① "소비자분쟁해결기준"은 소비자와 사업자 사이에 발생하는 분쟁을 원활하게 해결하기 위한 합의 또는 권고의 기준입니다. 당사자 사이에 분쟁해결 방법에 관한 별도의 의사 표시가 없는 경우에 한해 적용합니다 (「소비자분쟁해결기준」 제1조).

② 현재 소비자와 사업자 사이에 발생하는 분쟁을 원활히 해결하기 위해 「소비자기본법」에 따라「소비자분쟁해결기준」(공정거래위원회고시 제 2023-28호, 2023. 12. 20. 발령·시행)이 마련되어 있는데, 이 기준에는 분쟁해결의 일반적 원칙을 정한 '일반적 소비자분쟁해결기준'과 품목별로 소비자피해의 보상기준을 정한 '품목별 소비자분쟁해결기준'이 있습니다(「소비자기본법」 제16조제2항 및 「소비자기본법 시행령」 제8조).

1-2. 소비자분쟁해결기준의 적용

① 다른 법령에 따른 분쟁해결기준이 더 유리한 경우
다른 법령에 근거한 분쟁해결기준이 소비자에게 더 유리한 경우에는 그 분쟁해결기준이 우선해서 적용됩니다(「소비자기본법 시행령」 제9조제1항).

② 해당 품목에 대한 분쟁해결기준이 없는 경우
품목별 소비자분쟁해결기준에서 해당 품목에 대한 분쟁해결기준이 없는 경우에는 같은 기준에서 정한 유사품종에 대한 분쟁해결기준이 준용될 수 있습니다(「소비자기본법 시행령」 제9조제2항).

③ 동일 피해에 대한 분쟁해결기준이 복수인 경우
품목별 소비자분쟁해결기준에서 동일한 피해에 대한 분쟁해결기준이 두 가지 이상 정해져 있는 경우에는 소비자가 선택하는 분쟁해결기준이 적용됩니다(「소비자기본법 시행령」 제9조제3항).

2. 일반적 소비자분쟁해결기준

2-1. 일반적 소비자분쟁해결기준

"일반적 소비자분쟁해결기준"이란 분쟁해결의 일반적 원칙을 정한 기준으로서 품목별 소비자분쟁해결기준의 상위 기준이 됩니다. 일반적 소비자분쟁해결기준에는 물품 또는 서비스(이하 "물품 등"이라 함)의 수리·교환·환급·배상 등의 방법, 품질보증기간·부품보유기간 등의 기준이 정해져 있습니다(「소비자기본법 시행령」 제8조제1항·제2항).

2-2. 일반적 소비자분쟁해결기준의 내용

사업자는 물품 등[물품 등의 거래에 부수(附隨)해서 제공하는 경품류를 포함]의 하자·채무불이행 등으로 인한 소비자의 피해에 대해서 다음의 기준에 따라 수리·교환·환급 또는 배상을 하거나, 계약의 해제·해지 및 이행 등을 해야 합니다(「소비자기본법 시행령」 별표 1 제1호).

① 수리·교환·환급비용의 부담

- 품질보증기간 동안의 수리·교환·환급에 드는 비용은 사업자가 부담합니다(「소비자기본법 시행령」 별표 1제1호가목 본문).
- 다만, 소비자의 취급 잘못, 천재지변으로 인한 고장·손상, 지정수리점·설치점이 아닌 자의 수리·설치로 인해 물품 등이 변경·손상된 경우에는 사업자가 비용을 부담하지 않습니다(「소비자기본법 시행령」 별표 1제1호가목 단서).

② 수리 기준

- 소비자가 수리를 의뢰한 날부터 1개월이 지난 후에도 사업자가 수리된 물품 등을 소비자에게 인도하지 못할 경우에는 ⓐ 품질보증기간 이내일 때에는 같은 종류의 물품 등으로 교환하거나, 같은 종류의 물품 등으로 교환이 불가능한 경우에는 환급해야 하고, ⓑ 품질보증기간이 지났을 때에는 구입가격을 기준으로 정액 감가 상각한 금액에 10%를 더해서 환급해야 합니다(「소비자기본법 시행

령」 별표 1제1호나목).

- 물품 등을 유상으로 수리한 날부터 2개월 이내에 소비자가 정상적으로 사용하는 과정에서 그 수리한 부분에 종전과 동일한 고장이 재발하면 무상으로 수리하되, 수리가 불가능한 경우에는 종전에 받은 수리비를 환급해야 합니다(「소비자기본법 시행령」 별표 1제1호다목).

③ 교환 기준

- 물품 등(할인판매된 물품 등을 포함)의 교환은 같은 종류의 물품 등으로 하되, 같은 종류의 물품 등으로 교환하는 것이 불가능한 경우에는 같은 종류의 유사물품 등으로 교환합니다(「소비자기본법 시행령」 별표 1제1호라목 본문).
- 다만, 같은 종류의 물품 등으로 교환하는 것이 불가능하고, 소비자가 같은 종류의 유사물품 등으로 교환하는 것을 원하지 않는 경우에는 환급해야 합니다(「소비자기본법 시행령」 별표 1제1호라목 단서).

④ 환급 기준

- 환급금액은 거래 시 교부된 영수증 등에 적힌 물품 등의 가격을 기준으로 합니다(「소비자기본법 시행령」 별표 1제1호바목 본문).
- 다만, 영수증 등에 적힌 가격에 대해 다툼이 있는 경우에는 영수증 등에 적힌 금액과 다른 금액을 기준으로 하려는 사람이 그 다른 금액이 실제 거래가격임을 입증해야 합니다(「소비자기본법 시행령」 별표 1제1호바목 단서).
- 한편, 영수증이 없는 등의 사유로 실제 거래가격을 입증할 수 없는 경우에는 그 지역에서 거래되는 통상적인 가격을 환급기준으로 합니다(「소비자기본법 시행령」 별표 1제1호바목 단서).

3. 품목별 소비자분쟁해결기준

3-1. 품목별 소비자분쟁해결기준

① "품목별 소비자분쟁해결기준"은 일반적 소비자분쟁해결기준에 따라 품목별로 소비자피해를 보상할 수 있는 기준을 정한 것으로 '대상품목'과 '품목별 피해보상기준'으로 구성되어 있습니다(「소비자기본법 시행령」 제8조제3항).

② 품목별 소비자분쟁해결기준에서 동일한 피해에 대해 분쟁해결기준을 두 가지 이상 정하고 있는 경우에는 소비자가 분쟁해결기준을 선택할 수 있으며, 분쟁 품목에 대해 소비자분쟁해결기준이 없는 경우에는 같은 기준에서 정한 유사품목의 소비자분쟁해결기준을 준용할 수 있습니다(「소비자기본법」 제16조제2항, 「소비자기본법 시행령」 제9조제2항 및 제3항).

3-2. 품목별 소비자분쟁해결기준의 내용

대상품목 및 품목별 해결기준은 다음과 같습니다(「소비자분쟁해결기준」 별표 1 및 별표 2).

구분	세부 분류
식생활	외식서비스업(2개 업종) 식료품(19개 업종) 농·수·축산물(7개업종)
보건/의료	의료업(3개 업종) 의약품 및 화학제품(10개 품종) 산후조리원(1개 업종) 미용업(4개 업종)
주거/시설	창호공사업(1개 업종) 주택건설업(1개 업종) 주차장업(2개 업종) 숙박업(1개 업종)

	부동산중개업(1개 업종) 경비용역업(1개 업종)
생활용품	귀금속·보석(1개 업종) 중고전자제품매매업(1개 업종) 공산품(30개 업종)
의생활	공산품(1개 업종) 중고전자제품매매업(1개 업종) 세탁업(1개 업종) 악세사리(1개 업종) 귀금속·보석(1개 업종) 가방류(1개 업종) 가죽제품(1개 업종) 신발(1개 업종) 우산류(1개 업종) 의복류(1개 업종) 가구(1개 업종) 세탁업(1개 업종)
자동차/기계류	중고자동차매매업(1개 업종) 자동차 정비업(1개 업종) 자동차 대여업(1개 업종) 자동차 견인업(1개 업종) 자동차운전학업(1개 업종)
정보통신	스마트폰(1개 업종) 통신결합상품(1개 업종) 초고속 인터넷통신망 서비스업(1개 업종) 인터넷 콘텐츠업(1개 업종) 인터넷쇼핑몰업(1개 업종) 이동통신서비스업(1개 업종) 위성방송 및 유선방송(2개 업종)
금융/보험	전자지급수단발행업(1개 업종) 소셜커머스(1개 업종) 전자화폐업(1개 업종)

	신용카드업(1개 업종) 상품권 관련업(1개 업종)
교육/문화	자동차 운전학원(1개 업종) 국제결혼중개(1개 업종) 결혼준비 대행업(1개 업종) 학원운영업 및 평생교육시설운영업(2개 업종) 유학수속대행업(1개 업종) 예식업(1개 업종) 어학연수관련업(2개 업종) 반려동물판매업(1개업종) 사진현상 및 촬영업(1개 업종) 문화용품·기타(4개 업종) 공연업(2개 업종) 고시원운영업(1개 업종)
레져/스포츠	골프장(1개 업종) 휴양콘도미니엄업(1개 업종) 체육시설업 및 레저용역업(3개 업종)
관광/운송	대리운전(1개 업종) 택배 및 퀵서비스업(1개 업종) 이사화물취급사업(1개 업종) 운수업(9개 업종) 여행업(2개 업종)
기타	청소대행서비스업(1개 업종) 이민대행서비스(1개 업종) 상조업(1개 업종) 물품대여서비스업(1개 업종) 공공서비스(3개 업종) 결혼정보업(1개 업종) 온라인게임서비스업(1개 업종)
전체 품목(클릭)	

3-3. 품목별 소비자분쟁해결기준의 적용 방법

① 소비자는 분쟁이 발생한 물품 등이 위 「소비자분쟁해결기준」 별표 1의 '대상품목' 중 어느 품목에 해당하는지를 확인하고, 「소비자분쟁해결기준」 별표 2의 '품목별 해결기준'에서 해당 품목의 피해유형에 따른 해결기준을 확인하면 됩니다.

② 예를 들어, 신제품 TV를 산 후 정상적으로 사용하고 있던 중 5일째 되는 날에 TV화면이 잘 나오지 않는 고장이 발생한 경우, TV는 공산품 중 가전제품에 해당하고, 해당 피해는 아래 표의 첫 번째 피해유형에 해당하므로, 그 TV를 산 소비자는 다른 TV로 제품을 교환받거나 구입가격을 환급받을 수 있습니다 (「소비자분쟁해결기준」 별표 2제9호가전제품).

〈 가전제품 분쟁해결 기준 〉

피 해 유 형	보 상 기 준
구입 후 10일 이내에 정상적인 사용 상태에서 발생한 성능·기능상의 하자로 중요한 수리를 요할 때	제품교환 또는 구입가 환급
구입 후 1개월 이내에 정상적인 사용 상태에서 발생한 성능 · 기능상의 하자로 중요한 수리를 요할 때	제품교환 또는 무상수리
품질보증기간 이내에 정상적인 사용 상태에서 발생한 성능기능상의 하자	
› 하자발생시	무상수리
› 수리불가능시	제품교환 또는 구입가 환급
› 교환불가능시	구입가 환급
› 교환된 제품이 1개월 이내에 중요한 수리를 요할 때	구입가 환급

소비자가 수리 의뢰한 제품을 사업자가 분실한 경우	
› 품질보증기간 이내	제품교환 또는 구입가 환급
› 품질보증기간 경과 후	정액감가상각한 금액에 10%를 가산하여 환급(최고한도 :구입가격)
부품보유기간 이내에 수리용 부품을 보유하고 있지 않아 발생한 피해	
› 품질보증기간 이내	
1. 정상적인 사용 상태에서 성능·기능상의 하자로 인해발생된 경우	제품교환 또는 구입가 환급
2. 소비자의 고의·과실로 인한 고장인 경우	유상수리에 해당하는 금액 징수 후 제품교환
› 품질보증기간 경과 후	정액감가상각한 잔여금액에 구입가의 10%를 가산하여 환급
제품구입 시 운송과정에서 발생된 피해	제품교환(단, 전문운송기관에 위탁한 경우는 판매자가 운송사에 대해 구상권 행사)
사업자가 제품설치 중 발생된 피해	제품교환

제4장
기관을 통해 해결하기

PART 1. 소비자피해구제기구 이용하기

〈기관을 통한 피해구제 해결 절차〉

<table>
<tr><td colspan="5">소비자
⇩</td></tr>
<tr><td>소비자
피해구제기구</td><td>또
는</td><td>소비자단체</td><td>또
는</td><td>한국소비자원</td></tr>
<tr><td colspan="5">⇩
합의 권고</td></tr>
<tr><td colspan="2">합의
⇩</td><td colspan="2"></td><td>합의가 안 될 경우
⇩</td></tr>
<tr><td colspan="2">수리, 반품, 교환,
배상, 환불 등으로
분쟁 종료</td><td colspan="2"></td><td>소비자분쟁조정위원회</td></tr>
</table>

1. 소비자피해구제기구 이용하기

물품 또는 서비스의 사용으로 인해 불만이나 피해가 발생한 소비자가 지방자치단체에 설치된 소비자피해구제기구에 그 피해의 구제를 요청하면 소비자피해구제기구은 소비자와 사업자 간 피해보상에 관한 합의를 권고하고, 권고가 이루어지지 않으면 소비자분쟁조정위원회에 분쟁조정을 신청하게 됩니다.

2. 피해구제의 신청 또는 의뢰

소비자는 물품 또는 서비스(이하 "물품 등"이라 함)의 사용으로 인한 불만이나 피해가 발생하면 지방자치단체에 설치된 소비자피해구제기구에 그 피해의 구제를 신청할 수 있습니다(「소비자기본법」 제16조).

3. 피해구제의 신청방법

위의 피해구제에 대한 신청 또는 의뢰는 전화·팩스·우편, 방문 또는 인터넷 등을 통해 할 수 있습니다.

4. 피해구제의 합의권고

① 피해구제에 관한 신청이 접수되면 소비자피해구제기구는 사실조사 과정을 거쳐 소비자와 사업자에게 피해보상에 관한 합의를 권고합니다.

② 합의가 이루어진 경우
합의가 이루어지면 사업자는 그 내용대로 소비자의 피해를 보상하게 됩니다.

③ 합의가 이루어지지 않은 경우
합의가 이루어지지 않으면 분쟁의 당사자나 분쟁에 관여한 소비자피해구제기구가 소비자분쟁조정위원회에 분쟁조정을 신청할 수 있습니다(「소비자기본법」 제65조제1항).

● **물건 반품 때문에 판매자에게 연락했는데 정당한 사유 없이 반품을 거부하고 있는 경우, 도움을 받을 수 있을까요?**

Q. 물건 반품 때문에 판매자에게 연락했는데 정당한 사유 없이 반품을 거부하고 있습니다. 이대로는 해결이 될 것 같지 않은데 도움을 받을 수 있을까요?

A. 판매자가 소비자의 불만 및 보상요구를 거부하는 경우 소비자는 소비자피해구제기구(지방자치단체 소비생활센터), 한국소비자원, 소비자단체 등에 피해구제 신청할 수 있습니다.

◇ 소비자피해구제기구

물품 또는 서비스의 사용으로 인해 불만이나 피해가 발생한 소비자가 지방자치단체에 설치된 소비자피해구제기구에 그 피해의 구제를 요청하면 소비자피해구제기구는 소비자와 사업자 간 피해보상에 관한 합의를 권고하고, 권고가 이루어지지 않으면 소비자분쟁조정위원회에 분쟁조정을 신청하게 됩니다.

☞ 피해구제 신청은 각 지방자치단체의 소비생활센터에 전화·팩스·우편, 방문 또는 인터넷 등을 통해 할 수 있습니다.

◇ 소비자단체

① 소비자는 소비자단체에서 불만·피해에 대한 상담 및 정보를 제공받을 수 있으며, 소비자와 사업자 사이에 다툼이 있을 경우에 합의를 권고합니다.

② 현재 공정거래위원회에 등록된 소비자 단체는 한국소비자단체협의회, 한국여성소비자연합, 소비자교육중앙회, 한국YMCA, 한국YWCA, 한국소비자교육원, 소비자시민모임, 한국소비자연맹, 녹색소비자연대, 소비자공익네트워크, 한국부인회, 대한어머니회중앙회, 한국여성단체협의회, 소비자와함께, 금융소비자연맹, 경제정의실천시민연합, 금융소비자원, 해피맘 등이 있으며,

그 외의 각 지방자치단체에 등록된 소비자단체가 있습니다.

◇ 한국소비자원

① 소비자가 입은 피해를 신속하고 공정하게 구제하기 위해서 한국소비자원에서는 소비자피해를 직접 상담해서 처리하고 있습니다. 한국소비자원의 피해 구제는 소비자분쟁해결기준 등 관련 법률에 따라 양당사자에게 공정하고 객관적으로 합의를 권고하는 제도로서 법원 판결과 달리 강제력은 없지만 비용 없이 신속히 분쟁을 해결할 수 있습니다.

② 피해구제의 신청 또는 의뢰는 서면으로 해야 하며, 긴급하거나 부득이한 경우에만 말이나 전화 등으로 할 수 있습니다.

◇ 분야별 분쟁조정위원회

금융, 의료분쟁 등 전문성이 요구되는 분야의경우개별 법령에 따라 분쟁조정기구가 설치·운영되고 있는데, 대표적으로 금융분쟁조정위원회, 한국의료분쟁조정중재원, 환경분쟁조정위원회, 한국저작권위원회, 개인정보 분쟁조정위원회, 전기위원회, 우체국보험분쟁조정위원회 등이 있습니다.

PART 2. 소비자단체 이용하기

〈기관을 통한 피해구제 해결 절차〉

<table>
<tr><td colspan="5">소비자
⇩</td></tr>
<tr><td>소비자
피해구제기구</td><td>또
는</td><td>소비자단체</td><td>또
는</td><td>한국소비자원</td></tr>
<tr><td colspan="5">⇩
합의 권고</td></tr>
<tr><td colspan="2">합의
⇩</td><td colspan="2"></td><td>합의가 안 될 경우
⇩</td></tr>
<tr><td colspan="2">수리, 반품, 교환,
배상, 환불 등으로
분쟁 종료</td><td colspan="2"></td><td>소비자분쟁조정위원회</td></tr>
</table>

1. 소비자단체 이용하기

소비자단체에서는 소비자의 불만·피해를 처리하기 위해 상담 및 정보 제공을 하고 있으며, 소비자와 사업자 사이에 다툼이 있을 경우에 합의를 권고합니다(「소비자기본법」 제2조제3호 및 제28조제1항제5호).

2. 소비자단체협의회 이용하기

2-1. 소비자단체협의회

소비자와 사업자 사이에 발생한 분쟁에 대해 소비자단체가 합의를 권고했음도 불구하고 합의가 이루어지지 않으면, 소비자단체협의회에 자율적 분쟁조정을 신청할 수 있습니다(「소비자기본법」 제31조 및 「소비자기본법 시행령」 제24조).

2-2. 자율적 분쟁조정의 신청 요건

① 소비자와 사업자 사이의 분쟁에 대해 소비자단체의 합의·권고가 이루어지지 않은 경우 소비자단체 협의회에 분쟁조정을 신청할 수 있습니다(「소비자기본법 시행령」 제24조제1항 및 제2항).

② 다만, 다음의 어느 하나에 해당하는 기구에서 관장하는 사안에 대해서는 소비자단체 협의회가 분쟁조정을 할 수 없습니다(「소비자기본법」 제31조제1항 단서 및 「소비자기본법 시행령」 제25조).

1. 금융분쟁조정위원회(「금융소비자 보호에 관한 법률」 제33조)
2. 한국의료분쟁조정중재원(「의료사고 피해구제 및 의료분쟁조정 등에 관한 법률」 제6조)
3. 환경분쟁조정위원회(「환경분쟁 조정법」 제4조)
4. 한국저작권위원회(「저작권법」 제112조)
5. 개인정보 분쟁조정위원회(「개인정보 보호법」 제40조)
6. 전기위원회(「전기사업법」 제53조)
7. 우체국보험분쟁조정위원회(「우체국예금·보험에 관한 법률」제48조의2)
8. 그 밖에 다른 법령에 따라 설치된 분쟁조정기구로서 공정거래위원회가 필요하다고 인정해서 지정·고시하는 분쟁조정기구

③ 전문성이 요구되는 분야의경우개별 법령에 따라 분쟁조정기구가 설치·운영되고 있는데, 대표적으로 금융분쟁조정위원회, 의료분쟁조정

위원회, 전자문서·전자거래분쟁조정위원회, 환경분쟁조정위원회, 한국저작권위원회, 개인정보분쟁조정위원회 등이 있습니다. 분야별 분쟁조정위원회에 대한 자세한 사항은 이 콘텐츠의 〈기관을 통한 해결 기관 이용하기 분야별 분쟁조정위원회〉에서 확인하실 수 있습니다.

2-3. 자율적 분쟁조정의 신청자

소비자단체에 의해 분쟁이 해결되지 않은 사안의 당사자(소비자와 사업자)가 직접 신청하거나, 소비자단체가 소비자를 대신해서 신청할 수 있습니다(「소비자기본법 시행령」 제24조제1항 및 제2항).

2-4. 사실조사

자율분쟁조정위원회 사무국에서는 그 분쟁 조정을 위해 필요한 경우 분쟁 당사자나 소비자를 대리해 신청한 소비자단체 또는 공정거래위원회나 지방자치단체(이하 "대리인"이라 함)에게 증거서류 등의 관련 자료의 제출을 요청할 수 있습니다(「소비자기본법 시행령」 제24조제5항).

2-5. 조정안 제시

① 사건이 회부되면 자율분쟁조정위원회를 개최하고 조정안을 제시해서 분쟁 당사자에게 수락을 권고합니다.

② 자율분쟁조정위원회는 분쟁조정의 신청을 받은 날부터 30일 이내에 분쟁조정을 마쳐야 합니다. 다만, 부득이한 사정으로 그 기간 내에 분쟁조정을 마칠 수 없으면 그 사유와 기한을 구체적으로 밝혀 당사자나 그 대리인에게 알려야 합니다(「소비자기본법 시행령」 제24조제6항).

③ 소비자단체의 합의권고에 따른 합의가 이루어지지 않은 경우 관계 당사자는 소비자분쟁조정위원회에 분쟁조정을 신청할 수 있습니다.

● 물건 반품 때문에 판매자에게 연락했는데 정당한 사유 없이 반품을 거부하고 있는 경우, 도움을 받을 수 있을까요?

> Q. 물건 반품 때문에 판매자에게 연락했는데 정당한 사유 없이 반품을 거부하고 있습니다. 이대로는 해결이 될 것 같지 않은데 도움을 받을 수 있을까요?

A. 판매자가 소비자의 불만 및 보상요구를 거부하는 경우 소비자는 소비자피해구제기구(지방자치단체 소비생활센터), 한국소비자원, 소비자단체 등에 피해구제 신청할 수 있습니다.

◇ 소비자피해구제기구

① 물품 또는 서비스의 사용으로 인해 불만이나 피해가 발생한 소비자가 지방자치단체에 설치된 소비자피해구제기구에 그 피해의 구제를 요청하면 소비자피해구제기구는 소비자와 사업자 간 피해보상에 관한 합의를 권고하고, 권고가 이루어지지 않으면 소비자분쟁조정위원회에 분쟁조정을 신청하게 됩니다.

② 피해구제 신청은 각 지방자치단체의 소비생활센터에 전화·팩스·우편, 방문 또는 인터넷 등을 통해 할 수 있습니다.

◇ 소비자단체

① 소비자는 소비자단체에서 불만·피해에 대한 상담 및 정보를 제공받을 수 있으며, 소비자와 사업자 사이에 다툼이 있을 경우에 합의를 권고합니다.

② 현재 공정거래위원회에 등록된 소비자 단체는 한국소비자단체협의회, 한국여성소비자연합, 소비자교육중앙회, 한국YMCA, 한국YWCA, 한국소비자교육원, 소비자시민모임, 한국소비자연맹, 녹색소비자연대, 소비자공익네트워크, 한국부인회, 대한어머니회중앙회, 한국여성단체협의회, 소비자와함께, 금융소비자연맹, 경제정의실천시민연합, 금융소비자원, 해피맘 등이 있으며,

그 외의 각 지방자치단체에 등록된 소비자단체가 있습니다.

◇ 한국소비자원

① 소비자가 입은 피해를 신속하고 공정하게 구제하기 위해서 한국소비자원에서는 소비자피해를 직접 상담해서 처리하고 있습니다. 한국소비자원의 피해 구제는 소비자분쟁해결기준 등 관련 법률에 따라 양당사자에게 공정하고 객관적으로 합의를 권고하는 제도로서 법원 판결과 달리 강제력은 없지만 비용 없이 신속히 분쟁을 해결할 수 있습니다.

② 피해구제의 신청 또는 의뢰는 서면으로 해야 하며, 긴급하거나 부득이한 경우에만 말이나 전화 등으로 할 수 있습니다.

◇ 분야별 분쟁조정위원회

금융, 의료분쟁 등 전문성이 요구되는 분야의경우개별 법령에 따라 분쟁조정기구가 설치·운영되고 있는데, 대표적으로 금융분쟁조정위원회, 한국의료분쟁조정중재원, 환경분쟁조정위원회, 한국저작권위원회, 개인정보 분쟁조정위원회, 전기위원회, 우체국보험분쟁조정위원회 등이 있습니다.

PART 3. 한국소비자원 이용하기

〈기관을 통한 피해구제 해결 절차〉

<table>
<tr><td colspan="5">소비자
⇩</td></tr>
<tr><td>소비자
피해구제기구</td><td>또
는</td><td>소비자단체</td><td>또
는</td><td>한국소비자원</td></tr>
<tr><td colspan="5">⇩
합의 권고</td></tr>
<tr><td>합의
⇩</td><td colspan="3"></td><td>합의가 안 될 경우
⇩</td></tr>
<tr><td>수리, 반품, 교환,
배상, 환불 등으로
분쟁 종료</td><td colspan="3"></td><td>소비자분쟁조정위원회</td></tr>
</table>

1. 한국소비자원 이용하기

1-1. 한국소비자원

① 한국소비자원(www.kca.go.kr)은 소비자가 입은 피해를 신속하고 공정하게 구제하기 위해서 소비자피해를 직접 상담해서 처리하고 있습니다(「소비자기본법」 제33조 및 35조).

② 한국소비자원의 피해 구제는 소비자분쟁해결기준 등 관련 법률에 따라 양당사자에게 공정하고 객관적으로 합의를 권고 하는 제도로서 법원 판결과 달리 강제력은 없지만 비용 없이 신속히 분쟁을 해결할 수 있습니다. 한국소비자원은 「소비자분쟁해결기준」(공정거래위원회 고시 제2023-28호, 2023. 12. 20. 발령·시행)에 따라 분쟁의 당사자에게 합의를 권고하는데, 합의가 이루어지지 않을 경우에는 소비자분쟁조정위원회에서 조정결정을 합니다.

한국소비자원의 소비자피해구제 흐름

소비자 상담
내용판단 사실조사 ⇩
합의권고
합의가 안 될 경우 ⇩
소비자분쟁조정위원회 ⇩
조정 결정

1-2. 소비자피해구제 신청

② 피해구제의 신청(의뢰)자

ⓐ 소비자는 물품 또는 서비스(이하 "물품 등"이라 함)의 사용으로 인한 피해가 발생하면 한국소비자원에 피해의 구제를 신청할 수 있습니다(「소비자기본법」 제55조제1항).

ⓑ 또한, 국가·지방자치단체 또는 소비자단체는 소비자로부터 피해구제의 신청을 받은 경우에 한국소비자원에 그 처리를 의뢰할 수 있습니다(「소비자기본법」 제55조제2항).

② 피해구제의 신청방법

피해구제의 신청 또는 의뢰는 서면으로 해야 하며, 긴급하거나 부득이한 경우에만 말이나 전화 등으로 할 수 있습니다(「소비자기본법 시행령」 제43조제1항).

③ 피해보상의 합의권고

신청서가 접수되면 한국소비자원은 사실조사 과정을 거쳐 소비자와 사업자에게 피해보상에 관한 합의를 권고합니다(「소비자기본법」 제57조).

④ 피해구제의 처리기간

ⓐ 신청서가 접수된 후 30일 이내에 합의가 이루어져야 피해구제절차가 종료됩니다(「소비자기본법」 제58조).

ⓑ 다만, 의료, 보험, 농업 및 어업관련 사건과 피해원인 규명에 시험·검사 또는 조사가 필요한 사건에 대해서는 60일 이내의 범위에서 처리기한이 연장될 수 있습니다(「소비자기본법」 제58조 단서 및 「소비자기본법 시행령」 제44조).

⑤ 한국소비자원의 피해구제 처리절차 중에 해당 사건에 대해 법원에 소송이 제기되면, 이 때부터 피해구제절차가 중지됩니다(「소비자기본법」 제59조).

⑥ 30일(연장된 경우 최대 90일)이 지나도 합의가 이루어지지 않으면, 소비자분쟁조정위원회로 사건이 회부되어 다시 분쟁조정절차가 진행됩니다(「소비자기본법」 제58조 본문).

2. 소비자분쟁조정위원회를 통한 분쟁해결

2-1. 소비자분쟁조정위원회를 통한 분쟁해결

① 소비자피해의 당사자인 소비자 또는 사업자가 한국소비자원이나 소비자단체의 합의 권고를 받아들이지 않았을 경우에는 소비자분쟁조정위원회가 조정결정을 하게 됩니다.

② 조정결정 내용에 당사자가 동의하면 재판상 화해의 효력이 발생하고, 분쟁 당사자 중 누구라도 이 조정결정에 불복하는 경우에는 민사소송을 제기할 수 있습니다.

2-2. 개별분쟁조정의 신청

소비자와 사업자 사이에 발생한 분쟁에 관하여 소비자피해관련 기구에서 소비자분쟁이 해결되지 않거나, 한국소비자원의 소비자피해구제 절차에서 합의권고에 따른 합의가 이루어지지 않은 경우 소비자분쟁조정위원회에 분쟁조정을 신청할 수 있습니다(「소비자기본법」 제65조제1항).

2-3. 개별분쟁조정의 기간

① 소비자분쟁조정위원회는 원칙적으로 조정신청을 받은 날부터 30일 이내에 분쟁조정을 마쳐야 합니다(「소비자기본법」 제66조제1항).

② 다만, 부득이한 사정이 있는 경우에는 그 기간을 연장할 수 있는데, 이 경우에는 연장사유와 그 기한을 명시해서 당사자(대리인 포함)에게 통지해야 합니다(「소비자기본법」 제66조제2항).

③ 소비자분쟁조정위원회의 분쟁조정 절차 중에 해당 사건에 대해 법원에 소송이 제기되면, 이 때부터 분쟁조정 절차가 중지됩니다(「소비자기본법」 제59조 및 제65조제5항).

2-4. 분쟁조정의 결정

① 조정결정된 내용은 즉시 당사자에게 통지되며, 당사자가 통지를 받은 날부터 15일 이내에 의사표시가 없는 때에는 수락한 것으로 봅니다(「소비자기본법」 제67조).

② 수락을 거부하는 경우, 수락거부의 의사표시는 서면으로 해야 합니다(「소비자기본법 시행령」 제55조제1항).

2-5. 분쟁조정의 효력

① 조정이 성립되면 조정서가 작성되는데, 이 조정서의 내용은 재판상 화해와 동일한 효력이 부여됩니다(「소비자기본법」 제67조제4항).

② 즉, 소비자분쟁조정위원회에서 조정이 성립되면 다시 소송을 제기할 수 없습니다.

2-6. 조정불성립 후 처리방안

소비자분쟁조정위원회의 조정결정에 대해 당사자 일방이 이를 거부해서 조정이 불성립된 경우에 법원의 소송절차(소액심판제도, 민사조정제도, 민사소송제도 등)을 통해 해결할 수 있습니다.

2-7. 소비자분쟁조정위원회의 집단분쟁조정 절차

① 물품 또는 서비스의 사용으로 인해 같거나 비슷한 유형의 피해가 다수의 소비자에게 발생한 다음에 해당하는 사건에 소비자분쟁조정위원회에서 일괄적으로 분쟁조정을 할 수 있습니다(「소비자기본법」 제68조제1항 및 「소비자기본법 시행령」 제56조).

ⓐ 물품 등으로 인한 피해가 같거나 비슷한 유형으로 발생한 소비자 중 다음의 소비자를 제외한 소비자의 수가 50명 이상인 경우

- 자율적 분쟁조정, 합의권고와 그 밖의 방법으로 사업자와 분쟁해결이나 피해보상에 관한 합의가 이루어진 소비자

- 각 개별법에 따라 설치된 분쟁조정기구에서 분쟁조정이 진행 중인 소비자
- 해당 물품 등으로 인한 피해에 관해 법원에 소를 제기한 소비자

ⓑ 사건의 중요한 쟁점이 사실상 또는 법률상 공통될 것

② 집단분쟁조정결과의 효력은 조정절차에 참가한 다수의 소비자에게 모두 발생하며, 조정절차에 참가하지 못한 소비자도 사업자가 조정결정 내용을 수락하고, 보상계획서를 제출한 경우 보상계획서에 따라 피해보상을 받을 수 있습니다.

ⓐ 집단분쟁조정의 시작 및 공고

- 집단분쟁조정을 의뢰받거나 신청 받은 소비자분쟁조정위원회는 다음의 어느 하나에 해당하는 사건을 제외하고는 의결로써 의뢰받거나 신청받은 날부터 60일 이내에 조정절차를 시작해야 합니다(「소비자기본법」 제68조제2항).

1. 「소비자기본법」 제68조제1항의 요건을 갖추지 못한 사건
2. 기존의 집단분쟁조정결정이 있는 사건으로서 개시의결을 반복할 필요가 없다고 인정되는 사건
3. 신청인의 신청내용이 이유가 없다고 명백하게 인정되는 사건

이 경우 집단분쟁조정 절차가 시작된다는 사실이 한국소비자원 홈페이지(www.kca.go.kr) 및 전국으로 보급되는 일간신문에 14일간 게재됩니다(「소비자기본법」 제68조제2항 및 「소비자기본법 시행령」 제58조).

ⓑ 분쟁조정 절차 개시의 보류

조정위원회는 다음의 어느 하나에 해당하는 사건에 대해서는 개시결정기간 내에 조정위원회의 의결로써 집단분쟁조정 절차개시의 결정을 보류할 수 있습니다. 이 경우 그 사유와 기한을 명시하여 의뢰 또는 신청한 자에게 통지하여야 하고, 그 보류기간은 개시결정기간이 경과한 날부터 60일을 넘을 수 없습니다(「소비자기본법」

제68조제3항).

1. 피해의 원인규명에 시험, 검사 또는 조사가 필요한 사건
2. 피해의 원인규명을 위하여 「소비자기본법」 제68조의2에 따른 대표당사자가 집단분쟁조정 절차개시 결정의 보류를 신청하는 사건

ⓒ 집단분쟁조정의 당사자가 아닌 소비자나 사업자는 위 공고기간 내에 서면으로 참가신청을 할 수 있습니다(「소비자기본법」 제68조제4항 및 「소비자기본법 시행령」 제59조제1항).

● 구입한 물건의 불량으로 다쳤는데, 집단분쟁조정을 신청했다는 사실을 알았을 경우, 분쟁조정절차에 참가할 수 있나요?

Q. 구입한 물건의 불량으로 다쳤는데, 동일한 피해를 입은 피해자들이 소비자단체에 분쟁조정을 신청했고, 이 소비자단체가 소비자분쟁조정위원회에 집단분쟁조정을 신청했다는 사실을 알았습니다. 지금이라도 분쟁조정절차에 참가할 수 있나요?

A. 아직 집단분쟁조정이 시작되지 않았으므로 집단분쟁조정 절차가 개시되면 절차 개시 공고 기간 내에 서면으로 참가 신청을 할 수 있습니다. 집단분쟁조정 절차에 참가하지 못했더라도 집단분쟁조정이 이루어지면 피해보상을 받을 수 있습니다.

◇ 절차

① 조정 시작

공고집단분쟁조정을 의뢰받거나 신청 받은 소비자분쟁위원회가 조정절차를 시작할 것을 의결하면, 이 사실이 한국소비자원 홈페이지(www.kca.go.kr) 및 일간신문에 14일간 게재됩니다. 집단분쟁조정의 당사자가 아닌 소비자는 이 공고기간 내에 서면으로 참가신청을 할 수 있습니다.

② 조정법 기간

소비자분쟁조정위원회는 집단분쟁조정 절차의 시작 공고가 종료된 다음 날부터 30일 이내에 분쟁조정을 종료해야 합니다.

③ 조정 성립

조정결정된 내용은 즉시 당사자에게 통보되는데 통보받은 날부터 15일 이내에 조정을 수락해서 조정서에 기명·날인하거나 수락거부의사표시를 하지 않으면 조정이 성립되며, 양 당사자 중 어느 한 쪽이 수락거부의사를 표시하면 조정이 성립되지 않습니다.

④ 조정서의 효력

조정이 성립된 경우에 작성되는 조정서는 재판상 화해와 동일한 효력이 있습니다. 즉, 조정이 성립되면 소송을 제기할 수 없습니다.

⑤ 조정 불성립

그러나 조정이 성립되지 않으면 소송 등 다른 구제수단을 이용할 수 있습니다.

◇ 집단분쟁조정 신청자, 의뢰자

집단분쟁조정은 소비자 개인이 할 수 없고, 국가·지방자치단체·한국소비자원 또는 소비자단체·사업자가 할 수 있습니다.

◇ 집단분쟁조정 신청 요건, 의뢰 요건

1. 물품 또는 서비스로 인한 피해가 같거나 비슷한 유형으로 발생한 소비자 중 다음의 소비자를 제외한 소비자의 수가 50명 이상인 경우

   가. 자율적 분쟁조정, 합의권고와 그 밖의 방법으로 사업자와 분쟁해결이나 피해보상에 관한 합의가 이루어진 소비자

   나. 각 개별법에 따라 설치된 분쟁조정기구에서 분쟁조정이 진행 중인 소비자

   다. 해당 물품 등으로 인한 피해에 관해 법원에 소를 제기한 소비자

2. 또한, 사건의 중요한 쟁점이 사실상 또는 법률상 공통일 것

PART 4. 분야별 분쟁조정위원회

1. 분야별 분쟁조정위원회

■ 분쟁조정위원회

① 소송에 의한 분쟁해결은 상당한 시간과 비용이 소요되기 때문에 민사소송 외에 화해·조정·중재 등 소송대체적 분쟁해결방법이 자주 이용되고 있습니다.

② 소송대체적 분쟁해결방법의 하나인 "분쟁조정제도"는 당사자의 사정을 배려하고 상호양보를 통한 해결방안을 제시함으로써 소송보다 더 유연하게 분쟁이 처리될 수 있고, 분야별 전문가가 직접 참여함으로써 전문성을 확보할 수 있으며, 비용이 거의 들지 않는 등의 장점이 있어 소비자가 좀 더 편리하게 선택할 수 있는 제도입니다. 각 분쟁조정위원회에서 성립된 조정은 재판상 화해와 동일한 효력이 있습니다.

③ 우리나라는 금융, 의료, 전자거래, 환경, 저작권, 개인정보 등 각종 분야의 분쟁을 조정하기 위한 위원회가 개별법에 따라 설치되어 있습니다.

④ 한국소비자원의 소비자분쟁조정위원회에서 다루어지는 사건은 반드시 한국소비자원이나 소비자단체의 합의 권고가 먼저 이루어져야 합니다. 이하의 개별법에 따른 분야별 분쟁조정위원회는 법에서 정한 절차에 따라 각 분쟁조정위원회에 조정을 신청할 수 있습니다.

2. 금융분쟁조정위원회

■ 금융소비자보호처(http://consumer.fss.or.kr)

구 분	내 용
신 청 자	「금융위원회의 설치 등에 관한 법률」 제38조의 기관(이하 "조정대상기관"이라 함), 금융소비자 및 그 밖의 이해관계인(「금융소비자 보호에 관한 법률」 제33조 및 제36조제1항)
합의권고	금융감독원장은 분쟁조정 신청을 받았을 때 관계 당사자에게 그 내용을 통지하고 합의를 권고할 수 있습니다. 다만, 분쟁조정의 신청내용이 다음의 어느 하나에 해당하는 경우에는 합의를 권고하지 않거나, 조정위원회에의 회부를 하지 않을 수 있습니다(「금융소비자 보호에 관한 법률」 제36조제2항 및 「금융소비자 보호에 관한 법률 시행령」 제33조제3항). 1. 신청한 내용이 분쟁조정대상으로서 적합하지 않다고 금융감독원장이 인정하는 경우 2. 신청한 내용이 관련 법령 또는 객관적인 증명자료 등에 따라 합의권고절차 또는 조정절차를 진행할 실익이 없는 경우 3. 조정위원회에 회부되기 전에 소가 제기된 경우 4. 신청 내용의 보완을 2회 이상 요구하였으나 이에 응하지 않은 경우 5. 신청 내용이 신청인과 직접적인 이해관계가 없는 경우
조정기간	금융감독원장은 분쟁조정 신청을 받은 날부터 30일 이내에 위 권고에 의한 합의가 이루어지지 않은 때에는 지체 없이 조정위원회에 회부해야 합니다. 조정위원회는 조정을 회부받았을 때 이를 심의하여 조정안을 60일 이내에 작성해야 합니다(「금융소비자 보호에 관한 법률」 제36조제4항 및 제5항).
조정효력	양 당사자가 위 조정안을 수락한 경우 해당 조정안은 재판상 화해와 동일한 효력을 갖습니다(「금융소비자 보호에 관한 법률」 제39조).

조정사례	〈사안〉 치료과정 중에 전혀 예상치 못하게 발생한 대퇴골두 무혈성 괴사에 대한 상해 보험금 지급 거절에 대한 조정
	〈결정〉 보험사고의 성립조건인 사고와 상해간의 인과관계를 인정하기는 어려운 것으로 판단되므로 달리 반증이 없는 한 피신청인은 약관에서 정하고 있는 보험금을 지급할 책임이 없음. 〈 출처: e-금융민원센터 분쟁조정사례〉

3. 의료분쟁조정위원회

■ 한국의료분쟁조정중재원(http://www.k-medi.or.kr)

구 분	내 용
신 청 자	의료분쟁의 당사자 또는 그 대리인(「의료사고 피해구제 및 의료분쟁 조정 등에 관한 법률」 제27조제1항 및 제2항)
신청방법	의료분쟁의 당사자 또는 그 대리인 조정중재원에 분쟁의 조정을 신청(「의료사고 피해구제 및 의료분쟁 조정 등에 관한 법률」 제27조제1항)
조정기간	조정절차가 개시된 날부터 90일 이내(「의료사고 피해구제 및 의료분쟁 조정 등에 관한 법률」 제33조제1항) ※ 의료사고감정부는 조정절차가 개시된 날부터 60일 이내에 의료사고의 감정결과를 감정서로 작성해서 의료분쟁조정부에 송부해야 합니다(「의료사고 피해구제 및 의료분쟁 조정 등에 관한 법률」 제29조제1항).
조정결정	당사자 쌍방이 조정부의 조정결정에 동의하거나 동의한 것으로 보는 경우에 조정 성립(「의료사고 피해구제 및 의료분쟁 조정 등에 관한 법률」 제36조제3항)
조정사례	〈사안〉 70대 할머니가 지난해 5월 손목터널증후군 수술을 받고 패혈증에 의한 다발성 장기 부전으로 사망. 이에 수술을 시행한 의료인이 수술과정에 과실이 없다며 조정을 신청
	〈결정〉 의료중재원은 할머니가 고령에 당뇨, 고혈압, 뇌동맥류 수술 경력이 있는 고위험군 환자로 수술 전 검사 결과를 보면 잠복된 감염의 위험이 있었는데도 의료진의 조치가 미흡했고, 이틀 후 바로 2차 수술을 시행한 것 역시 고령의 환자에게 큰 부담이 되어 적절하지 않은 것으로 판단한다. 다만 고인의 나이와 병력이 상태에 중대한 영향을 미쳤고, 치료 중 삽관을

	스스로 제거해 상태를 악화시킨 점 등을 종합적으로 고려해, 의료인이 환자에게 5,000만원의 손해배상금을 지급할 것으로 조정함. 〈 출처: 한국의료분쟁조정중재원 보도자료〉

4. 전자문서·전자거래분쟁조정위원회

■ 전자문서·전자거래분쟁조정위원회(https://www.ecmc.or.kr)

구 분	내 용
신 청 자	전자문서 및 전자거래와 관련해 피해를 입은 소비자(「전자문서 및 전자거래 기본법」 제33조제1항)※ 단, 다른 법률에 따라 분쟁조정이 완료된 경우는 제외
신청방법	전화, 이메일, 전자문서·전자거래분쟁조정위원회 홈페이지(www.ecmc.or.kr)를 통해 신청
조정기간	분쟁조정신청을 받은 날부터 45일 이내(「전자문서 및 전자거래 기본법」 제33조제4항 본문)
조정결정	당사자가 ① 전자문서·전자거래분쟁조정위원회가 작성한 조정안에 동의하거나, ② 당사자가 위원회에 조정합의서를 제출한 경우에 조정 성립(「전자문서 및 전자거래 기본법」 제35조제1항)
조정사례	〈사안〉 온라인 사이트에서 가방을 주문하여 수령하였는데 물품확인 과정에서 신청인은 제품의 상태가 기대했던 바에 미치지 못하여 피신청인에게 반품·환불처리를 요청하였고, 제품반송을 위해 피신청인의 지정 택배사로 연락을 취하였으나 명절연휴로 택배사 휴무임을 확인하고 피신청인에게 문의하여, 우체국은 영업중이므로 발송할 수 있다는 안내를 받고 당일 해당 물품을 (착불)반송하였다. 이후 피신청인은 신청인에게 왕복배송비를 입금해 줄 것을 요청하여 신청인은 6,000원(최초배송료: 3,500원, 반품안내절차에 공지된 택배비: 2,500원)을 피신청인에게 송금한 후 카드 취소를 요청하였으나, 피신청인은 왕복배송비가 9,500원(최초 배송비: 3,500원, 우체국택배 이용에 따른 반송비: 6,000원)이므로 3,500원 추가 입금을 요청하며 분쟁이 발생
	〈결정〉

	구매자가 수령한 물품을 단순변심 등으로 반품하는 경우에 그 배송비용은 구매자가 부담한다, 다만, 해당 건의 경우 신청인이 연휴기간 중 피신청인의 제휴 택배사는 물론이고 다른 택배사가 영업을 하지 않는 상태에서 신청인이 피신청인에게 반송이 가능한 곳을 문의하였고, 신청인은 피신청인의 안내에 따라 우체국을 이용한 반송을 택하였으므로, 당사자의 조정의사를 감안하여 신청인이 지급하여야 할 1,500원을 부담하는 조건으로 피신청인이 해당 물품의 판매와 관련하여 신청인 명의의 신용카드를 통하여 이루어진 대금결제 청구을 취소하는 것이 바람직함. 〈 출처: 전자문서·전자거래분쟁조정위원회 분쟁조정이야기〉

5.환경분쟁조정위원회

■ 중앙환경분쟁조정위원회(http://ecc.me.go.kr)

구 분	내 용
신 청 자	환경과 관련된 분쟁의 조정을 원하는 사람(「환경분쟁조정법」 제16조제1항) 또는 환경단체(「환경분쟁 조정법」 제26조제1항)
신청방법	신청취지와 원인, 분쟁의 경과, 분쟁에 관계되는 오염발생 또는 환경피해발생의 일시·장소 등을 기재한 조정신청서를 제출해서 신청(「환경분쟁조정법」 제16조제1항 및 「환경분쟁 조정법 시행령」 제8조)
조정기간	분쟁조정신청을 받은 날부터 9개월 이내(「환경분쟁 조정법 시행령」 제12조)
조정결정	분쟁 당사자가 환경분쟁조정위원회가 작성한 조정안을 수락하는 경우 조정 성립(「환경분쟁 조정법」 제33조제1항)
조정사례	〈사안〉 건물 리모델링 공사를 하면서 철재를 뜯어내고 시멘트 건물을 철거하는 등의 소음과 야간작업 소음으로 인해 피해
	〈결정〉 「환경정책기본법」에 따라 환경오염으로 인한 피해의 구제에 소요되는 비용을 부담하는 피해배상의 책임이 있으므로 00원을 배상함. 〈 출처: 중앙환경분쟁조정위원회 분쟁조정사례〉

6. 한국저작권위원회

■ 한국저작권위원회(https://www.copyright.or.kr)

구 분	내 용
신 청 자	저작권 관련 분쟁의 조정을 원하는 분쟁 당사자(「저작권법」 제114조의2)
조정방법	분쟁조정 신청 취지와 원인을 명확히 밝힌 조정신청서를 제출(「저작권법」 제114조의2제1항)
조정기간	분쟁조정신청을 받은 날부터 3개월 이내(「저작권법 시행령」 제61조제5항 본문)
조정결정	분쟁 당사자가 한국저작권위원회가 작성한 조정안을 수락하는 경우 조정 성립(「저작권법」 제117조제1항) 당사자가 분쟁조정을 위한 출석 요구에 응하지 않거나 조정기간의 경과 또는 당사자 간에 합의가 성립되지 않은 경우에는 조정 불성립(「저작권법 시행령」 제63조제1항)
조정사례	〈사안〉 'oo' 게임 관련 서적을 발행하면서 'oo' 게임 저작권자인 신청인의 허락 없이 무단으로 'oo' 게임용 소프트웨어의 화면 중에서 일러스트와 도면, 도표 등 각종 게임 화면을 복제하여 배포
	〈결정〉 피신청인은 본건 관련 도서를 더 이상 인쇄, 제본, 발행, 배포 등의 행위를 하여서는 아니 되며, 피신청인들이 현재까지 제작, 보유하고 있는 본건 관련 도서 및 기발행, 배포한 동 도서를 모두 회수하여 신청인에게 모두 양도함. 〈 출처: 한국저작권위원회 분쟁조정사례〉

7. 개인정보 분쟁조정위원회

■ 개인정보 분쟁조정위원회(https://www.kopico.go.kr)

구 분	내 용
신 청 자	개인정보와 관련된 분쟁의 조정을 원하는 자(「개인정보 보호법」 제43조제1항)
조정방법	우편, 팩스, 방문 또는 개인정보 분쟁조정위원회 홈페이지(https://www.kopico.go.kr)에서 신청
조정기간	분쟁조정신청을 받은 날부터 60일 이내(「개인정보 보호법」 제44조) ※ 필요한 경우 연장 가능
조정결정	분쟁 당사자가 개인정보 분쟁조정위원회가 작성한 조정안을 수락하는 경우 조정 성립(「개인정보 보호법」 제47조) 조정안을 받은 날부터 15일 이내에 조정수락의사를 알려야 하며, 고지하지 않은 경우에는 조정을 거부한 것으로 봄(「개인정보 보호법」 제47조제3항)
조정사례	〈사안〉 본인의 동의 없이 개인정보를 수집하고 이를 제3자에게 노출시킨 의료기관에 대한 제도개선 요구
	〈결정〉 의료기관이 신청인의 개인정보를 동의 없이 수집하였으나 이는 법령 등의 규정에 따른 것이므로 개인정보보호법 위반은 아니나, 개인정보가 적힌 서류에 대한 한전조치 미비로 개인정보가 노출되고 있으니 이에 대한 제도 개선이 필요함. 〈 출처: 개인정보 분쟁조정위원회 분쟁조정사례〉

제5장
법원을 통해 해결하기

PART 1. 민사분쟁의 간이구제절차

1. 소액사건심판 신청하기

1-1. 소액사건심판의 의의

① "소액사건재판"이란 민사사건 중 분쟁금액이 3,000만원 이하인 사건인 경우 다른 민사사건에 대한 소송보다 간편하게 소를 제기하고 소송을 수행할 수 있는 제도를 말합니다(「소액사건심판법」 제2조제1항 및 「소액사건심판규칙」 제1조의2).

② 소액사건의 신속한 처리를 위하여 1회의 변론기일로 심리를 마치고 즉시 선고할 수 있도록 하고 있습니다. 다만, 법원이 이행권고결정을 하는 경우에는 즉시 변론기일을 지정하지 않고, 일단 피고에게 이행권고결정등본을 송달한 후 이의가 있을 경우에만 변론기일을 지정하여 재판을 진행하게 됩니다(「소액사건심판법」 제5조제3항, 제5조의4 및 제7조제2항).

③ 당사자의 배우자, 직계혈족, 형제자매는 법원의 허가 없이도 소송대리인이 될 수 있습니다(「소액사건심판법」 제8조).

1-2. 소액사건심판의 대상

① 소액사건심판은 분쟁금액이 3,000만원 이하인 금전이나 그 밖에 동일한 종류의 것으로 대체될 수 있는 대체물이나 유가증권의 지급을 목적으로 하는 제1심의 민사사건을 대상으로 합니다(「소액사건심판법」 제2조제1항 및 「소액사건심판규칙」 제1조의2).

② 총 분쟁금액이 3,000만원을 넘어서는 사건에 대해 이를 분할해서 청구하는 것은 인정되지 않습니다(「소액사건심판법」 제5조의2 및 「소액사건심판규칙」 제1조의2 본문).

③ 예를 들어, 분쟁금액이 4,000만원인 경우 분쟁금액을 3,000만원과 1,000만원으로 나누어 두 번에 걸쳐 소액사건심판을 청구하는 것은 불가능합니다.

2. 소액사건심판 절차

2-1. 소액사건심판의 흐름

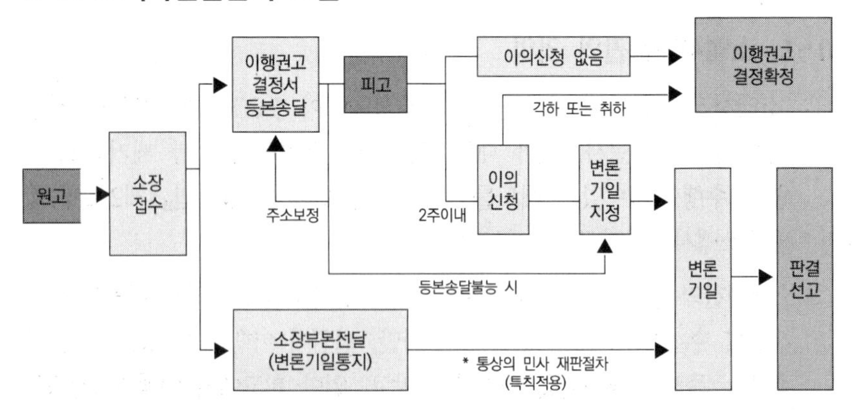

2-2. 소액사건심판의 제기

소액사건심판을 원하는 소비자 또는 소비자의 배우자·직계혈족·형제자매(이하 "원고"라 함)는 서면이나 말로 소액사건심판을 제기할 수 있습니다(「소액사건심판법」 제8조 및 「소액사건심판규칙」 제3조).

2-3. 피고에 대한 이행 권고

① 소송이 제기되면 법원은 피고(여기서는 사업자)에게 소장부본이나 제소조서등본 등을 첨부해서 원고의 청구취지대로 이행할 것을 권고할 수 있습니다(「소액사건심판법」 제5조의3).

② 이행의 권고를 받은 피고가 2주 이내에 이의신청을 하면, 변론기일을 정해 소액사건심판절차가 진행됩니다(「소액사건심판법」 제5조의4).

③ 피고가 위의 기간 내에 이의신청을 하지 않은 경우, 이의신청에 대한 각하결정이 확정된 경우, 또는 ③ 이의신청이 취하된 경우 위 이행권고결정은 확정판결과 같은 효력을 가지게 됩니다(「소액사건심판법」 제5조의7제1항).

2-4. 변론

변론은 보통 1회로 진행되며, 이 변론기일에 판사는 소송 당사자와 관계자를 심문합니다. 이 때 판사가 상당하다고 인정하는 경우 서면을 대신 제출하게 할 수 있습니다(「소액사건심판법」 제7조, 제10조 및 「소액사건심판규칙」 제6조).

2-5. 판결의 선고

변론이 끝나면 판결이 즉시 선고될 수 있습니다(「소액사건심판법」 제11조의2).

● **손해배상액이 크지도 않고, 소송까지는 너무 시간이 걸리고 번거로운데 다른 방법이 없을까요?**

> Q. 판매자에게 손해배상을 받으려고 한국소비자원에 조정신청을 하여 권고를 받았음에도 판매자는 배상을 거부하고 있습니다. 손해배상액이 크지도 않고, 소송까지는 너무 시간이 걸리고 번거로운데 다른 방법이 없을까요?

A. 민사분쟁에서 일반 민사소송에 비해 저렴한 비용으로 신속하게 처리하기 위한 방법으로 소액사건심판, 지급명령, 민사조정이 있습니다.

◇ 소액사건심판

① 분쟁금액이 3,000만원 이하인 경우 저렴한 비용으로 신속하게 처리하기 위한 방법으로 소액사건심판이 있습니다.

② 소액사건심판을 원하는 소비자 또는 소비자의 배우자·직계혈족·형제자매는 서면이나 말로 소액사건심판을 제기할 수 있습니다. 이행의 권고를 받은 피고가 2주 이내에 이의신청을 하면, 변론기일을 정해 소액사건심판절차가 진행됩니다.

◇ 지급명령

① 지급명령(독촉절차)은 분쟁이 있는 사건을 저렴한 비용으로 신속하게 처리하기 위해 지급청구에 대한 변론이나 판결 없이 곧바로 지급명령을 내리는 방식의 간이소송제도로 금전 또는 동일한 종류의 것으로 대체될 수 있는 대체물이나 수표와 같은 유가증권을 지급하라는 청구에 대해 변론이나 판결 없이 곧바로 지급명령을 내릴 수 있습니다.

② 분쟁 당사자를 소환하지 않고, 별다른 소명절차도 없으며, 당사자가 신청한 서류만으로 심리한다는 점에서 일반적인 소송 절차에 비해 비용이 적게 들고, 청구금액이 정해져 있지 않아 비교적 큰 금액에 대해서도 청구가 가능합니다.

③ 지급명령을 신청하려면 지급명령신청서를 작성해서 분쟁상대방의 주소지·사무소·영업소·의무이행지·불법행위지를 관할하는 법원에 제출합니다.

◇ 민사조정

① 민사조정은 법관이나 법원에 설치된 조정위원회가 분쟁 당사자의 주장을 듣고 관련 자료 등 여러 사항을 검토해서 당사자들의 합의를 주선함으로써 조정을 하는 제도로 분쟁을 간편하고 신속하게 해결할 수 있습니다. 조정신청을 하면 즉시 조정기일이 정해져서, 한 번의 조정기일에 조정이 끝나는 것이 대부분이며, 소송비용도 정식재판에 의한 소송절차에 비해 적게 듭니다.

② 조정신청은 분쟁 당사자 일방이 법원에 조정을 신청하거나 해당 소송사건을 심리하고 있는 판사가 직권으로 조정에 회부하면 민사조정이 시작됩니다.

PART 2. 지급명령 신청하기

1. 지급명령(독촉절차) 개요

① 민사분쟁에서 채권자(여기서 소비자)에게 금전 또는 동일한 종류의 것으로 대체될 수 있는 대체물이나 수표와 같은 유가증권을 지급하라는 청구에 대해 변론이나 판결 없이 곧바로 지급명령을 내리도록 하는 간이소송절차를 "독촉절차"라고 합니다(「민사소송법」 제462조).

② 실제로 2011년에는 A사의 스마트폰 사용자인 K씨가 'A사의 스마트폰이 사용자의 위치정보를 저장하여 위치추적으로 피해를 입었다'며 A사를 상대로 낸 지급명령 신청사건에서 법원은 A사에 지급명령을 내렸고, 이에 대해 A사는 명령을 받은 날로부터 2주 동안 주어진 이의신청 기간 동안 아무런 이의를 신청하지 않아 A사는 K씨에게 손해배상금을 지급하였습니다.

③ 지급명령(독촉절차)은 분쟁 당사자를 소환하지 않고, 별다른 소명절차도 없으며, 당사자가 신청한 서류만으로 심리한다는 점에서 일반적인 소송 절차에 비해 비용이 적게 들고, 청구금액이 정해져 있지 않아 비교적 큰 금액에 대해서도 청구가 가능합니다(「민사소송법」 제467조).

④ 지급명령 신청 시 법원에 납부하는 수수료는 기본적으로 소송 제기 시 첨부할 인지액의 1/10정도이며, 예납할 송달료도 당사자 1인당 4회분으로 소송절차 중 액수가 가장 적은 소액사건(당사자 1인당 10회분)보다 적습니다.

2. 지급명령 절차

2-1. 지급명령절차의 흐름

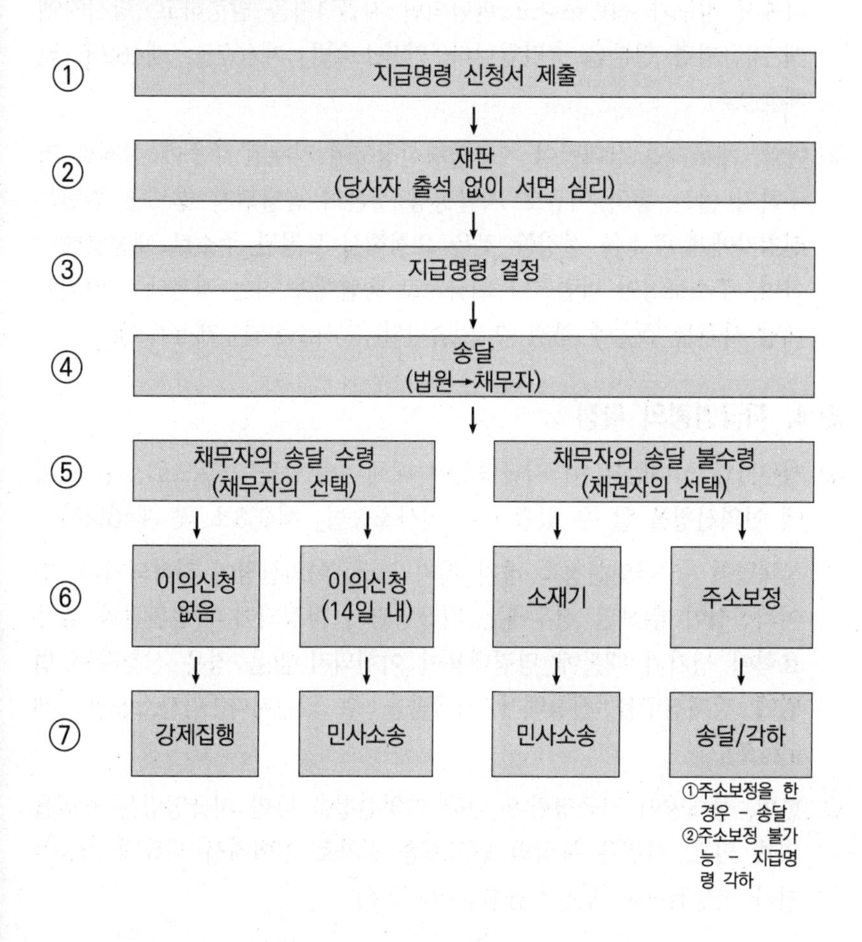

2-2. 지급명령의 신청

지급명령을 신청하려면 지급명령신청서를 작성해서 분쟁상대방의 주소지·사무소·영업소·의무이행지·불법행위지를 관할하는 법원에 제출합니다(「민사소송법」 제463조).

2-3. 지급명령의 발령

① 법원은 분쟁 당사자(소비자와 사업자)의 출석 없이 지급명령서를 심사해서 청구가 적합하다고 판단되면 지급명령을 발령하고, 당사자에게 지급명령 정본을 송달합니다(「민사소송법」 제467조, 제468조 및 제469조).

② 만약, 채무자인 상대방이 지급명령신청서에 기재된 주소에 실제로 거주하지 않는 등의 이유로 지급명령 정본이 송달되지 않으면 법원은 신청자에게 주소를 정정할 것을 요청해서 보정된 주소로 재송달해야 하며, 주소보정이 어렵거나 외국으로 송달해야 하는 경우에는 법원이 해당 사건을 소송에 부칠 수 있습니다(「민사소송법」 제466조).

2-4. 지급명령의 확정

① 채무자인 상대방은 이 지급명령에 대해 송달일을 기준으로 2주 이내에 이의신청을 할 수 있습니다(「민사소송법」 제468조 및 제469조).

② 상대방이 ⓐ 이의신청을 하지 않거나, ⓑ 이의신청이 각하되거나, ⓒ 이의신청이 취하된 경우에는 지급명령이 확정되어 확정판결과 같은 효력이 생기기 때문에 명령내용이 이행되지 않을 경우 신청자는 법원에 강제집행을 신청해서 지급받을 수 있습니다(「민사소송법」 제474조).

③ 한편, 상대방이 지급명령에 대해 이의신청을 하면 지급명령은 효력을 잃게 되고, 사건은 통상의 민사소송 절차로 이어져서 새롭게 소송절차가 진행됩니다(「민사소송법」 제472조).

PART 3. 민사조정 제기하기

1. 민사조정

1-1. 민사조정

① "민사조정"은 법관이나 법원에 설치된 조정위원회가 분쟁 당사자의 주장을 듣고 관련 자료 등 여러 사항을 검토해서 당사자들의 합의를 주선함으로써 조정을 하는 제도로 분쟁을 간편하고 신속하게 해결할 수 있습니다(「민사조정법」 제1조).

② 민사조정은 소송에 비하여 신속한 해결이 가능합니다. 조정신청을 하면 즉시 조정기일이 정해져서, 한 번의 조정기일에 조정이 끝나는 것이 대부분이며, 소송비용도 정식재판에 의한 소송절차에 비해 적게 듭니다.

③ 민사조정 신청 시 법원에 납부하는 수수료는 기본적으로 소송 제기 시 첨부할 인지액의 1/5정도이며, 예납할 송달료도 당사자 1인당 5회분으로 소송절차 중 액수가 가장 적은 소액사건(당사자 1인당 10회분)보다 적습니다.

1-2. 민사조정과 민사소송의 차이점

구분	내용
민사조정	소송에 비하여 비용이 저렴하게 들뿐 아니라 간편하고 신속하게 분쟁이 해결되는 이점이 있음. 조정의 성립에 관계자의 합의를 필요로 한다는 점에서 소송과 본질을 달리하며, 제3자의 중개가 필수적이라는 점에서 반드시 중개를 요하지 않는 화해와 구별
민사소송	분쟁당사자 쌍방이 권리를 주장하고 다툼 있는 사실관계에 대한 증거를 제출하면 법원이 어느 당사자의 주장이 옳은지를 판단하여 판결로서 분쟁을 강제적으로 해결하는 제도

2. 민사조정 절차

2-1. 민사 조정 절차의 흐름

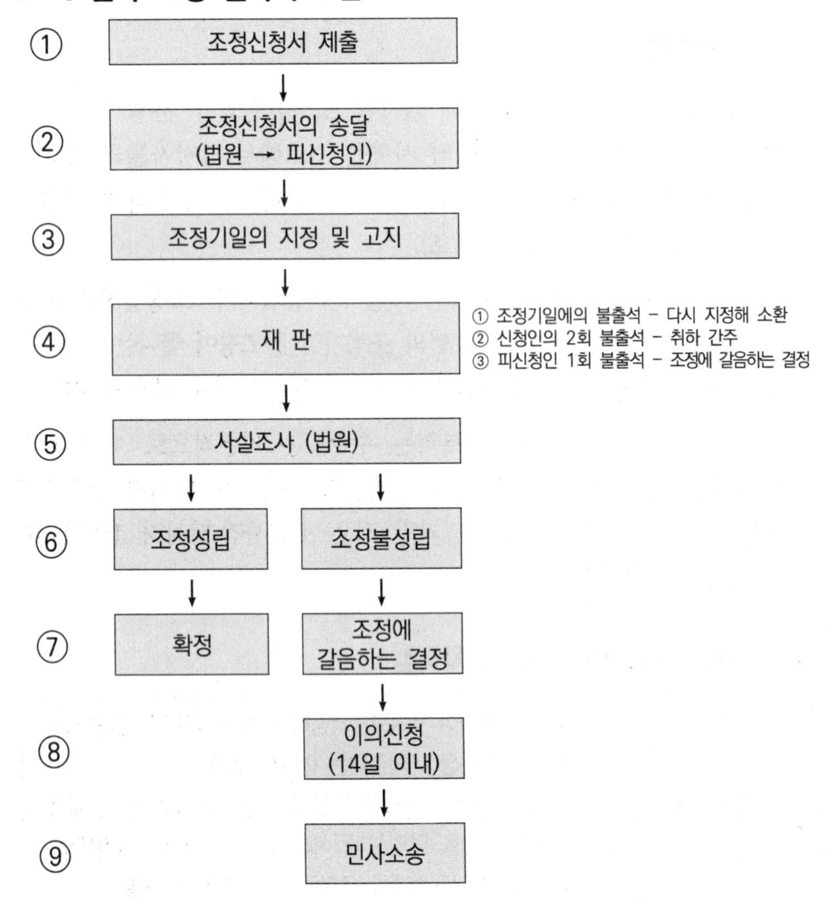

2-2. 민사조정의 신청

① 분쟁 당사자 일방이 법원에 조정을 신청하거나 해당 소송사건을 심리하고 있는 판사가 직권으로 조정에 회부하면 민사조정이 시작됩니다(「민사조정법」 제2조 및 제6조).

② 민사조정신청은 서면 또는 말로 할 수 있습니다(「민사조정법」 제5조).

2-3. 민사조정기일의 통지

① 민사조정 신청을 하면 분쟁의 당사자에게 조정기일이 통지됩니다(「민사조정법」 제15조제1항).

② 분쟁 당사자는 조정기일에 출석해서 조정담당판사 앞에서 진술을 해야 합니다. 다만, 특별한 사정이 있는 경우에는 조정담당판사의 허가를 얻어 대리인을 출석시키거나 보조인을 동반할 수 있습니다(「민사조정규칙」 제6조제1항).

③ 조정담당판사는 상당하다고 인정하는 때에는 당사자의 신청을 받거나 동의를 얻어 비디오 등 중계장치에 의한 중계시설을 통하거나 인터넷 화상장치를 이용하여 조정기일을 열 수 있습니다(「민사조정규칙」 제6조의2제1항).

2-4. 민사조정의 성립

① 당사자 사이에 합의가 이루어져 조정조서가 작성되면 조정이 성립됩니다(「민사조정법」 제28조).

② 한편, ⓐ 피신청인이 조정기일에 출석하지 않거나, ⓑ 합의가 이루어지지 않거나, ⓒ 당사자 사이의 합의 내용이 적절하지 않다고 인정한 사건에 관해 법원은 직권으로 조정에 갈음하는 결정을 할 수 있게 되는데, 이 조정에 갈음하는 결정에 대해서 그 결정문을 당사자가 받고 ⓐ 2주 이내에 이의신청을 하지 않거나, ⓑ 이의신청이 각하되거나, ⓒ 이의신청이 취하된 경우에는 재판상 화해를 한 것과 동일한 효력을 발생합니다(「민사조정법」 제30조, 제32조 및 제34조제4항).

3. 민사조정의 효력

① 당사자 사이에 성립된 민사조정은 재판상 화해와 동일한 효력이 생기기 때문에(「민사조정법」 제29조), 다시 소송을 제기할 수 없고 결정 내용이 이행되지 않을 경우 신청자는 법원에 강제집행을 신청할 수 있습니다.

② 한편, ⓐ 조정을 하지 않기로 한 결정이 있거나, ⓑ 조정이 성립되지 않은 것으로 종결되거나, ⓒ 조정에 갈음하는 결정에 대해 2주 이내에 이의신청을 한 경우에는 소송이 제기된 것으로 보며, 이 경우 새롭게 소송절차가 진행됩니다(「민사조정법」 제26조, 제27조, 제34조 및 제36조제1항).

PART 4. 민사소송 제기하기

1. 민사소송 개요

1-1. 민사소송

① 합의나 조정, 지급명령 등의 방법으로도 피해를 구제받지 못한 소비자는 최종적으로 민사소송을 제기함으로서 분쟁을 해결할 수 있습니다.

② 민사소송의 결과, 판결이 확정되면 소비자와 사업자는 판결 내용에 따른 조치를 이행해야 합니다.

③ 소송에는 인지대, 송달료 등이 기본적으로 소요되며, 증인을 세운 경우 증인 여비, 검증·감정을 했을 경우 검증·감정 비용, 변호사 선임 비용 및 부수 절차에서 소요되는 각종 비용들이 있습니다. 이렇듯 소송에는 적지 않은 비용이 소요되므로 소송을 고려할 때에는 소송 비용과 소송 시간을 판단하여 실익이 있을 경우 진행하는 것이 좋습니다.

1-2. 민사조정과 민사소송의 차이점

구분	내용
민사조정	소송에 비하여 비용이 저렴하게 들뿐 아니라 간편하고 신속하게 분쟁이 해결되는 이점이 있음. 조정의 성립에 관계자의 합의를 필요로 한다는 점에서 소송과 본질을 달리하며, 제3자의 중개가 필수적이라는 점에서 반드시 중개를 요하지 않는 화해와 구별
민사소송	분쟁당사자 쌍방이 권리를 주장하고 다툼 있는 사실관계에 대한 증거를 제출하면 법원이 어느 당사자의 주장이 옳은지를 판단하여 판결로서 분쟁을 강제적으로 해결하는 제도

1-3. 소송 구조 제도

① 법원은 소송비용을 지출할 자금능력이 부족한 사람의 신청에 따라 또는 직권으로 재판에 필요한 일정한 비용의 납입을 유예 또는 면제 시킴으로써 그 비용을 내지 않고 재판을 받을 수 있도록 하는 소송 구조(訴訟救助)제도를 두고 있습니다. 다만, 패소할 것이 분명한 경우에는 해당되지 않습니다(「민사소송법」 제128조제1항).

② 소송을 제기하려는 사람과 소송 계속 중의 당사자가 신청할 수 있으며 외국인은 물론 법인도 신청할 수 있습니다.

2. 민사소송 절차

2-1. 소송의 흐름

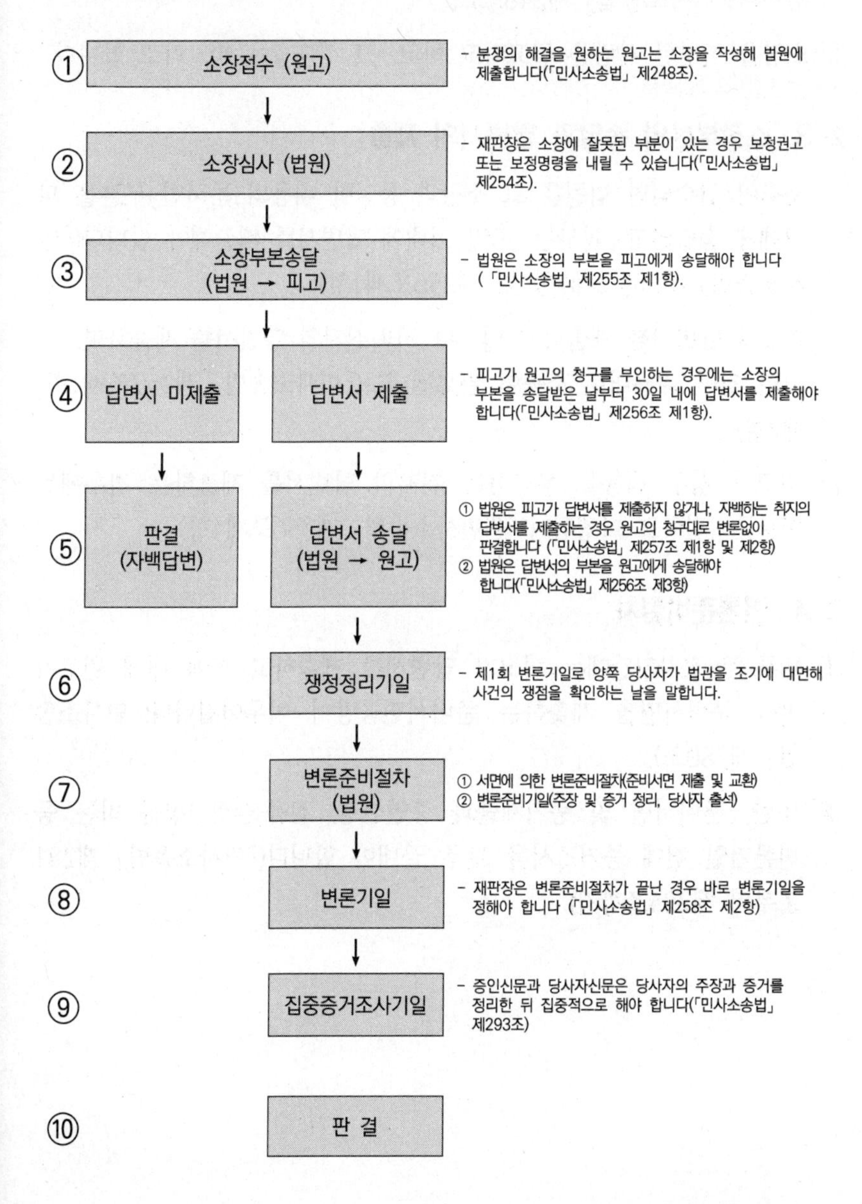

2-2. 소장의 제출

① 분쟁의 해결을 원하는 분쟁 당사자는 소장을 작성해서 법원에 제출합니다(「민사소송법」 제248조).

② 소장을 작성한 사람을 원고라고 하고, 그 상대방을 피고라고 합니다.

2-3. 소장부본의 송달과 답변서의 제출

① 소장이 접수되면 법원은 그 소장과 동일한 내용의 문서인 부본을 피고에게 송달하고, 피고는 30일 이내에 답변서를 제출해야 합니다(「민사소송법」 제255조제1항 및 제256조제1항).

② 피고가 답변서를 제출하지 않거나 자백취지의 답변서를 제출하면, 원고의 청구 내용대로 소송이 완료됩니다(「민사소송법」 제257조제1항·제2항).

③ 피고가 청구 내용을 부인하는 취지의 답변서를 제출하는 경우에는 변론준비절차로 이행됩니다(「민사소송법」 제256조제4항).

2-4. 변론준비절차

① 변론준비절차기간에는 피고가 답변서를 제출하고 이에 대해 원고가 반박 준비서면을 제출하는 준비서면공방이 이루어집니다(「민사소송법」 제280조).

② 또한, 준비서면 및 증거제출과 증인신청, 검증·감정신청을 하는 등 변론기일 전에 증거조사를 모두 끝내야 합니다(「민사소송법」 제281조부터 제284조까지).

2-5. 변론준비기일

① 변론준비절차를 통해 기본서면공방이 종료되면 재판장은 기록 등을 검토하여 쟁점이 부각되고 변론기일 전 증거제출이 일단 완료되었다고 판단되는 분쟁에 대해 쟁점정리기일(변론준비기일)을 지정할 수 있습니다(「민사소송법」 제282조).

② 원고와 피고는 쟁점정리기일에 출석해서 분쟁의 쟁점을 확인하고 서로의 주장에 대해 반박하게 됩니다(「민사소송법」 제282조).

2-6. 변론기일

제1차 변론기일(집중증거조사기일)에서는 쟁점정리기일에 정리된 결과에 따라서 분쟁에 관련된 원고와 피고 및 양측의 증인을 집중적으로 신문(訊問)하고, 신문을 마치면 그로부터 단기간 내에 판결을 선고받게 됩니다(「민사소송법」 제287조).

3. 민사소송의 효력

3-1. 민사소송의 효력

① 판결에 패소한 당사자가 이의를 제기하지 않으면 판결이 확정됩니다.

② 판결에 이의가 있는 경우에는 판결일부터 2주 이내에 법원에 항소장을 제출할 수 있습니다(「민사소송법」 제396조 및 제408조).

3-2. 대한법률구조공단의 법률구조

① 법률구조제도: 대한법률구조공단(http://www.klac.or.kr)에서는 소비자피해 관련 분쟁사건이 접수되면 사실 조사 후 합의를 권고하거나 소송으로의 진행여부를 결정하는데, 소송이 결정되면 소비자를 대리해 공단 소속의 변호사나 공익법무관이 소송을 수행해 줍니다.

② 법률구조 대상: 물품의 사용 및 서비스의 이용으로 인한 피해를 입은 소비자는 법률구조의 대상이 됩니다(「법률구조법」 제33조의3 및 「법률구조법 시행규칙」 제7조제1항제5호).

③ 법률구조 신청 절차: 신청자 본인의 주민등록등본과 법률구조대상자임을 소명할 자료, 주장사실을 입증할 자료를 구비하고, 가까운 대한법률구조공단에 방문하여 상담을 신청하시면 됩니다. 상담을 마친 경우 법률구조신청서와 구비서류를 대한법률구조공단으로제출합니다.

④ 소송비용의 상환: 소송하지 않고 화해로 끝난 사건은 비용이 청구되지 않지만, 소송이 진행되면 소비자는 공단이 지출한 인지대 등의 소송비용과 변호사보수를 상환해야 합니다.

⑤ 다만, 국가유공자, 기초생활수급자, 장애인, 한부모가족 등 법령이 정하는 사람에 대해서는 국가가 소송비용과 변호사보수를 부담할 수 있습니다(「법률구조법」 제7조 및 「법률구조법 시행령」 제4조제1항·제3항).

PART 5. 소비자단체소송

1. 소비자단체소송

① 제품 구매 등으로 피해를 입은 다수의 소비자들이 해당 기업에 대해 소비자단체를 통해 일괄적으로 소송을 제기할 수 있습니다.

② "소비자단체소송"은 사업자가 소비자의 생명·신체 또는 재산에 대한 권익을 직접적으로 침해하고 그 침해가 계속되는 경우 일정한 요건을 갖춘 소비자단체, 사업자단체, 비영리단체가 개별 소비자를 대신해서 법원에 그 소비자권익 침해행위의 금지·중지를 청구하는 소송을 말합니다(「소비자기본법」 제70조).

③ 소비자단체소송은 피해 구제를 직접 받아내는 '집단소송제'와 달리, 판결 효력이 해당 제품의 판매 금지나 불공정 약관 시정 등 기업의 위법행위 금지에만 미칩니다. 예를 들어 어린이 안전 위협제품이나 불공정 약관 등에 대해 판매금지나 내용수정 등을 법원에 청구할 수 있습니다.

④ 따라서 소비자가 금전적 보상을 받기 위해서는 소비자 개개인이 별도의 민사소송을 제기해야 합니다.

2. 소비자단체소송 절차

2-1. 소비자권익 침해행위의 금지·중지 요청

소비자단체소송을 하려는 소비자단체는 소송을 제기하기 전에 사업자에게 소비자권익 침해행위를 금지·중지할 것을 서면으로 요청해야 합니다(「소비자기본법」 제74조제1항제3호).

2-2. 소장 및 소송허가신청서의 제출

① 소비자단체소송을 제기하는 소비자단체는 사업자의 주된 사무소·영업소 또는 업무담당자의 주소가 있는 지방법원 본원 합의부에 소장과 소송허가신청서를 제출해야 합니다(「소비자기본법」 제71조제1항).

② 만일, 소송의 상대방이 외국사업자라면 대한민국에 있는 주된 사무소·영업소 또는 업무담당자의 주소가 있는 지방법원 본원 합의부에 제출합니다(「소비자기본법」 제71조제2항).

2-3. 단체소송의 허가

소비자단체소송이 제기되면 법원은 다음의 요건을 모두 갖춘 경우에 한해 단체소송을 허가합니다(「소비자기본법」 제74조).

- 물품 등의 사용으로 인하여 소비자의 생명·신체 또는 재산에 피해가 발생하거나 발생할 우려가 있는 등 다수 소비자의 권익보호 및 피해예방을 위한 공익상의 필요가 있을 것
- 소송허가신청서의 기재사항에 흠결이 없을 것
- 소를 제기한 단체가 사업자에게 소비자권익 침해행위를 금지·중지할 것을 서면으로 요청한 후 14일이 경과했을 것

3. 소비자단체소송의 효력

① 판결에 이의가 있는 경우에는 판결일부터 2주 이내에 법원에 항소장을 제출할 수 있습니다(「민사소송법」 제396조 및 제408조).

② 법원이 소비자단체의 청구를 기각하는 판결이 확정되면 다른 단체 등은 다음의 경우를 제외하고는 이와 동일한 사안에 대해 소송을 제기할 수 없습니다(「소비자기본법」 제75조).

- 판결이 확정된 후 그 사안과 관련해 국가 또는 지방자치단체에서 설립한 기관에 의해 새로운 연구결과나 증거가 나타난 경우
- 기각판결이 원고의 고의로 인한 것임이 밝혀진 경우

● 동일한 피해를 입은 사람이 많던데 단체로도 소송이 가능한가요?

Q. 드라이기를 구입하였는데 제품 불량으로 화상을 입었습니다. 알아보니 동일한 피해를 입은 사람이 많던데 단체로도 소송이 가능한가요?

A. 제품 구매 등으로 피해를 입은 다수의 소비자들이 해당 기업에 대해 소비자단체를 통해 일괄적으로 소송을 제기할 수 있습니다. 이러한 소비자단체소송은 피해 구제를 직접 받아내는 '집단소송제'와 달리, 판결 효력이 해당 제품의 판매 금지나 불공정 약관 시정 등 기업의 위법행위 금지에만 미칩니다. 예를 들어 어린이 안전 위협제품이나 불공정 약관 등에 대해 판매금지나 내용수정 등을 법원에 청구할 수 있습니다.

◇ 단체소송의 허가

소비자단체소송이 제기되면 법원은 다음의 요건을 모두 갖춘 경우에 한해 단체소송을 허가합니다(「소비자기본법」 제74조).

1. 물품 등의 사용으로 인하여 소비자의 생명·신체 또는 재산에 피해가 발생하거나 발생할 우려가 있는 등 다수 소비자의 권익보호 및 피해예방을 위한 공익상의 필요가 있을 것
2. 소송허가신청서의 기재사항에 흠결이 없을 것
3. 소를 제기한 단체가 사업자에게 소비자권익 침해행위를 금지·중지할 것을 서면으로 요청한 후 14일이 경과했을 것

PART 6. 대한법률구조공단 상담사례

● 등록 없이 소비자보호법 제18조 제1항 제5호 소정의 소비자단체의 업무를 한 것에 해당하는지요?

> Q. 소비자단체의 등록을 하지 아니한 채 소비자로부터 양주에 이물질이 발견되었다는 신고를 받아 그 제조 회사에 구제하여 줄 것을 유도하고 소비자의 불만을 해결하는 등 소비자 등으로부터 고발상담 정보제공업무를 취급한 행위는 등록 없이 소비자보호법 제18조 제1항 제5호 소정의 소비자단체의 업무를 한 것에 해당하는지요?

A. 판례는 갑이 경제기획원에 소비자단체의 등록을 하지 아니한 채 을로부터 O.B씨그램에서 생산하고 있는 씨그램양주에 이물질이 발견되었다는 신고를 받아 위 O.B씨그램회사에 구제하여 줄 것을 유도하고 소비자의 불만을 해결하는 등 소비자 등으로부터 고발상담, 정보제공업무를 취급하였다는 것인바, 사실이 그와 같다면 피고인은 소비자보호법 제18조 제1항 제5호 소정의 소비자단체의 업무를 하였다고 보아야 한다고 판시하였습니다(대법원 1991. 9. 10. 선고 91도1597 판결).

● 광고가 일반 소비자를 대상으로 하는 경우 소비자를 오인시킬 우려가 있는지 여부의 판단기준

Q. 광고가 일반 소비자를 대상으로 하는 경우 소비자를 오인시킬 우려가 있는지 여부의 판단기준은 무엇인가요?

A. 광고가 일반 소비자를 대상으로 하는 경우 소비자를 오인시킬 우려가 있는지 여부는 전문가가 아닌 보통의 주의력을 가진 일반 소비자가 당해 광고를 받아들이는 전체적·궁극적 인상을 기준으로 하여 객관적으로 판단되어야 합니다(대법원 2003. 2. 28. 선고 2002두6170 판결).

● **소비자가 제조업자 측에게 민법상 일반 불법행위책임으로 손해배상을 청구하는 경우, 증명책임의 분배는 어떻게 되나요?**

Q. 소비자가 제조업자 측에게 민법상 일반 불법행위책임으로 손해배상을 청구하는 경우, 증명책임의 분배는 어떻게 되나요?

A. 고도의 기술이 집약되어 대량으로 생산되는 제품에 성능 미달 등의 하자가 있어 피해를 입었다는 이유로 제조업자 측에게 민법상 일반 불법행위책임으로 손해배상을 청구하는 경우에, 일반 소비자로서는 제품에 구체적으로 어떠한 하자가 존재하였는지, 발생한 손해가 하자로 인한 것인지를 과학적·기술적으로 증명한다는 것은 지극히 어렵습니다. 따라서 판례는 소비자 측으로서는 제품이 통상적으로 지녀야 할 품질이나 요구되는 성능 또는 효능을 갖추지 못하였다는 등 일응 제품에 하자가 있었던 것으로 추단할 수 있는 사실과 제품이 정상적인 용법에 따라 사용되었음에도 손해가 발생하였다는 사실을 증명하면, 제조업자 측에서 손해가 제품의 하자가 아닌 다른 원인으로 발생한 것임을 증명하지 못하는 이상, 제품에 하자가 존재하고 하자로 말미암아 손해가 발생하였다고 추정하여 손해배상책임을 지울 수 있도록 증명책임을 완화하는 것이 손해의 공평·타당한 부담을 지도 원리로 하는 손해배상제도의 이상에 맞다고 판시하였습니다(대법원 2013. 9. 26. 선고 2011다88870 판결).

● 소비자가 제조업자에게 일반불법행위책임을 물을 때에는 어느 정도를 입증하여야 하나요?

> Q. 甲은 기르고 있는 소에 乙주식회사가 수입.판매하는 로타바이러스 예방백신을 사용하였는데, 그 이후에 태어난 송아지가 집단 폐사하였습니다. 이 경우 甲이 乙회사를 상대로 민법상 일반불법행위로 인한 손해배상을 구하고자 하는데 어느 정도를 입증하여야 하나요?

A. 대법원은 "고도의 기술이 집약되어 대량으로 생산되는 제품에 성능 미달 등의 하자가 있어 피해를 입었다는 이유로 제조업자 측에게 민법상 일반 불법행위책임으로 손해배상을 청구하는 경우에, 일반 소비자로서는 제품에 구체적으로 어떠한 하자가 존재하였는지, 발생한 손해가 하자로 인한 것인지를 과학적, 기술적으로 증명한다는 것은 지극히 어렵다. 따라서 소비자 측으로서는 제품이 통상적으로 지녀야 할 품질이나 요구되는 성능 또는 효능을 갖추지 못하였다는 등 일응 제품에 하자가 있었던 것으로 추단할 수 있는 사실과 제품이 정상적인 용법에 따라 사용되었음에도 손해가 발생하였다는 사실을 증명하면, 제조업자 측에서 손해가 제품의 하자가 아닌 다른 원인으로 발생한 것임을 증명하지 못하는 이상, 제품에 하자가 존재하고 하자로 말미암아 손해가 발생하였다고 추정하여 손해배상책임을 지울 수 있도록 증명책임을 완화하는 것이 손해의 공평, 타당한 부담을 지도 원리로 하는 손해배상제도의 이상에 맞다(대법원 2013. 9. 26. 선고 2011다88870 판결)."라고 판시한 바 있습니다. 그러므로 甲은 위 백신이 백신으로서 통상 지녀야 할 품질이나 요구되는 성능 또는 효능을 갖추지 못한 하자가 있다거나 이를 추단하기에 충분하다고 볼 만한 사실을 입증하여야 하고, 이 정도까지 입증하지 못하면 乙회사에 민법상 일반불법행위 책임을 물을 수 없습니다.

● 식품불량으로 소비자가 신체장해를 입은 경우 제조자의 책임

Q. 乙이라는 소매상인이 정평이 있는 甲이라는 제조회사의 포장된 식품을 소비자 丙에게 팔았는데, 내용물이 불량하여 소비자인 丙이 신체장해를 일으켰을 경우 매수인인 소비자 丙은 재산이 별로 없는 소매상인 이외에 제조회사인 甲회사에 배상청구를 할 수는 없는지요?

A. 물품을 제조·판매하는 제조업자 등은 그 제품의 구조, 품질, 성능 등에 있어서 그 유통당시의 기술수준과 경제성에 비추어 기대 가능한 범위 내의 안전성과 내구성을 갖춘 제품을 제조·판매하여야 할 책임이 있고, 이러한 안전성과 내구성을 갖추지 못한 결함으로 인하여 소비자에게 손해가 발생한 경우에는 불법행위로 인한 손해배상의무를 부담합니다(대법원 2004. 3. 12. 선고 2003다16771 판결). 제조물 결함으로 발생한 손해에 대한 제조업자 등의 손해배상책임에 관하여 「제조물책임법」이 규정하고 있습니다.

「제조물책임법」의 주요골자를 보면, 제조물이란 다른 동산이나 부동산의 일부를 구성하는 경우를 포함한 제조 또는 가공된 동산을 말하고, 결함이란 당해 제조물에 제조상의 결함(제조업자의 제조물에 대한 제조·가공상의 주의의무의 이행여부에 불구하고 제조물이 원래 의도한 설계와 다르게 제조·가공됨으로써 안전하지 못하게 된 경우), 설계상의 결함(제조업자가 합리적인 대체설계를 채용하였더라면 피해나 위험을 줄이거나 피할 수 있었음에도 대체설계를 채용하지 아니하여 당해 제조물이 안전하지 못하게 된 경우), 표시상의 결함(제조업자가 합리적인 설명·지시·경고 기타의 표시를 하였더라면 당해제조물에 의하여 발생될 수 있는 피해나 위험을 줄이거나 피할 수 있었음에도 이를 하지 아니한 경우)이나 기타 통상적으로 기대할 수 있는 안전성이 결여

되어 있는 것을 하고, 제조업자란 제조물의 제조·가공 또는 수입을 업으로 하는 자, 제조물에 성명·상호·상표 기타 식별 가능한 기호 등을 사용하여 자신을 제조물의 제조·가공 또는 수입을 업으로 하는 자로 표시한 자 또는 제조물의 제조·가공 또는 수입을 업으로 하는 자로 오인시킬 수 있는 표시를 한 자를 말합니다(같은 법 제2조).

그런데 제조업자는 제조물의 결함으로 인하여 생명·신체 또는 재산에 손해(당해 제조물에 대해서만 발생한 손해를 제외)를 입은 자에게 그 손해를 배상하여야 하며(같은 법 제3조 제1항), 제조물의 제조업자를 알 수 없는 경우 제조물을 영리목적으로 판매·대여 등의 방법에 의하여 공급한 자는 제조물의 제조업자 또는 제조물을 자신에게 공급한 자를 알거나 알 수 있었음에도 불구하고 상당한 기간 내에 그 제조업자 또는 공급한 자를 피해자 또는 그 법정대리인에게 고지하지 아니한 때에도 위와 같은 손해를 배상하여야 합니다(같은 법 제3조 제2항). 또한, 동일한 손해에 대하여 배상할 책임이 있는 자가 2인 이상인 경우에는 연대하여 그 손해를 배상할 책임이 있습니다(같은 법 제5조).

위와 같이 손해배상책임을 지는 자가 배상책임을 면하기 위해서는 ① 제조업자가 당해 제조물을 공급하지 아니한 사실, ②제조업자가 당해 제조물을 공급한 때의 과학·기술수준으로는 결함의 존재를 발견할 수 없었다는 사실, ③제조물의 결함이 제조업자가 당해 제조물을 공급할 당시의 법령이 정하는 기준을 준수함으로써 발생한 사실, ④원재료 또는 부품의 경우에는 당해 원재료 또는 부품을 사용한 제조물 제조업자의 설계 또는 제작에 관한 지시로 인하여 결함이 발생하였다는 사실을 입증하여야 하고, 손해배상책임을 지는 자가 제조물을 공급한 후에 당해 제조물에 결함이 존재한다는 사실을 알거나 알 수 있었음에도 그 결함에 의한 손해의 발생을 방지하기 위한 적절한 조치를 하지 아니한 때에는 위 ②, ③, ④의 사실을 입증하여도 면책을 주장할 수 없습니다(같은 법 제4조). 또한, 「제조물책임법」에 의한 손해배상책임을 배제하거나 제한하는 특약은 무효로 하고 다만, 자신의 영업에 이용하기 위해 제조물을 공급받은 자가 자신의 영업용재산에 대하여 발생한 손해에 관하여 그러한 특약을 체결한 경우에는 그렇지 않습니다(같은 법 제6조).

그리고 「제조물책임법」에 의한 손해배상청구권은 피해자 또는 그 법정대리인이 손해 및 위와 같은 손해배상책임을 지는 자를 안 날부터 3년간 이를 행사하지 아니하면 시효로 인하여 소멸하며 또한, 제조업자가 손해를 발생시킨 제조물을 공급한 날부터 10년 이내에 이를 행사하여야 하고 다만, 신체에 누적되어 사람의 건강을 해하는 물질에 의하여 발생한 손해 또는 일정한 잠복기간이 경과한 후에 증상이 나타나는 손해에 대해서는 그 손해가 발생한 날부터 기산하게 됩니다(같은 법 제7조). 제조물의 결함에 의한 손해배상책임에 관하여 「제조물책임법」에 규정된 것을 제외하고는 「민법」의 규정에 따르게 됩니다(제조물책임법 제8조).

따라서 위 사안의 경우 소비자 丙은 위와 같은 점을 고려하여 내용물이 불량한 식품을 제조한 제조회사 甲에 대하여 「제조물책임법」상의 제조물책임을 물어 손해배상청구를 해볼 수 있는 한편, 소매상인 乙에 대하여도 매도인의 담보책임 또는 불완전이행에 의한 책임을 물을 수 있을 것으로 보입니다.

한편, 제조물책임에 관한 입증책임의 분배에 관해서 판례를 보면, 제품이 정상적으로 사용되는 상태에서 사고가 발생한 경우 그 제품의 결함을 이유로 제조업자에게 손해배상책임을 지우기 위해서는 달리 제조업자 측에서 그 사고가 제품결함이 아닌 다른 원인으로 말미암아 발생한 것임을 입증하지 못하는 이상, 소비자 측에서 그 사고가 제조업자의 배타적 지배하에 있는 영역에서 발생하였다는 점과 그 사고가 어떤 자의 과실 없이는 통상 발생하지 않는다고 하는 사정을 증명하는 것으로서 충분하다고 하였습니다(대법원 2006. 3. 10. 선고 2005다31361 판결).

● 소비자단체소송에서 법원허가에 의한 소송담당

> Q. 저는 이번에 환경호르몬이 나온다고 보도된 생리대를 사용한 피해자입니다. 저는 해당 생리대 제조사를 상대로 소송을 제기하고 싶은데, 피해자를 모두 모아 직접 소송을 제기하고자 합니다. 가능한가요?

A. 소비자피해소송의 경우, 대부분 많은 수의 피해자가 발생합니다. 이에 소비자기본법 제70조는 공정거래위원회에 등록된 소비자 단체 중 일정한 요건을 충족하는 단체, 한국소비자원, 대한상공회의소, 중소기업협동조합중앙회, 일정한 요건을 충족하는 비영리 민간단체에게 소송을 제기할 수 있도록 하고 있습니다. 피해자를 모아서 단체소송을 하기 위해서는 위 단체들에 문의를 하시거나, 변호사를 선임하셔야 합니다.

● 소비자가 인터넷에 이용 후기를 게시한 경우 명예훼손죄의 성립 여부

Q. 저는 아이를 출산하고 甲이 운영하는 산후조리원에서 2주간 산후 조리를 받았습니다. 저는 산후조리원에 대한 후기를 인터넷 카페 게시판과 블로그에 반복적으로 올리게 되었는데, 그 주요내용으로는 온수 보일러 고장, 산후조리실 사이의 소음, 음식의 간 등이 사건 산후조리원에서 지내면서 직접 겪은 불편했던 사실을 알리는 것이거나, 환불을 요구하며 이용 후기에 올리겠다는 저의 항의에 甲이 "막장으로 소리 지르고 난리도 아니다."며 이용 후기로 산후조리원에 피해가 생길 경우 저에게 손해배상을 청구하겠다는 취지로 대응했다거나, 저의 이용 후기가 거듭 삭제되는 것을 항의하는 것이었습니다. 이러한 경우에도 제가 정보통신망이용촉진및정보보호등에관한법률위반(명예훼손)죄로 처벌받을 수 있는지요?

A. 정보통신망 이용촉진 및 정보보호 등에 관한 법률 제70조 제1항에서 정한 '사람을 비방할 목적'이란 가해의 의사나 목적을 필요로 하는 것으로서, 사람을 비방할 목적이 있는지는 해당 적시 사실의 내용과 성질, 해당 사실의 공표가 이루어진 상대방의 범위, 그 표현의 방법 등 그 표현 자체에 관한 제반 사정을 고려함과 동시에 그 표현으로 훼손되거나 훼손될 수 있는 명예의 침해 정도 등을 비교·고려하여 결정하여야 합니다. 또한 비방할 목적은 행위자의 주관적 의도의 방향에서 공공의 이익을 위한 것과는 상반되는 관계에 있으므로, 적시한 사실이 공공의 이익에 관한 것인 경우에는 특별한 사정이 없는 한 비방할 목적은 부인됩니다. 공공의 이익에 관한 것에는 널리 국가·사회 그 밖에 일반 다수인의 이익에 관한 것뿐만 아니라 특정한 사회집단이나 그 구성원 전체의 관심과 이익에 관한 것도 포함합니다(대법원 2009. 5. 28. 선고 2008도8812 판결, 대법원 2010. 11. 25.

선고 2009도12132 판결, 대법원 2012. 1. 26. 선고 2010도8143 판결). 나아가 그 적시된 사실이 이러한 공공의 이익에 관한 것인지는 그 표현이 객관적으로 국민이 알아야 할 공공성·사회성을 갖춘 공적 관심 사안에 관한 것으로 사회의 여론 형성이나 공개토론에 기여하는 것인지 아니면 순수한 사적인 영역에 속하는 것인지 여부, 피해자가 그와 같은 명예훼손적 표현의 위험을 자초한 것인지 여부, 그리고 그 표현으로 훼손되는 명예의 성격과 그 침해의 정도, 그 표현의 방법과 동기 등 제반 사정을 고려하여 판단하여야 하고, 행위자의 주요한 동기나 목적이 공공의 이익을 위한 것이라면 부수적으로 다른 사익적 목적이나 동기가 내포되어 있더라도 비방할 목적이 있다고 보기는 어렵습니다(대법원 2005. 10. 14. 선고 2005도5068 판결, 대법원 2011. 11. 24. 선고 2010도10864 판결).

한편 국가는 건전한 소비행위를 계도(啓導)하고 생산품의 품질향상을 촉구하기 위한 소비자보호운동을 법률이 정하는 바에 따라 보장하여야 하며(헌법 제124조), 소비자는 물품 또는 용역을 선택하는 데 필요한 지식 및 정보를 제공받을 권리와 사업자의 사업활동 등에 대하여 소비자의 의견을 반영시킬 권리가 있고(소비자기본법 제4조), 공급자 중심의 시장 환경이 소비자 중심으로 이전되면서 사업자와 소비자 사이의 정보 격차를 줄이기 위해 인터넷을 통한 물품 또는 용역에 대한 정보 및 의견 제공과 교환의 필요성이 증대되므로, 실제로 물품을 사용하거나 용역을 이용한 소비자가 인터넷에 자신이 겪은 객관적 사실을 바탕으로 사업자에게 불리한 내용의 글을 게시하는 행위에 비방의 목적이 있는지는 앞서 든 제반 사정을 두루 심사하여 더욱 신중하게 판단하여야 합니다(대법원 2012. 11. 29. 선고 2012도10392 판결).

위 사건의 경우 ① 귀하가 인터넷 카페 게시판 등에 올린 글은 피고인이 이 사건 산후조리원을 실제 이용한 소비자로서 겪은 일과 이에 대한 주관적 평가를 담은 이용 후기인 점, ② 이 사건 글에 '甲의 막장 대응' 등과 같이 다소 과장된 표현이 사용되기도 했지만, 이는 출산으로 몸과 마음 모두 급격하고 예민한 변화를 겪는 귀하가 제기한 불만에 대응하는 甲의 태도의 문제점을 지적하는 것이고, 인터넷 게시글에 적시된 주요 내용은 객관적 사실에 부합하는 점, ③ 산후조리원에 관한 정보는 출산을 앞둔 임산부들의 관심과 이익에 관한 것으로, 귀하는 자신도 이용 후기를 보고 이 사건 산후조리원을 선택한 것처럼 산후조리원을 이용하려는 임산부의 신중한 선택에 도움을 주기 위해 인터넷에 이 사건 글을 게시하게 됐다고 동기를 밝힌 점, ④ 귀하가 같은 내용의 글을 반복 게시하였지만, 이는 자신의 글이 甲 측의 요청 등으로 인터넷에서 삭제되거나 게시가 중단된 것에서 기인한 것으로 볼 수 있는 점, ⑤ 귀하가 게시한 글의 공표 상대방은 인터넷 카페 회원이나 산후조리원 정보를 검색하는 인터넷 사용자들에 한정되고 그렇지 않은 인터넷 사용자들에게 무분별하게 노출되는 것이라고 보기 어려운 점, ⑥ 산후조리원을 이용한 모든 산모가 만족할 수는 없으므로 영리 목적으로 산후조리 서비스를 제공하는 甲으로서는 불만이 있는 산모들의 자유로운 의사 표명을 어느 정도 수인하여야 하는 점, ⑦ 산후조리원 이용에 불편을 겪었다는 내용의 글로 甲의 사회적 평가가 저하한 정도는 인터넷 이용자들의 자유로운 정보 및 의견 교환에 따른 이익에 비해 더 크다고 보기 어려운 점 등의 제반 사정을 앞서 본 법리에 비추어 보면, 귀하가 적시한 사실은 산후조리원에 대한 정보를 구하고자 하는 임산부의 의사결정에 도움이 되는 정보 및 의견 제공이라는 공공의 이익에 관한 것이라고 봄이 타당하고, 이처럼 귀하의 주요한 동기나 목적이 공공의 이익을 위한 것이라면 부수적으로 산후조리원 이용대금 환불과 같은 다른 사익적 목적이나 동기가 내포되어 있더라도 그러한 사정만으로 귀하에게 비방할 목적이 있다고 보기는 어렵습니다.

따라서 정보통신망이용촉진및정보보호등에관한법률위반(명예훼손)죄는 성립하지 않는다고 할 것입니다(대법원 2012. 11. 29. 선고 2012도10392 판결).

● 동물판매업자가 반려동물을 영업적으로 번식시켜 영업자 아닌 소비자에게 판매하려는 경우 동물생산업 신고를 하여야 하는지요?

> Q. 甲은 애견샵을 운영하고 있는데 애견을 영업적으로 번식시켜 영업자가 아닌 소비자에게 판매하려고 합니다. 이런 경우에도 동물보호법에 따른 동물생산업 신고를 해야 하는지요?

A. 「동물보호법」 제33조제1항에 따라 동물판매업 등록을 한 자가 같은 법 시행규칙 제35조제1항에 따른 동물을 영업적으로 번식시켜 영업자가 아닌 소비자에게 판매하려고 하는 경우, 「동물보호법」 제34조제1항에 따른 동물생산업 신고를 하여야 하는 것은 아닙니다.

만일, 동물판매업자가 반려동물을 번식시켜서 영업자가 아닌 소비자에게 판매하려는 것이 동물생산업 신고 대상에 해당된다고 본다면, 동물생산업 신고를 하지 않고 해당 영업을 하는 경우 「동물보호법」 제46조제4항제1호에 따라 벌금형의 대상이 될 것인데, 형벌법규의 해석은 엄격하여야 하고 명문규정의 의미를 피고인에게 불리한 방향으로 지나치게 확장 해석하거나 유추 해석하는 것은 죄형법정주의의 원칙에 어긋나는 것으로서 허용되지 않으며, 이러한 법해석의 원리는 그 형벌법규의 적용대상이 행정법규가 규정한 사항을 내용으로 하고 있는 경우에 그 행정법규의 규정을 해석하는 데에도 마찬가지로 적용된다고 할 것이므로(대법원 2007. 6. 29. 선고 2006도4582 판례 참조), 이 사안과 같이 영업자가 아닌 소비자에게 번식시킨 반려동물을 판매하는 경우까지 동물생산업의 신고 대상으로 보아 동물생산업 신고를 하지 않고 해당 영업을 하는 것을 미신고영업이라고 보는 것은 형벌법규의 적용과 관련있는 행정법규를 지나치게 확장 해석하는 것으로서 허용되지 않는다고 할 것입니다.

더욱이, 「동물보호법 시행규칙」 별표 9에서는 동물 관련 영업별 시설 및 인력 기준을 규정하면서 동물판매업, 동물수입업, 동물생산업의 시설 및 인력 기준을 통합하여 동일하게 규정하고 있는 점, 같은 규칙 별표 10에서는 사육·관리 중인 번식용 동물의 번식 및 출산에 관한 정보 작성·관리의무(제1호파목)를 제외하고는 동물생산업자에게 동물판매업자보다 더 과중한 준수사항을 요구하고 있지 않다는 점 등에 비추어 볼 때, 현행 규정에 따라 반려동물을 영업적으로 번식시켜 영업자 아닌 소비자에게 판매하려는 동물판매업자가 동물생산업 신고를 추가적으로 한다고 해서 반려동물의 보호 및 관리가 더욱 적정하게 이루어질 것이라고 단정하기도 어렵다는 점도 이 사안을 해석할 때 고려되어야 할 것입니다.

이상과 같은 점을 종합해 볼 때, 「동물보호법」 제33조제1항에 따라 동물판매업 등록을 한 자가 같은 법 시행규칙 제35조제1항에 따른 동물을 영업적으로 번식시켜 영업자가 아닌 소비자에게 판매하려고 하는 경우, 「동물보호법」 제34조제1항에 따른 동물생산업 신고를 하여야 하는 것은 아니라고 할 것입니다.

● **소비자를 현혹하는 의료광고를 금지하는 규정의 위헌성 여부**

Q. 성형외과 운영자인 甲은 병원 홈페이지 광고 문구에 '흉터, 통증 걱정없는 간단하고 정확한 유방시술기기' 등 이라고 작성했는데, 소비자를 현혹할 우려가 있는 광고를 금지하는 의료법 규정을 위반했다는 이유로 기소되었습니다. 위 규정은 명확성의 원칙이나 헌법상 표현의 자유, 직업의 자유를 과도하게 침해하는 것 아닌지요?

A. 의료법(2010. 7. 23. 법률 제10387호로 개정된 것) 제89조는 "제15조 제1항 , 제17조 제1항 · 제2항(제1항 단서 후단과 제2항 단서는 제외한다), 제56조 제1항 부터 제4항까지, 제57조 제1항 , 제58조의6 제2항 을 위반한 자는 1년 이하의 징역이나 500만 원 이하의 벌금에 처한다."라고 규정하고 있으며, 의료법(2009. 1. 30. 법률 제9386호로 개정된 것)제56조 제2항은 "의료법인 · 의료기관 또는 의료인은 다음 각 호의 어느 하나에 해당하는 의료광고를 하지 못한다고 규정하면서 제2호는 "치료효과를 보장하는 등 소비자를 현혹할 우려가 있는 내용의 광고"라고 규정하여 소비자를 현혹할 우려가 있는 내용의 광고를 금지하고 있습니다.

이러한 법률조항이 명확성의 원칙에 반하거나 의료인 등의 표현의 자유 등을 침해하는지에 대하여 헌법재판소는 "'현혹(眩惑)', '우려(憂慮)'의 의미, 관련 조항 등을 종합하면, '소비자를 현혹할 우려가 있는 내용의 광고'란, '광고 내용의 진실성 · 객관성을 불문하고, 오로지 의료서비스의 긍정적인 측면만을 강조하는 취지의 표현을 사용함으로써 의료소비자를 혼란스럽게 하고 합리적인 선택을 방해할 것으로 걱정되는 광고'를 의미하는 것으로 충분히 해석할 수 있으므로, 심판대상조항은 죄형법정주의의 명확성원칙에 위배되지 아니한다. 의료광고는 국민의 생명·건강에 직결되는 의료서비스를 그 내용으로 하고 소비자에게 상당한 영향을 미치므로, 그 내용이 객관적이고 진실하여야 함은 물론 표현에 있어서도 소비자로 하여금 오해를 불러일으키지 않도록 이루어져야 한다. 의료광고가 소비자를 현혹하는 방법으로 이루어질 경우, 소비자는 해당 의료서비스의 부정적인 측면을 충분히 고려하지 못함으로써 의료피해라는 예상치 못한 변수에 노출될 수 있다. 부당한 의료광고 표현에 대한 규제가 적절히 이루어지지 않는다면 의료인 등의 비정상적인 광고경쟁을 유발할 수 있고, 이러한 과당경쟁은 소비자의 심리를 자극하기 위한 의료광고의 급증으로 이어져 문란한 국민의료질서를 조장할 위험성이 높으며, 결국 그 피해는 소비자인 국민에게 돌아오게 될 것이다. 따라서 심판대상조항이 과잉금지원칙을 위배하여 의료인 등의 표현의 자유나 직업수행의 자유를 침해한다고 볼 수 없다."라고 하여 합헌결정을 하였습니다(헌법재판소 2014. 9. 25. 선고 2013헌바28 결정).

제3편

품목별 피해구제사례

※ 이 사례들은 한국소비자원에서 피해를 구제한 내용들을 품목별로 정리한 것입니다.

PART 1. 가전/생활용품

■ 파손된 세라믹 식탁 교환 요구

[질문]

업체 매장에 방문해 식탁을 구입하고 130만 원을 결제했습니다. 배송받아 식탁을 사용한지 5개월이 지난 후 식탁 균열을 발견했습니다. 업체에 이의제기 했으나, 업체는 사용 중 과실로 인해 발생한 균열이라고 합니다. 이 경우 교환이 가능할까요?

[답변]

소비자분쟁해결기준(9.공산품-가구)에 의하면 품질보증기간 이내 정상적인 사용 상태에서 가구가 파손되었으나 수리가 불가능한 피해의 경우 제품교환 또는 구입가 환급 가능하도록 규정하고 있습니다. 해당 사안에 대해 수리가 불가하고 제품 파손 원인과 관련해 소비자의 과실 여부가 없다면 교환 또는 환급 가능합니다.

■ 안마의자 렌탈서비스 계약해지에 따른 과다한 위약금 요구

[질문]

홈쇼핑 광고를 보고 안마의자 5년 렌탈 계약(의무사용 3년)을 체결했습니다. 1년 반 정도 사용했는데 그다지 효과가 없어서 자리만 차지하고 있어서 계약을 해지하려고 하는데 사업자가 과다한 위약금을 요구합니다. 사업자의 요구에 따라야만 할까요?

[답변]

소비자분쟁해결기준에 따르면 의무사용기간이 1년을 초과하는 경우에는 의무사용기간 중 남은 개월 임대료*의 10%에 해당하는 금액을 배상하고 계약을 해지할 수 있습니다. 이 때 남은 개월 임대료의 계산방법은 아래와 같습니다.

* 남은 개월 임대료 = {월임대료 × (의무사용일수 - 실제사용일수) ÷ 30}

■ 전자상거래로 구입한 하자있는 리퍼브 가구의 환급 가능 여부

[질문]

리퍼브 가구를 판매하는 온라인 쇼핑몰에서 출시 6개월 되었다는 매트리스와 베개를 구입했습니다. 막상 제품을 받아 열흘 가량 사용한 결과 일부 꺼짐 현상이 나타나 바코드 등을 통해 확인해보니 3년된 제품이어서 이의제기했으나 전시품이므로 교환이나 환급이 불가능하니 매트리스를 뒤집어서 사용하라고 합니다. 환급받을 수 없을까요?

[답변]

전자상거래등에서의 소비자보호에 관한 법률에 따라 구입한 제품의 내용이 표시·광고된 내용과 다른 경우, 제품을 받은 날로부터 3개월 이내에 청약철회를 요구할 수 있습니다.

■ 3회 수리에도 하자 발생한 안마의자의 환급 가능 여부

[질문]

의료기기 박람회를 통해 안마의자를 구입했습니다. 제품을 설치 받고 한 달이 채 지나기도 전에 다리 안마 부분에 하자가 있어서 세차례나 수리를 했는데도 개선이 되지 않습니다. 환급을 받을 수 있을까요?

[답변]

소비자분쟁해결기준에 따르면, 가전제품 등의 경우, 품질보증기간 이내에 동일하자에 대해 2회까지 수리하였으나 하자가 재발한 경우 제품교환 또는 구입가 환급을 받을 수 있도록 정하고 있습니다.

■ 할부결제한 고가의 시계를 배송지연하는 경우

[질문]

고가의 시계를 카드 할부결제하여 구입했습니다. 해외배송제품이라서 시간이 걸린다는 사실은 알고 있었지만, 판매자가 안내한 시간보다 한 달 이상 지연되고 있습니다. 할부거래로 구입하여 이미 카드값은 지출되는 상황인데, 해결할 수 있는 방법을 문의드립니다.

[답변]

할부거래법에 의해 소비자의 항변권을 행사할 수 있습니다. 신용카드사에게 할부금의 지급을 거절하는 의사를 통지할 경우(내용증명 발송 등), 더 이상의 결제를 유예시킬 수 있습니다. 판매자에게 청약철회 의사등을 명확하게 표하셨음에도 불구하고 분쟁이 해결되지 않는다면, 한국소비자원 등에 도움을 요청하시는 것이 좋습니다.

■ 광고와 규격이 다른 매트리스의 반품 가능 여부

[질문]

판매자가 두께 10cm 라고 광고한 1인용 매트리스를 659,000원에 구입하였습니다. 배송받은 제품의 두께가 생각보다 얇은 것 같아서 측정해보니 7cm 였습니다. 판매자에게 연락하니, 판매자는 상품 오차범위(±5%)가 발생될 수 있음을 웹페이지에 기재하였으므로 반품 사유가 아니라고 합니다. 이 경우 정말 반품할 수 없나요?

[답변]

소비자분쟁해결기준(제2020-16호)에 의하면 가구(매트리스 등)의 규격에 대한 기준이 있습니다. 가구의 규격치수 허용오차는 ±5mm로 판매자가 주장한 ±5%는 인정되기 어렵습니다. 매트리스의 규격치수 오차는 3cm로 소비자분쟁해결기준의 규격수치 허용오차 범위인 5mm를 초과하므로 제품교환을 받는 것이 상당합니다.

■ 노조 파업으로 A/S 지연된 정수기 렌탈서비스의 보상 여부

[질문]

렌탈 중인 정수기에 대해 A/S를 요청한 상태인데, 사업자의 노조 파업으로 연락이 닿지 않아 A/S를 받지 못하고 있습니다. 정수기를 사용하지 못해 불편함을 겪고 있는데, 이러한 경우에도 보상을 받을 수 있나요?

[답변]

소비자분쟁해결기준(제2020-16호)의 물품대여서비스업(렌탈서비스업)에서 사업자의 서비스 지연은 지연한 기간 만큼 렌탈서비스 요금을 감액하고 지연이 재발하는 경우(2회부터) 위약금 없이 계약해지를 하도록 되어 있습니다. 단, 소비자의 고의 또는 중과실로 인해 A/S가 지연된 경우에는 제외하고 있지만 이 사건은 사업자의 귀책사유이므로 파업으로 인해 A/S가 지연된 기간 만큼 렌탈료를 감액하는 것이 상당합니다.

■ 하자 있는 소파 구입가 환급 요구

[질문]

온라인으로 구매한 소파를 배송받아 확인해보니 등받이 부분이 꺼져 있어 사업자에게 반품을 요구하였습니다. 그러나 사업자는 하자가 아니므로 반품이 불가하다고 합니다. 이 경우 환급을 받을 수 있을까요?

[답변]

소비자분쟁해결기준(9.공산품-가구)에 소파품질불량(재료의 변색, 찢어짐, 균열, 스프링불량 등)의 경우 구입일로부터 10일 이내에 제품교환 또는 구입가 환급으로 규정되어 있습니다. 증빙 사진 등을 통해 제품에 하자가 있음이 확인되면 교환 또는 환급 가능합니다.

■ 전자상거래로 구입한 노트북 컴퓨터의 청약철회 요구

[질문]

온라인 쇼핑몰에서 노트북을 신용카드 할부로 구매했습니다. 제품 확인을 위해 박스 포장을 개봉한 후, 단순 변심으로 반품 및 환급을 요구하였으나 포장 개봉을 이유로 환급이 불가하다고 합니다. 박스포장을 개봉하면 반품 및 환급이 불가한가요?

[답변]

「전자상거래 등에서의 소비자보호에 관한 법률」 제17조에서는 재화 등을 공급받은 날부터 7일 이내에는 청약철회를 할 수 있으며, 재화 등의 내용을 확인하기 위하여 포장 등을 훼손한 경우는 청약철회의 제한 사유에 해당되지 않는다고 정하고 있습니다.

소비자님의 경우, 제품 확인을 위한 단순 박스 개봉이므로 반품 및 환급이 가능한 경우입니다.

다만, 특수한 형태로 포장이 되어 있는 경우 재판매가 불가할 수 있으므로, 판매페이지 유의사항을 꼼꼼히 살펴보고 구매를 해야 합니다.

■ 해외구매대행사이트에서 구입 후 배송과정에서 파손된 TV의 보상 가능 여부

[질문]

해외구매대행 사이트에서 200만원 상당의 TV를 구입하였는데 파손된 상태로 배송이 되었습니다. 어디에서 보상을 받아야 하나요?

[답변]

전자제품의 경우 일반적으로 배송대행지에서 한국으로 발송 전에 물품 상태를 확인하고 발송합니다. 배송대행지에서 TV가 파손된 것을 발견하였다면 바로 반송하고 새상품으로 교환하면 됩니다. 한국에 도착한 TV가 파손 된 경우라면 배송대행지에 보상을 요청해야 합니다.

■ 인터넷으로 구입한 가구의 배송비 조정 가능 여부

[질문]

인터넷쇼핑몰에서 124,000원을 결제하고 서랍장을 주문하여 배송받았으나, 배송기사가 배송비로 90,000원을 요구합니다. 배송비가 90,000원이라는 것을 사전에 제대로 고지받지 못했습니다 이 경우 배송비 조정이 가능할까요? 인터넷 사이트에는 단순히 '주문 금액에 따라 배송비가 다르게 책정되고, 수량?지역별로 배송비가 다릅니다'라고만 적혀 있습니다.

[답변]

판매자가 인터넷 사이트에 '주문 금액에 따라 배송비가 다르게 책정됩니다.', '배송비는 착불이고 수량?지역별로 다릅니다'라고 배송비 관련 사항을 고지했을 경우, 실제 배송비는 운송거리, 물건의 크기 및 무게 그리고 운반에 사용되는 자동차의 종류 등에 의하여 영향을 받을 수 있으므로 배송 시 발생한 배송비용에 대한 책임은 묻기 어렵습니다.

■ 반송 과정에서 누락된 선글라스에 대한 보상 가능 여부

[질문]

오픈마켓을 통하여 선글라스 2개를 524,500원에 구입하고 수령했는데 마음에 들지 않아 바로 반품하였습니다. 온라인상으로는 수거완료되었다고 나와있었으나 1개월 이상 처리가 지연되어 업체에 문의하니 반송 물품 중 1개가 누락되어 처리가 지연되었다고 합니다. 본인은 정상적으로 반품하였으므로 계약취소에 따른 환불을 요구하였으나 업체는 선글라스 1개를 반송하였다는 증거가 부족한 상황에서 입고되지 않은 부분까지 환불할 수는 없다고 합니다. 환급 가능한가요?

[답변]

우선 반송 사실과 그 반송 수량 등에 대한 기본적인 입증책임은 반송한 자, 즉 물품구입자에게 있습니다. 하지만 이 사안의 경우에는 통신판매업자는 물품을 반송 받은 즉시 반송 물품의 수량 등에 대한 하자를 확인하고 그러한 하자를 발견하였을 때에는 즉시 그 자료를 보관하고 물품 구입자에게 그 사실을 통지함으로써 물품구입자로 하여금 반송과 관련한 입증을 할 수 있는 기회를 줄 의무가 있다고 볼 수 있습니다.

만약, 소비자가 반송 시 송장 등에 상품개수가 2개라고 기재하였다면 일단 2개의 제품이 모두 반송되었다고 볼 수 있으며, 이러한 추정을 번복하기 위해서는 오히려 업체측에서 위와 같은 쇼핑정보나 송장의 기재 내용이 잘못되었고 실제 반송된 물품의 수량이 부족하다는 사실을 입증하여야 할 것입니다. 이 사건은 업체가 반송 물품을 입고하고도 즉시 수량 등 하자 여부를 확인하지 않고 소비자에게 통보도 하지 않은 과실이 있다고 판단할 수 있으며, 전자상거래법 제17조 제5항에서“ 제1항 내지 제3항의 규정을 적용함에 있어서 재화 등의 훼손에 대하여 소비자의 책임이 있는지의 여부, 재화 등의 구매에관한 계약이 체결된 사실 및 그 시기, 재화 등의 공급사실 및 그 시기 등에 관하여 다툼이 있는 경우에는 통신판매업자가 이를 입증하여야 한다"고 규정함으로써 통신판매와 관련한 분쟁이 발생하였을 때 대부분 입증책임을 통신판매업자가 부담하도록 하고 있는점을 더불어 고려할 때, 업체가 소비자의 환불요구에 응하여야 할 것입니다.

■ 보증기간내 동일하자 다발한 보조배터리 교환 및 배상 요구

[질문]

인터넷으로 보조배터리를 40만원에 구입을 했습니다. 제품 수령 2달 후 충전이 되지 않아 수리를 받았으나 이후에도 충전 할 수 있는 시간이 급속히 떨어지는 등의 하자가 5회 이상 발생하여 수리를 받았으나 계속 다른 문제점이 발견되고 있습니다. 이와 같은 경우에 환급이 가능한가요?

[답변]

'소비자분쟁해결기준' 의거하면 품질보증기간 이내에 정상적인 사용상태에서 발생한 하자의 경우에는 가능합니다. 제품의 여러 부위에 하자가 발생하여 4회까지 수리하였으나 하자가 재발하는 경우는 수리 불가능한 것으로 판단하고 있습니다. 수리가 불가능할 경우 제품교환 또는 구입가 환급이 가능합니다. 소비자는 품질보증기간 이내에 동일증상으로 5회 이상 수리를 받았으므로 제품 수리가 불가능하다고 판단되고 제품교환 또는 구입가 환급이 가능합니다. 단, 소비자의 과실이 아닌 정상적인 사용상태에서 발생한 하자에 대해서만 가능합니다.

■ 할인 구매한 TV 교환시 차액을 추가 요구하는 경우

[질문]

TV를 세일기간에 30% 할인하여 구입하였습니다. 구입 직후부터 하자가 계속되어 제조회사에 교환을 요구하였습니다. 그러나 제조회사에서는 본 제품을 할인구매 하였기에 정상가격과의 차액을 지급하여야만 동일모델의 신제품으로 교환해주겠다고 합니다. 신제품으로 교환받기 위해서는 제조회사의 설명처럼 추가로 차액을 지불하여야 합니까?

[답변]

추가 부담없이 동일 제품으로 교환받을 수 있습니다.

추가로 차액의 지불 없이 동일모델의 신제품으로 교환받으실 수 있습니다. '소비자기본법시행령' 제8조(일반적 소비자분쟁해결기준)에 의하면 "할인하여 구입한 물품에 하자가 발생하여 교환하고자 하는 때에는 그 차액발생에 관계없이 동일제품으로 교환하여 주어야 하며 환불의 경우에는 구입당시의 가격을 기준으로 한다"라고 되어 있습니다. 따라서 소비자가 할인을 받아 제품을 구입하셨다 하더라도 정상적인 사용상태에서 발생된 하자라면 추가금액 지불없이 제조회사에 동일모델의 신제품으로 교환을 요구하실 수 있습니다.

■ 전기진공청소기를 방문판매로 충동 구매한 경우

[질문]

집으로 방문한 영업사원이 피부병을 유발하는 이불의 진드기까지 제거된다고 권유하여 전기진공청소기를 189만원에 구입했습니다. 구입당시 영업사원이 사용방법을 알려주겠다며 직접 제품을 조립해 사용했는데 다음날 충동구매를 후회하고 구입 취소를 요구하니 제품을 사용했기 때문에 반품받을 수 없다고 합니다.

[답변]

방문판매 청약철회는 계약 후 14일 이내 내용증명 우편을 이용해 하시는 것이 좋습니다.

'방문판매 등에 관한 법률(이하 '방문판매법')'에 따르면, 방문판매로 구입한 제품은 14일 이내에 청약철회를 할 수 있습니다. 즉 계약서를 교부받거나 또는 계약서를 교부받은 때보다 재화 등의 공급이 늦게 이루어진 경우에는 재화 등을 공급받거나 공급이 개시된 날부터 14일까지입니다. 그러나 비용 부담이 없는 청약철회는 제품이 사용 또는 훼손되지 않은 경우에만 가능하며 가전제품을 사용한 경우 일부의 위약금을 부담할 수 밖에 없는 경우가 있으므로 계약시 신중하게 결정하셔야 합니다.

철회방법으로는 우체국의 내용증명 우편을 이용해 사업자에게 또 신용카드로 결제하였다면 사업자와 신용카드사에 청약철회 사실을 통보하시는 것이 좋습니다.

그러나 예외적으로 소비자의 사용으로 가치가 현저히 감소하는 제품으로, 사업자가 그 사실을 포장 등에 쉽게 알 수 있도록 명시하거나 사용설명을 위하여 시용 제품을 제공하는 등 소비자가 청약철회권을 방해받지 않도록 조치를 한 경우에는 청약을 철회할 수 없습니다.

일부 사업자들은 제품을 사용하면 청약철회가 불가하다는 점을 악용해 고의적으로 소비자에게 제품 사용을 유도하거나 사용법을 알려주겠다며 직접 사용한 후 소비자가 청약철회를 요구하면 제품의 사용 책임을 소비자에게 돌리는 경우가 종종 있으니 주의하시기 바랍니다.

■ TV 구입일의 확인이 불가능한 경우 품질보증기간

[질문]

TV에 이상이 있어 제조회사에 수리를 의뢰하자 수리기사가 방문하여 제품점검 후 품질보증기간이 경과하였다면서 수리비를 요구합니다. 본인은 구입 당시의 영수증을 보관하고 있지 않아 구입시기를 입증할 수 없지만 약 11개월 전으로 추정되어 수리기사에게 품질보증기간에 해당되므로 무상수리를 요구하였으나 동제품의 제조일이 13개월 전으로 제품에 표시되어 있다고 하며 품질보증기간이 경과하여 유상수리를 받아야 한다고 합니다. 본인은 구입시점을 입증하지 못하는 점을 들어 부당하게 수리비용을 청구한다고 생각합니다.

[답변]

구입일 확인이 불가능한 가전제품 품질보증기간은 제조일부터 15개월까지입니다.

통상적으로 가전제품의 품질보증기간은 1년으로 규정되어 있습니다. 소비자와 같은 유형의 피해방지를 위해서 '소비자기본법시행령' 제8조(일반적 소비자피해보상기준)에 처리원칙이 규정되어 있습니다.

즉, 품질보증기간은 소비자가 물품을 구입한 날 또는 용역을 제공받은 날로부터 시작되며 품질보증서에 판매일자가 기재되어 있지 않거나 품질보증서의 미교부, 분실 또는 영수증이 없어 정확한 구입일자의 확인이 곤란한 경우에는 당해 제품의 제조일 또는 수입통관일부터 3개월이 경과한 시점부터 적용됩니다. 다만 제품 또는 제품포장에 제조일 또는 수입통관일이 표시되어 있지 아니한 제품은 사업자가 그 판매일자를 입증하여야 합니다.

이러한 번거로움을 피하기 위해서 영수증을 일정기간동안 보관해 두는 습관이 소비자들에게 필요합니다.

■ 소비자과실로 발생한 에어컨 고장 수리 불가능한 경우

[질문]

한달 전에 구입해 사용해 온 에어컨을 최근 옮기다가 실수로 제품 정면에 붙은 부품을 깨뜨렸습니다. 제조사 서비스센터에 수리를 요구했으나 한달 이상 지연시키다가 지금은 부품이 없다며 수리를 못 한다고 합니다. 본인의 과실이긴 하지만 보상받을 수는 없는지요?

[답변]

유상수리에 해당하는 금액을 징수하고 제품교환을 받을 수 있습니다.

공정거래위원회가 고시한 '소비자분쟁해결기준'에서는 부품보유기간 이내에 수리용 부품을 보유하고 있지 않아 발생한 피해에 대해 소비자의 고의·과실로 고장인 경우 유상수리에 해당하는 금액을 제외하고 제품을 교환해주도록 규정하고 있습니다.

참고로 에어컨의 부품 보유기간은 최근 소비자분쟁해결기준이 개정(2018.02.28.)되면서 기존 7년에서 8년으로 변경되었습니다. 이와 같은 부품 보유기간 내에 사업자가 부품을 보유하고 있지 않아 수리가 불가능할 경우엔 품질보증기간 이후라면 정액감가상각 후 이 금액에 10%를 가산하여 환급 받을 수 있습니다.

■ VTR 수리 의뢰후 사업주가 바뀌어 책임을 회피하는 경우

[질문]

2023년 9월초 VTR을 수리의뢰하고 인도일을 9월 20일로 약정하였습니다. 그러나 약속한 날짜에 제품이 배달되지 않아 판매처에 전화를 하니 10월 중순경 사장이 바뀌어 자신은 전혀 모르는 일이라고 합니다. 매장을 방문해 보니 상호는 동일하게 사용하고 있었고 사장만 바뀌었으며 현재 사장은 이전 판매처와는 전혀 연락이 되지 않는다고 합니다. 계약한 제품을 찾을 수 있습니까?

[답변]

업주가 변경되었더라도 상호가 동일하다면 새로운 사업주에게 보상을 받을 수 있습니다.

사업장이 타인에게 양도되었더라도 현재의 사업자가 동일한 상호를 사용하고 있다면 새로운 사업자에게 제품인도를 요구할 수 있습니다. 상법 제42조(상호를 속용하는 양수인의 책임)에 의하면 영업을 인도받은 양수인이 과거 영업인도전의 상호와 동일한 상호를 그대로 사용하는 경우에는 현재의 사업주가 과거 계약에 대해 일정부분의 책임을 지게끔 규정되어 있습니다.

단, 양수인이 양수 후 지체 없이 양도인의 채무에 대하여 책임이 없다는 것을 등기한 경우와 양도인과 양수인이 제3자에 대해 책임을 부담하지 않을 것을 제3자에게 통지한 때에는 양수인의 제3자에 대한 변제 책임이 없습니다. 위와 같은 이유로 현 사업자가 자기책임이 없음을 입증하지 못하는 한 소비자는 사업자에게 제품인도를 요구할 수 있습니다.

■ 방문판매원이 시험사용 후 인도한 진공청소기의 청약철회 여부

[질문]

방문판매원이 소파나 카페트에 있는 진드기까지 말끔히 빨아들이며 먼저 계약서를 작성하면 시험사용이 가능하다고 하여 계약서를 작성하였습니다. 시험사용에서 보통 청소기와 큰 차이가 없고 가격만 비싼 것 같아 사지 않겠다고 하였으나 방문판매원은 이미 사용하였기 때문에 구입해야 하다고 하여 대금을 지불하였습니다. 반품하고 싶은데 반품 후 환급이 가능한가요?

[답변]

청약철회 후 반품하고 환급을 받을 수 있습니다.

방문판매법은 소비자의 청약철회가 제한되는 사유로, 소비자가 상품을 사용하거나 재판매가 곤란할 정도로 상품의 가치가 현저히 감소한 경우 등을 들고 있습니다. 다만 판매자는 이러한 사실을 상품 포장 등에 명기하거나 시용상품을 제공하여야 합니다(방문판매등에 관한 법률 제8조 제2항 2호 및 제6항 참조).

따라서 이 사례는 사용에 의해 청약철회가 제한된다는 사실을 판매원이 고지하지 않고 판매용 제품을 시험 사용한 후 인도하였다면 시험 사용을 이유로 소비자의 청약철회를 거부할 수 없습니다. 즉 시험사용은 판매자가 성능을 보여주기 위하여 소비자에게 인도 전에 직접 실시한 것이므로 시험사용에 의해 상품가치의 감소가 있었다고 하더라도 이를 소비자에게 전가시킬 수는 없는 것입니다.

■ 에어컨 배달시 파손된 경우 보상여부

[질문]

최근 인근 대리점에서 에어컨을 구입했습니다. 이사 후 상황이 복잡해 배달 즉시 제품을 설치하지 못하고 이틀 후에 배달된 에어컨의 포장을 뜯어보니 제품의 귀퉁이 일부분이 찌그러져 있어 교환을 요구했습니다. 판매처에서는 위탁한 운송업체에서 배달시에 발생한 하자이므로 운송업체에 배상을 요구하라고 합니다. 이런 경우 어떻게 대처해야 합니까?

[답변]

판매처 또는 제조사에 신제품 교환을 요구하실 수 있습니다.

소비자는 제품 파손의 책임이 누구에게 있느냐에 무관하게 판매처나 제조사에 신제품으로의 교환을 요구할 수 있습니다. 일반적으로 가전제품 구입시 판매자가 소비자에게 물품을 배달해주는데, 그 운송 과정에서 제품 파손 등의 피해가 발생할 수 있습니다.

따라서 물품 파손의 책임 여부는 운송자와 판매자 양당사자들이 규명해야 할 문제일 뿐이며 소비자는 이에 상관없이 '소비자분쟁해결기준'에 따라 판매처 또는 제조사로부터 신제품으로 교환받을 수 있습니다. 단, 소비자가 직접 운송업자에게 배달을 의뢰한 경우에는 판매자에게 보상을 요구할 수 없으며 운송업자에게 보상을 요구하셔야 합니다.

■ 수리 지연되는 LCD TV 보상 방안 문의

[질문]

2개월 전 LCD TV를 구입해 사용하던 중 화면에 하자가 발생되어 제조사에 서비스를 의뢰하여 수리를 받았으나 또 하자가 발생되었습니다. 다시 재 수리를 요구하자 해당 제품을 인수해갔는데 40여 일이 지난 현재까지 아무런 연락이 없어 확인결과 부품 공급이 지연되어 지체된다며 조만간 수리를 해주겠다고 하나 신뢰할 수 없어 교환이나 환급을 요구했으나 거부합니다. 이런 경우 교환이나 환급은 받을 수 없나요?

[답변]

소비자기본법시행령 제8조 2항(일반적 소비자분쟁해결기준)에 의하면 소비자가 수리를 의뢰한 날부터 1개월이 지난 후에도 사업자가 수리된 물품 등을 소비자에게 인도하지 못할 경우, 품질보증기간 이내일 때는 같은 종류의 물품으로 교환하되 같은 종류의 물품으로 교환이 불가능한 경우에는 환급하고, 품질보증기간이 지났을 경우에는 구입가를 기준으로 정액감가상각한 금액에 100분의 10을 더하여 환급토록 규정되어 있습니다. 따라서 동일제품으로 교환을 요구할 수 있습니다.

■ 디지털카메라 병행수입품을 이유로 무상수리 거부하는 경우

[질문]

인터넷으로 디지털카메라를 구입 후 보름 정도 지나 다른 사이트에서 주문한 메모리카드를 넣어 사용해 보니 저장이 되지 않는 등 기능에 하자가 있어 판매자에게 수리를 요청하였으나, 병행수입품은 유상수리라면서 수리비 35만원 중 50%를 부담하라고 합니다. 수리비를 부담해야 하는지요?

[답변]

수리비를 부담하지 않아도 됩니다.

디지털카메라의 하자가 구입 시부터 존재하던 하자이거나, 구입 시 병행수입품이라는 사실을 판매자가 알리지 않았다면 전자상거래 등에서의 소비자보호에 관한 법률에 의거한 청약철회로 반품이 가능하겠지만, 이 사례와 같이 소비자가 제품구입 후 일정기간 사용하다가 문제가 발생하는 경우 그러한 사실을 입증하기가 쉽지 않아 청약철회를 인정받기 어려울 수 있습니다.

'소비자분쟁해결기준'은 제품의 구입 후 1개월 이내에 정상적인 사용상태에서 중요한 수리를 요하는 성능,기능상의 하자가 발생한 경우 제품교환이나 무상수리를 받을 수 있도록 규정하고 있어 소비자는 정상적인 제품으로 교환을 요구할 수 있습니다.

그리고 판매자는 병행수입품의 경우에는 유상수리가 원칙이라고 주장하나 이는 수입업자와 판매자 사이의 관계일 뿐이지 물품 거래 시 판매자가 소비자에게 구매 시 이러한 조건을 명확히 제시하지 않았다면 병행수입을 이유로 유상수리를 주장하는 것은 타당하지 않습니다.

■ 에어컨 수리는 하지 않고 할부금만 독촉하는 경우

> [질문]
> 5개월 전 집 근처 대리점에서 에어컨을 구입하고 할부로 결제했습니다. 찬바람이 나오지 않아 2회 수리를 받았으나 하자가 여전해 여러차례 수리를 요청했으나 이에 대한 조치가 없어 할부금을 3개월 연체했습니다. 에어컨은 현재까지 수리가 되지 않은 상태인데 어떻게 해야 합니까?

[답변]
할부로 구입한 제품의 수리가 지연되거나 사업자가 폐업한 경우 할부금 납부를 거절할 수 있습니다.
소비자는 사업자가 무상으로 제품에 대한 수리을 완료할 때까지 할부금 납부를 거부할 수 있습니다. 공정거래위원회 고시 '소비자분쟁해결기준'에는 소비자 과실에 의해 발생한 고장이 아니라 정상적인 사용 중 자연 발생적으로 일어난 제품의 하자에 대해서는 제조회사나 판매자가 무상으로 수리를 하도록 규정되어 있습니다.
'할부거래에 관한 법률' 제16조(소비자의 항변권)에는 소비자가 정당한 요구를 했는데도 사업자가 정당한 이유 없이 수리를 해 주지 않을 때에는 신용제공자에게 할부금의 지급거절의사를 통지한 후 그 할부금 납부를 거절할 수 있다고 되어 있습니다. 또한 수리를 받아도 동일하자가 계속 재발한다면 '소비자분쟁해결기준'에 의거한 교환 또는 환급을 요구하실 수도 있습니다.

■ 화장품 사용으로 부작용 발생한 경우 피해 보상 문의

[질문]

피부관리실에서 무료 마사지 서비스를 받고 나자 화장품세트와 앰플을 구입하면 10회에 걸쳐 무료 마사지 서비스를 해준다고 부추겨 120만 원상당의 화장품을 현금 일시불로 구입하여 사용했는데, 얼굴에 붉은 발진이 생겨 피부과에서 치료받고 화장품 반품을 요구하자 화장품을 바꿔 사용하여 발생된 일시적인 명현반응이라며 거부당하였습니다. 부작용 발생된 화장품을 반품하고 치료비를 보상받을 수 있는지요?

[답변]

화장품 사용후 부작용이 발생된 경우, 피부과 전문의로부터 화장품 사용후 발생된 부작용이라는 사실이 입증되면 보상 가능합니다. 소비자분쟁해결기준(화장품)에 의하면 화장품 부작용은 '치료비, 경비 및 일실소득을 배상'토록 규정하고 있으며, 단 치료비 배상은 '피부과 전문의의 진단 및 처방에 의한 질환 치료 목적의 경우로 한다'로 규정되어 있는 바, 진단서와 치료비 영수증을 제출하면 해당 화장품의 반품은 물론 치료비를 보상 받을 수 있습니다.

■ 미성년자가 부모동의 없이 계약한 화장품 계약취소 요구

[질문]

저는 미성년자로서 친구와 함께 시내를 걷고 가고 있는데 방문판매원이 다가와 설문조사 해 달라고 하여 응했다가 화장품 클리닉을 받아보라고 권하여 주차장에 있는 차량으로 유인당했고, 차량안에서 화장품을 원래 880,000원짜린데 450,000원에 판다면서 할부기간은 10개월에 해주고, 부모님도 모르게 전화연락을 안하겠다고 하면서 하루에 1,500원만 투자 하라고 부추겨 얼떨결에 화장품을 구입하였습니다.
그러나 화장품 성분이 무엇인지 표시도 없고 제조일자 표시도 없는데, 미성년자인 경우 계약취소가 가능 하다는데, 계약취소 가능한지요?

[답변]

구입당시 만19세 미만의 미성년자가 부모 등 법정대리인의 동의없이 체결한 계약은 민법 제5조에 따라 취소할 수 있으며, 민법 제141조에 의하면 사용여부와 상관없이 현존 상태 그대로 반품이 가능합니다.

■ 1년전 출고된 가스오븐 재고품의 품질보증기간 기산 기준일 문의

[질문]

가스오븐을 구입하였는데 다음날 제품을 보니 1년전에 출고된 제품이었습니다. 판매업자에게 새로 나온 제품으로 교환해 줄 것을 요구했으나 제품에 전혀 이상이 없으므로 교환해 줄 수 없다고 합니다. 이런 경우 품질보증기간은 어떻게 되나요?

[답변]

품질보증기간은 소비자가 물품을 구입한 날부터 기산합니다.

너무 오래 전에 출고된 제품을 구입하면 자칫 중고제품일 가능성도 있고 품질보증기간 산정시 불이익을 당할 수 있으므로 제품 구입시 확인해 보는 것이 좋습니다. 그러나 품질 등에 하자가 없는 제품이 확실하다면 제조일자가 오래되었다는 이유만으로 제품의 교환을 요구할 수는 없습니다.

제조일자가 오래된 제품을 구입한 경우에는 품질보증서에 구입일을 적어놓으면 구입일로부터 품질보증기간을 기산하게 되므로 이로 인한 피해를 예방할 수 있습니다.

'소비자기본법시행령' 제8조(일반적 소비자분쟁해결기준)에 의하면 "품질보증기간은 소비자가 물품등을 구입하거나 제공받은 날부터 기산한다. 다만, 계약일과 인도일(용역의 경우에는 제공일을 말한다)이 다른 경우에는 인도일을 기준으로 하고, 교환받은 물품등의 품질보증기간은 교환받은 날부터 기산한다"라고 되어 있습니다.

만약 구입일을 적어 놓지 않은 상태에서 제조업체와 구입일 관련 분쟁이 발생하면 공정거래위원회가 고시한 '소비자분쟁해결기준'에 의거 물품의 제조일 또는 수입통관일로 부터 3개월이 경과한 날로부터 품질보증기간을 기산하게 됩니다.

따라서 제품 구입시 가급적 제조일이 3개월 이내인 제품을 구입하시고 부득이 하게 제조일이 많이 경과한 제품을 구입할 경우 영수증이나 거래명세서 등 구입시기를 입증할 수 있는 근거를 확보해 두실 필요가 있습니다.

■ 중고에어컨의 품질보증 가능 여부

[질문]

최근 에어컨의 품귀현상으로 신제품을 구입할 수 없어 대리점에서 중고 에어컨을 구입했습니다. 냉방이 잘 안되어 수리를 의뢰했으나 부품이 없다는 이유로 1개월째 수리를 지연시키고 있습니다. 구입시 6개월 동안 품질을 보증한다는 내용의 보증서를 받아 두었는데, 이런 상황에서 받을 수 있는 최상의 조치는 무엇입니까?

[답변]

품질보증서가 없는 중고품은 품질보증을 받을 수 없으므로 주의해야 합니다. 품질을 보증한다는 내용의 보증서를 받았으면 판매자에게 조속한 무상수리를 해 달라고 요구할 수 있습니다. 또한 보증기간 이내에 판매자가 부품이 없어 수리를 해주지 못하는 경우에는 공정거래위원회가 고시한 '소비자분쟁해결기준'에 의거해 같은 가격의 에어컨으로 교환받거나 구입가를 환불받을 수 있습니다. 중고품 구입시 판매자로부터 품질보증기간이 명시된 보증서를 받아 두어야 합니다. 이 건의 경우 보증서를 받아두지 않았었다면 유상수리를 받아야 했을 것입니다.

다만, 중고품이라도 '소비자분쟁해결기준'에 의하면 중고텔레비전, 냉장고, 세탁기, 컴퓨터 및 주변기기의 품질보증기간은 "보증기간을 소비자에게 명시적으로 고지하지 않은 경우의 보증기간은 6개월로 한다"라고 되어 있습니다.

■ 전자상거래로 구입한 가구 반품 문의

[질문]

인터넷쇼핑몰에서 장롱을 주문(750,000원 상당)하여 제품이 배송되었으나 가구 표면에 흠집이 발생하고 도장 상태가 불량하여 판매자에게 제품 반품을 요구하였습니다. 제품 판매자는 교환은 가능하지만 반품을 할 경우에는 왕복 배송비용과 위약금을 소비자가 배상하여야 한다고 합니다. 주문한 장롱은 맞춤으로 제작을 하지도 않았는데도 위약금을 지급하여야 합니까?

[답변]

인터넷에서 가구를 주문한 후 제품이 배송되었더라도 품질에 하자가 있을 경우에는 전자상거래등에서의 소비자보호에 관한 법률 및 소비자분쟁해결기준에 따라 반품이 가능하며 배송비용이나 위약금을 소비자가 배상할 필요가 없습니다. 단 가구의 품질에 하자가 없고, 단순 변심에 의한 반품인 경우에는 배송 비용을 소비자가 배상하여야 합니다. 또한 맞춤으로 주문한 가구일 경우, 단순변심으로는 반품이 불가합니다.

■ 가구를 탈없이 잘 구입하는 요령은?

[질문] 가구를 탈없이 잘 구입하는 요령이 있을까요?

[답변]

6가지 정도의 유형을 점검하면 됩니다.

① 계약서를 상세하게 작성합니다.

가구는 주문 제작 배달에 시간적 차이가 있습니다. 모델도 신? 구형 등 다양한 종류가 있어 주문품과 다른 제품이 배달되거나 일부가 누락될 수도 있으므로 상세한 주문 내용이 기재된 계약서가 없으면 분쟁을 해결하는데 어려움이 많습니다. 계약 이행과 관련한 분쟁을 미연에 방지하기 위해서는 반드시 계약서에 모델번호, 디자인, 색상, 규격 등을 자세히 적어 보관해야 합니다. 가능하면 카탈로그도 입수해 같이 보관하는 것이 좋습니다. 세트가구 구입시 개별 제품의 하자로 환급받을 경우 불이익을 받지 않으려면 개별 제품의 가격 및 할인율을 명시한 계약서를 교부받아야 합니다.

② 계약금은 가격의 10%로 잔금은 신용카드 할부로 지급합니다.

가구 계약 후 배달 전에 해약할 경우에는 통상 판매업자들은 20~40%의 과도한 위약금을 요구하기도 합니다. 가구 구입에 따른 위험을 방지하고 판매업자의 완전한 계약 이행을 유도하기 위해 계약금은 물품 대금의 10% 이내에서 지급하는 것이 현명합니다. 잔금 역시 가구 인수 후 하자 유무를 확인하고 지급하는 것이 안전합니다.

잔금은 가능하면 신용카드 할부로 구입하는 것이 유리합니다.

'할부거래에 관한 법률'에 의하면 3회 이상이고 할부가격이 10만원 이상, 다만 신용카드는 20만원 이상을 할부로 물품이나 서비스의 구입 계약을 체결한 소비자는 계약서를 교부받은 날 또는 계약서를 교부받지 않은 경우에는 목적물의 인도 등을 받은 날부터 7일 이내에 할부 계약에 관한 청약을 철회할 수 있습니다. 청약철회 의사 표시는 반드시 서면으로 작성해 내용증명 우편으로 사업자와 신용카드사로 발송해야 효력을 인정받을 수 있습니다. 발송일로부터 효력이 발생하므로 7일 이내에만 발송하면 됩니다.

③ 사제품 판매에 주의합니다.

유명 메이커 대리점에서도 마진이 높은 사제품을 몰래 판매하는 경우가 있습니다(판매 자체는 불법이 아님). 상표나 품질보증서를 확인한 후 구입하고 의심나는 사항이 있으면 본사에 확인하는 것이 현명합니다.

④ 애프터서비스가 잘 되는 제품을 선택합니다.

가구는 숨은 하자가 많은 제품이므로 가급적 애프터서비스 체계가 잘된 업체 제품을 구입토록 하고 판매점도 거래가 활발히 이루어지는 점포를 선택합니다. 수입품은 부품이 없어 수리가 지연되는 경우가 많으므로 구형 제품은 가급적 구입을 삼가고 애프터서비스 문제는 별도 서면에 확약을 받아 두는 것이 좋습니다. 이사를 하거나 결혼해 신혼살림 지역이 달라질 경우에는 가급적 현지에서 구입하는 것이 현명합니다.

⑤ 가격을 비교한 후 구입합니다.

유명 메이커 제품은 판매점 가격 차이가 크지 않으나 메이커의 지명도가 형성되지 않고 방문 판매 비중이 높은 돌 침대 같은 제품은 업체간 가격 차이가 크므로 여러 점포를 둘러보고 품질과

가격을 비교한 뒤 구입하는 것이 좋습니다. 돌 침대의 경우 2백70만원에 구입한 소비자가 다른 가구 단지에서 1백70만원에 판매되는 것을 보고 해약을 요구한 사례도 있습니다.

⑥ 배달 즉시 하자 유무를 확인합니다.

배달 즉시 하자를 확인하지 않으면 차후에 운반에 따른 수고 등의 문제로 판매자가 반품 교환을 거절하는 경우가 많습니다. 또한 사용상 과실을 주장하며 책임을 회피합니다. 가구를 받을 때에는 반드시 하자 유무를 점검합니다. 특히 장식장은 선반의 안전성 유무를, 장롱은 치수를, 매트리스는 화공 약품 등의 냄새 유무를 잘 점검해서 인수해야 합니다. 배달원이 가구를 옮기는 과정에서 장판이나 출입문 등을 훼손했을 때에는 반드시 현장에서 보상을 받거나 확인서를 교부받아 향후의 피해보상에 대비하는 것이 좋습니다.

■ 압력밥솥을 사용하다 폭발하여 피해가 발생한 경우

[질문]

압력밥솥 사용 도중 밥물이 넘치는 하자가 있었으나 뚜껑을 잘못 닫은 것으로 알고 계속 사용하였습니다. 얼마 전 갈비찜을 조리하던 중 압력밥솥이 폭발하였습니다. 이 때문에 도배를 새로 하느라고 20만원이 들었습니다. 도배 비용에 대한 보상을 받고 싶습니다.

[답변]

제품의 하자가 분명해야만 피해액을 배상받을 수 있습니다.

압력밥솥은 안전사고가 많이 일어나는 주방 기구이며, 폭발로 인해 재산상의 손해를 입거나 화상과 같은 인명 피해를 일으키기도 합니다. 제품 자체의 뚜껑 열림 안전성에 문제가 있어도 폭발하고, 점성이 강한 재료를 조리하다 끈적끈적한 점성 물질이 압력 추를 막아 밥솥 내부의 압력이 높아져도 폭발합니다.

압력밥솥이 폭발해 피해가 발생했을 때는 정확한 원인 규명을 통해 제품의 하자가 분명해야만 피해액을 배상받을 수 있습니다. 압력밥솥을 사용할 때는 사용설명서의 사용 방법과 관리 요령을 잘 지켜 안전에 유의하는 것이 무엇보다 중요합니다.

■ TV홈쇼핑에서 구입한 표시광고와 다른 온돌침대 보상 요구

[질문]

6~7개월 전쯤 홈쇼핑에서 맥반석 침대를 1,290,000원에 구입해서 사용하던 중, 최근 이사할 일이 있어서 제품을 옮기는 중에 흠이 발생했습니다. 그런데 흠이 발생한 부분에서 가루가 떨어지는 겁니다. 해당 가루의 성분을 지인에게 의뢰해보니 우레탄이라고 하더군요. 구입 당시에는 원목이라고 알고 샀는데, 우레탄이라니 어이가 없습니다. 이건 어떻게 보상을 받을 수 있나요?

[답변]

만일 해당 제품의 표시광고 상에 하자가 확인되었다면 사업자에게 보상을 요구할 수 있을 것으로 판단됩니다. 홈쇼핑은 통신판매의 한 형태이므로, 전자상거래 등에서의 소비자보호에 관한 법률(이하 전소법)이 적용되며, 전소법 제6조에 따르면 통신판매상 표시광고 내용, 계약내용 등 에 관련된 기록들은 일정기간 동안 보존하도록 되어 있으므로(표시광고에 관한 기록은 6개월), 업체에 요구하여 표시광고 내용을 확인해 본 후, 표시광고 내용과 해당 제품이 다른 경우에 보상을 받을 수 있을 것으로 판단됩니다.

우선, 전소법 제17조 제3항에 의하면 표시광고와 다르거나 계약내용과 다르게 이행된 경우 재화 등을 공급받은 날로부터 3개월 이내, 그 사실을 안날 또는 알 수 있었던 날로부터 30일 이내에 청약철회를 사업자에게 요구할 수 있습니다.

또한 동법에서 정한 기간이 경과되었더라도, 계약내용과 다르게 이행이 되었다면 사업자에게 민법상 채무불이행책임 및 손해보상책임을 물을 수 있을 것으로 판단됩니다.

■ 냉장고 소음이 심하여 신경이 쓰이는 경우

[질문]

1개월 전에 냉장고를 구입하였습니다. 소음이 커서 제조업체에 수리를 의뢰하였는데 수리기사가 나와 보고는 제품에 이상이 없다며 아무런 조치도 취해주지 않고 그냥 돌아갔습니다. 전에 사용하던 냉장고에 비해 소음이 커서 계속 신경이 쓰이는데 어떻게 하면 좋을까요?

[답변]

소음정도를 정확하게 측정 후 하자로 판단될 경우 보상 가능합니다. 냉장고의 경우 냉매가 순환하는 과정과 콤프레서가 가동하거나 멈추는 순간 소음이 발생하고 있으나 냉장고 소음에 관한 명확한 규제기준은 없습니다. 다만 각 제조회사별로 소음기준이 있으므로 냉장고 소음을 측정해서 제조회사의 기준을 초과한다면 소비자분쟁해결기준에 의한 보상을 요구할 수 있을 것입니다.

개인이 소음에 대하여 느끼는 정도는 냉장고 사용 위치와 주변 환경에 따라 다르게 느끼는 경우가 많아 분쟁이 가끔 발생하고 있습니다. 그러나 소음 측정기로 측정하면 하자로 나타나는 경우는 극히 적으므로 사용조건을 변경해 보는 것도 한 방법입니다.

■ 전자키보드 수리 불가능한 경우 감가상각 후 환급

[질문]

3년 전에 구입한 전자 키보드가 고장이 나서 유상 수리를 의뢰했습니다. 2~3개월이면 수리가 가능하다고 했는데 6개월이 넘도록 돌려주지 않고 있습니다. 제품 반환이 불가능할 경우 동일한 제품으로 보상해 줄 것을 요구했으나 아무런 답변이 없습니다.

[답변]

소비자가 수리 의뢰한 제품은 1개월 이내 수리 후 인도하도록 되어 있습니다. 수입 악기를 구입해 사용하다가 고장나면 국내에서 수리가 불가능한 경우가 발생합니다. 수리 부품이 없으면 악기를 제조한 국가에서 가져와야 하는데, 이 과정에서 수리가 지연될 수 있습니다.

외국에서 부품을 조달받는 데는 시일이 걸리지만 이 경우 6개월이 넘도록 소비자에게 제품을 돌려주지 않는다는 것은 문제가 있습니다. 만일 사업자가 키보드를 분실했거나 파손해 돌려주지 못한다면 이에 대한 책임을 져야 합니다. 소비자는 사업자에게 맡겼던 물품의 반환을 요구하고, 만일 사업자가 분실했다면 정액 감가상각한 금액에 10%를 가산해 환급받을 수 있습니다.

"소비자기본법시행령" 제8조(일반적 소비자분쟁해결기준)에 의하면 "수리는 지체없이 하되 불가피하게 지체사유가 있을 때는 이를 소비자에게 알려야 한다. 소비자가 수리를 의뢰한 날부터 1월이 지난 후에도 사업자가 수리된 물품을 소비자에게 인도하지 못할 경우 품질보증기간 이내일 때는 같은 종류의 물품등으로 교환하되 같은 종류의 물품등으로 교환이 불가능한 때에는 환급하고, 품질보증기간이 경과한 때에는 구입가를 기준으로 정액 감가상각한 금액에 100분의 10을 가산하여 환급한다."고 되어 있습니다

■ 유명메이커 가구(장롱세트 및 침대)로 속아 구입한 경우

> [질문]
>
> 결혼식을 앞두고 유명 가구업체 대리점에서 동업체 제품의 장롱세트와 더블침대를 계약하였습니다. 그런데 배달된 제품을 보니 전시되었던 가구와 다른 것 같고, 품질에도 차이가 나는 것 같아 자세히 살펴보니 유명 메이커 제품임을 입증하는 표시가 하나도 없습니다. 보상받을 수 있는지요?

[답변]

유사제품을 구입한 사실이 확인된다면 구입가를 환급받을 수 있습니다. 주문한 제품과 다른 것임이 확인되면 구입가 환급이 가능합니다. 가구업계는 대기업과 영세기업이 혼재되어 있는 상황에서 제품 차별화가 불명확하기 때문에 일반 소비자들이 메이커를 구별하기가 쉽지 않습니다. 종종 유명 가구 대리점의 간판을 단 가구점에서 중소업체에서 생산하는 제품을 전시하여 마치 유명가구 제품인양 속여 판매하는 경우가 있습니다.

공정거래위원회가 고시한 '소비자분쟁해결기준'에 의하면 가구점에서 상표남용 등 유사제품을 판매하는 경우에는 소비자는 구입가를 환급받을 수 있도록 되어 있습니다. 이 규정은 그 동안 유명 메이커 대리점 간판을 단 가구판매점에서 비메이커 제품을 유명 메이커 제품으로 속여 판매하는 경우에 이를 모르고 구입한 소비자와 사업자간의 분쟁을 해결하기 위한 것입니다.

소비자는 유명 메이커 대리점에서 가구를 구입하는 경우에도 무조건 유명 메이커에서 생산한 정품이라고 믿어서는 안되며 계약시 제조업체, 모델명, 품질보증서 등을 잘 확인하고, 일단 물건을 인수하게 되면 반품이나 교환이 쉽지 않기 때문에 배달 받을 때에는 하자 유무와 더불어 주문한 가구 여부를 확인하여야 피해를 예방할 수 있습니다. 소비자는 가구 구입시 반드시 어느 회사 제품인지를 확인하는 것은 물론 피해 예방을 위해 영수증(혹은 계약서)에 회사명, 모델명, 규격, 색상, 디자인 등을 구체적으로 명시하는 게 좋습니다.

■ 세탁기 수리 후 2개월만에 고장 재발하여 수리비를 요구하는 경우

[질문]

3년전에 구입한 세탁기를 사용하던 중 1개월 전에 80,000원을 지불하고 PCB라는 부품을 교체하였습니다. 수리 후 정상적으로 작동하더니 며칠 전 다시 고장이 발생하였습니다. 방문한 수리기사가 세탁기를 점검해 본 후 모터를 교체해야 한다며 수리비로 90,000원을 청구하였습니다. 유상으로 수리한 지 며칠되지 않아 다시 고장이 발생했는데도 수리비를 지불해야 하는지요?

[답변]

수리 후 2개월 이내 동일한 고장은 무상으로 수리받을 수 있지만 그렇지 않은 경우 유상으로 수리를 받아야 합니다.

현행 '소비자분쟁해결기준'에 의하면 품질보증기간이 지난 후 발생한 하자에 대해서는 유상수리를 받도록 되어 있으며, '소비자기본법시행령' 제8조(일반적 소비자분쟁해결기준)에 의하면 물품을 유상으로 수리한 경우 그 유상으로 수리한 날부터 2개월 이내에 소비자가 정상적으로 물품을 사용하는 과정에서 그 수리한 부분이나 기능에 종전과 동일한 고장이 재발한 때에는 무상으로 수리하되, 수리가 불가능한 때에는 종전에 받은 수리비를 환급하여야 한다고 되어 있습니다. 그러나 이 경우에는 최근 발생한 하자의 부위나 소요부품이 직전의 수리내용과 다르므로 사업자 측에 무상수리를 요구하기는 어렵습니다.

■ 세탁기 계약 후 가격이 인상되었다고 추가부담 요구하는 경우

[질문]

작년 말 혼수랜드에서 세탁기를 구입하기로 하고 계약금 100,000원을 지불하였는데 판매자측에서 제품 인도를 차일피일 미루다가 특소세가 인상되었다며 제품 가격의 10%를 더 지불하라고 합니다. 이런 경우 제가 10%를 더 지불해야 합니까?

[답변]

계약 후에는 추가 부담이 필요 없습니다.

소비자가 세탁기 구입 계약을 한 시점에서는 특소세가 인상되지 않았는데 사업자측에서 배달을 지연하는 과정에서 특소세가 인상되었으므로 소비자는 인상된 특소세를 부담할 필요가 없으며 계약 당시 가격으로 세탁기를 인도해 주도록 요구할 수 있습니다. 그런데 사업자측에서 이를 이행하지 않을 경우 계약금 100,000원의 환불 및 위약금(계약금과 동일액)을 지급해 주도록 요구할 수 있습니다.

■ 세탁기 화재로 재산에 피해가 있는 경우

[질문]

세탁기 구입 3개월 후 세탁기에서 화재가 발생하여 세탁기와 약간의 가재도구가 소손되었습니다. 제조업자에게 배상을 요구하니 책임이 없다며 회피하고 있는 상황인데 이런 경우 피해구제 방안을 알고 싶습니다.

[답변]

소방서 및 경찰서의 조사 결과에 따라 피해보상이 가능합니다.

화재가 발생하면 화재원인이 어디에 있는가에 따라 그 책임이 달라지나 그 원인 파악이 곤란한 경우가 많습니다. 따라서 세탁기로 인한 화재가 발생할 경우 그 정도가 경미하더라도 제조사에 보상을 요구하기 위해서는 소방서 또는 경찰서에 화재 원인 조사를 요청하여야 할 것이며, 소방서에서는 화재 상황 및 원인을 조사한 후 소비자의 신청이 있을 경우 화재증명원을 발행하고 있습니다.

그러나 자세한 화재원인 분석을 위해서는 경찰서를 통해 화재감식 및 국립과학수사연구소의 감정이 필요할 경우도 있습니다. 위와 같이 소방서 및 경찰서에 의뢰한 조사 및 감정 결과 제품에서 화재가 발생하였다고 나타나는 경우 소비자는 제조사에 피해 및 손해배상 요청을 할 수 있습니다.

■ 보석반지의 도금이 벗겨진 경우

[질문]

10개월전 패물로 받은 3부 다이아 반지의 금속 부위가 도금 상태가 불량하여 변색되었습니다. 구입가를 환급 받을 수 있습니까?

[답변]

품질보증기간 이내이면 무상수리 또는 제품교환을 받을 수 있습니다. 공정거래위원회가 고시한 소비자분쟁해결기준에 따르면 반지 등 귀금속의 경우 도금 또는 입힘상태가 불량이라면 구입 후 1년 이내인 경우에는 무상수리 또는 제품교환을 받을 수 있습니다.

다만, 귀금속은 사용환경, 방법 등에 따라 변색 정도에 차이가 나타날 수 있으므로 사용에 주의하여야 하며, 소비자가 정상적으로 사용하는 과정에서 도금상태가 불량하여 변색되었다는 사실이 확인될 경우 피해보상을 받을 수 있습니다.

■ 현금 입금 유도 후 카메라 배송하지 않는 인터넷 쇼핑몰

[질문]

인터넷쇼핑몰을 통해 카메라를 현금 주문한 후 열흘이 지나도록 제품이 배송되지 않고 있습니다. 홈페이지에 나와 있는 연락처는 연결이 되지 않아 오프라인 매장으로 찾아가니 문이 닫혀 있습니다. 어떻게 해야 하나요?

[답변]

사업자가 의도적으로 현금을 입금받고 물품을 배송하지 않는 인터넷쇼핑몰은 연락 및 추적이 쉽지 않아 사이버경찰청에 신고하여 도움을 받으셔야 합니다.

이 사례와 같이 종종 인터넷쇼핑몰에 물품을 주문하고 대금을 지불하였으나 물품 배송을 받지 못하거나 사업자와 연락이 제대로 되지 않는다는 소비자피해가 발생하고 있는데, 이러한 인터넷쇼핑몰은 주문 시 먼저 재고 확인 등의 이유를 들어 전화를 걸도록 유도해 소비자가 전화를 걸면 현금결제(무통장입금)하면 제품가격을 할인해 주겠다고 하거나, 신용카드 결제를 선택할 경우 '현금 결제만 가능한 상품입니다', '신용카드결제는 제한된다' 등의 창을 띄워 소비자로 하여금 현금 입금을 하도록 유도하는 바, 소비자의 각별한 주의가 요망됩니다.

■ 인터넷으로 구입한 청소기, 광고와 다른 경우 반품비용 부담 여부

[질문]

인터넷쇼핑몰에서 진공청소기를 구입하여 사용 중 당초 광고에는 골프공을 흡입할 정도로 흡입 성능이 좋다고 광고하였으나 실제 사용해 보니 수박씨 정도도 제대로 흡입되지 않을 정도라 반품하려고 하자 판매자가 반송 비용을 부담하라고 합니다. 이러한 경우 반송 비용은 누가 부담해야 하는지요?

[답변]

반송비용은 사업자가 부담합니다.

전자상거래로 구입한 물품의 내용이 표시·광고 내용과 달라 청약철회할 경우는 반환에 필요한 비용은 물론 소비자에게 물품을 배달할 때의 배송비도 사업자가 부담하여야 합니다.(전자상거래등에서의 소비자보호에 관한 법률은법 제18조제10항).

■ 제조회사가 도산하여 전기포트 A/S를 거절하는 경우

[질문]

8개월 전에 백화점에서 구입한 전기포트를 사용하던 중 하자가 발생해 수리를 받기 위해 제조회사에 전화했으나 연락이 닿지 않습니다. 백화점에 문의하니 얼마 전 제조회사가 도산해 더 이상 백화점에 제품이 들어오지도 않는다고 합니다. 이런 경우 어떻게 하면 좋을까요?

[답변]

A/S에 대한 책임은 판매자와 제조회사 양측에 모두 요구할 수 있습니다. 소비자피해에 대한 보상은 제조업자, 수입업자, 판매업자 및 용역을 제공한 자가 책임지도록 되어 있습니다. 따라서 당연히 소비자는 판매자인 백화점 측에 수리해 주도록 요구할 수 있습니다. 만약 제조회사의 도산으로 부품이 없다든지 해서 수리가 불가능하다면 보증기간 이내이므로 구입가격을 환급받을 수 있습니다.

■ 관리가 되지 않는 정수기 계약 해지 가능 여부 문의

[질문]

정수기를 렌탈하여 사용하고 있습니다. 정기적으로 필터교체등의 관리를 받기로 하였는데 정수기 업체에서 제때 방문을 하지 않는 등 제대로 관리가 되지 않아 계약을 해지하려고 하니 약정기간이 남아있다며 위약금을 내라고 합니다.
관리를 못받아 계약해지하는 경우에도 위약금을 지불하여야 하나요?

[답변]

소비자분쟁해결기준에 따르면 정수기 임대업의 경우 필터 교체 및 A/S 지연이 처음 발생할 경우 지연한 기간만큼의 렌탈서비스 요금을 감액받을 수 있으며, 재발할 경우(2회부터) 위약금 없이 계약을 해지할 수 있습니다.
다만, 고객의 고의 또는 중과실로 인해 필터 교체 및 A/S 지연된 경우는 위약금 없는 계약해지를 할 수 없습니다.

■ 소파 배송 전 계약해제 요구

[질문]

가구매장에서 소파 구입 계약을 체결하고, 대금 500만원 중 계약금 100만원을 신용카드 일시불로 결제하고 10일 후 제품을 배송받기로 하였습니다. 그러나 개인적인 사정으로 제품 배송 1일전 계약해제를 요구하였고 판매업자는 소비자 귀책사유로 인한 해약이므로 기 결제한 계약금에 대한 매출취소를 거부하는데, 보상규정에 대하여 알고 싶습니다.

[답변]

가구 관련 소비자분쟁해결에 기준에 의하면 가구는 배송 전 소비자의 귀책사유로 인하여 해약을 할 경우 선금에서 물품대금의 5%-10%(제품 배송 일자를 기준으로 해약시기에 따라 위약금에 차이가 있음)를 공제 후 환급하도록 되어 있습니다.

이 건은 소비자의 개인사정에 의하여 가구 배송 1일전에 해약을 요구하였으므로 기 지급한 선금에서 물품대금의 10%인 50만원 공제 후 50만원을 환급 받을 수 있습니다.

※ 단, 주문(맞춤) 제작 가구인 경우에는 제품 제작 착수 여부에 따라 위약금(제품대금의 10%)을 배상하거나 실 손해액을 배상하여야 합니다.

PART 2. 의류, 세탁

■ 전자상거래에서 신발 구입 후, 착화 중 갑피가 손상되었으나 반품 거절한 경우

[질문]
인터넷에서 가죽 신발을 30만원에 구입하고, 착화 3개월만에 오른발 가죽 갑피가 찢어져서 반품을 요구하였으나, 신발 하자는 인정하지만 기간도과를 이유로 청약철회가 불가하다고 항변하고 있는데 청약철회가 불가능한가요?

[답변]

- 「전자상거래 등에서의 소비자보호에 관한 법률」 제17조 제3항에 의하면 재화등의 내용이 표시·광고의 내용과 다르거나 계약내용과 다르게 이행된 경우 그 재화등을 공급받은 날부터 3개월 이내, 그 사실을 안 날 또는 알 수 있었던 날부터 30일 이내에 청약철회를 할 수 있다고 규정하고 있습니다.
- 위와 같이 두 가지 기한이 병렬적으로 존재하는 경우 일반적으로 둘 중 어느 하나의 기한을 도과하면 해당 권리를 행사할 수 없는 것으로 보기 때문에 공급받은 날부터 이미 3개월이 지난 경우 청약철회가 어려울 수 있습니다.
- 그러나 「민법」 제581조, 제582조에 의한 매도인의 하자담보책임이 적용될 경우, 하자가 있음을 안 날로부터 6월내에 계약의 해제 등을 청구할 수도 있으므로, 소비자는 적절한 기한내에 이의를 제기해야 합니다.

■ 배송 및 환급 지연되는 의류 구입가 환급 문의

[질문]

인터넷쇼핑몰에서 의류를 정상가보다 75% 할인하여 판매한다는 표시광고를 보고 주문하였으나 약속된 배송일자를 어기고 계속 배송이 지연되고 있습니다. 더이상 기다릴 수 없어 환급을 요구하니 이 또한 지연되고 있고, 현재는 연락도 어려운 실정입니다.

[답변]

정상가보다 상당히 저렴하게 판매할 경우 일단 정상적인 거래가 아닐 수 있으므로 주의를 해야 합니다. 신용카드로 결제한 경우 전자상거래법에 따라 결제 카드사에 문의하여 도움을 요청할 수 있습니다. 그러나 현금으로 결제한 경우 업체측에서 환급을 해주지 않는다면 사실상 민사적 구제는 어려울 수 있습니다.

■ **전자상거래로 티셔츠 구입 후, 청약철회 요청하니 결제대금을 적립금으로 환급하는 경우**

[질문]
인터넷 쇼핑몰을 통해 티셔츠를 구입하고, 제품 수령 다음날 단순 변심으로 반품 신청을 했으나 쇼핑몰은 결제금액을 적립금으로만 돌려주겠다고 합니다. 신용카드 취소를 통해 전액 환급 받고 싶습니다.

[답변]

- 「전자상거래 등에서의 소비자보호에 관한 법률」 제17조에 의거하여, 소비자는 상품을 공급 받은 날로부터 7일 이내에는 소비자의 귀책사유로 인한 상품의 멸실 또는 훼손된 경우 등을 제외하고는 단순변심으로 인한 청약철회를 할 수 있다고 규정하고 있습니다.
- 이에 소비자가 제품을 수령한 날로부터 7일 이내 청약철회 의사표시를 명확히 하였다면, 해당 쇼핑몰은 동법 제18조 제3항에 의거하여 신용카드사에게 대금 청구를 정지하거나 취소하도록 요청하여야 합니다.
- 더불어 '결제대금 환급은 적립금으로만 가능하다'등의 안내는 동법 제21조에 따라 청약철회 방해행위에 해당하기에 소비자가 사용한 결제수단에 따른 환급을 해당 쇼핑몰이 이행해야한다고 판단하고 있습니다.

■ **전자상거래에서 세트로 의류 구입 후, 상의 제품에서 초기불량이 발견되어 무료반품 진행할 때, 하의제품은 반품비용 요구하는 경우**

[질문]
2021. 5. 9. 인터넷을 통해 투피스 세트 상품을 구매하였습니다. 수령한 당일 시착하는 과정에서 상의의 봉제불량을 발견하였습니다. 판매자에게 문의하니 하자를 인정하며 상의 제품만 무료반품이 가능하다고 하는데, 세트로 구매한 하의 제품까지 무료로 청약철회 불가한가요?

[답변]

- 「전자상거래 등에서의 소비자보호에 관한 법률」(이하 전소법) 제17조 제3항에 따르면 재화 등의 내용이 표시,광고의 내용과 다르거나 계약내용과 다르게 이행된 경우에는 그 재화 등을 공급받은 날부터 3개월 이내, 그 사실을 안 날 또는 알 수 있었던 날부터 30일 이내에 청약철회 권리를 행사할 수 있고, 전소법 제18조 제10항에서는 제17조제3항에 따른 청약철회등의 경우 재화등의 반환에 필요한 비용은 통신판매업자가 부담한다고 정하고 있습니다.
- 또한 「소비자분쟁해결기준」에서는 의류제품이 상하 일착인 경우 한쪽에만 이상이 있어도 일착으로 처리함을 권고하고 있습니다.
- 단순변심으로 인한 청약철회는 소비자가 반품비용을 부담하지만, 제품에 하자가 있는 상품의 경우에는 판매자가 반품비용을 부담해야 하는데, 이 사례의 경우 투피스(상의, 하의)가 당초 판매 시부터 세트 상품으로 판매되어 각 제품의 품번(제품번호)이 유사하고, 상의 또는 하의 단독 착용이나 다른 의상과 함께 착용하기에 문제가 있어 세트 상품으로 볼 수 있으므로, 두 벌 모두 제17조 3항에 따른 청약철회 권리를 수용하여 반품비용은 판매자가 부담하여야 한다고 판단됩니다.

■ 전자상거래로 신발 구입 후 사이즈가 달라 청약철회 요구하니, 7일이 지났다며 거부하는 경우

[질문]

2023년 10월 5일 인터넷을 통해 운동화(270mm)를 구입하였습니다. 3일 후 제품이 도착했고 당시 박스 표면에 표기된 사이즈를 확인한 후 그대로 보관했는데, 1주일쯤 지나 외출을 위해 착화해보니 오른쪽은 270mm인데 왼쪽이 260mm 상태였습니다. 양쪽 사이즈가 다른 상품이 배송된 만큼 판매자에게 이의를 제기하니 청약철회 기간인 7일이 지났다며 환불 등 보상을 거부하고 있습니다. 억울한 상황인데 청약철회가 불가능한가요?

[답변]

- 「전자상거래 등에서의 소비자보호에 관한 법률」(이하 전소법) 제17조 제1항 제1호에 따르면 재화 등을 공급받거나 재화 등의 공급이 시작된 날부터 7일 이내에 청약철회를 할 수 있습니다.
- 다만, 전소법 제17조 제3항은 "재화 등의 내용이 표시,광고의 내용과 다르거나 계약내용과 다르게 이행된 경우에는 그 재화 등을 공급받은 날부터 3개월 이내, 그 사실을 안 날 또는 알 수 있었던 날부터 30일 이내에 청약철회 권리를 행사할 수 있다"고 정하고 있습니다.
- 제17조 제3항에 따른 청약철회 권리 행사는 "소비자가 통상적인 주의력을 가지고 해당 하자 또는 계약불이행 여부를 확인하기 어려운 상태"에 적용할 수 있는 조항으로, 소비자가 제품을 착용,수선,세탁한 경우에도 적용 가능한데, 단 이때 사업자는 청약철회 권리를 수용하더라도, 동법 제18조 제8항에 따라 소비자가 제품의 일부 사용,소비로 얻은 이익 또는 그에 상당하는 비용을 소비

자에게 청구할 수 있습니다.

- 이 사례의 경우, 포장 박스에 270mm 표기가 되어있었던 점, 한쪽은 정상 사이즈였던 점, 소비자가 제품을 전혀 착용하지 않은 상태였다는 점 등을 고려할 때, 위약금 공제 없이 제17조 3항에 따른 청약철회 권리를 수용해 주어야 한다고 판단됩니다.

■ 전자상거래를 통해 의류 구입 후 반품했더니 7일 이내 반품 완료되지 않았다는 이유로 청약철회를 거절한 경우

[질문]

2024년 2월 14일 인터넷을 통해 원피스 2점을 113,000원에 구입하고 2024. 2. 16. 제품을 수령했으나 마음에 들지 않아 2024. 2. 20. 반품 요청 후 제품을 반송했더니, 사업자가 7일 이내에 제품이 도착하지 않았다는 이유로 청약철회 불가를 주장하고 있는데 청약철회 불가능한가요?

[답변]

- 「전자상거래 등에서의 소비자보호에 관한 법률」 제17조 제1항 제1호에 의하면, 소비자는 단순 변심에 의한 청약철회의 경우 상품 수령일로부터 7일 이내에 청약철회를 할 수 있다고 규정하고 있습니다.
- 이 경우, 만약 사업자가 "반품은 상품이 7일 이내 쇼핑몰에 도착해야만 환불 가능하다"고 표시하였다고 하더라도, 이는 동법 제35조에 의해 제17조의 규정을 위반한 약정으로 소비자에게 불리한 것이므로 효력이 없습니다.
- 즉, 소비자가 제품을 수령한 날로부터 7일 이내 청약철회 의사표시를 하고 반품절차를 진행했다면, 설령 반품한 상품이 7일 이내 쇼핑몰에 도착하지 못했다고 하더라도 이를 이유를 청약철회 권리를 제한할 수는 없습니다.

■ **전자상거래에서 의류 구입 후, 구성품(비닐) 누락을 이유로 반품 거절한 경우**

[질문]

2024년 2월 3일 인터넷을 통해 고가의 패딩을 160만원에 구입하였으나, 사이즈 착오로 반품 요청 후 제품을 반송하였더니 구성품(포장지 비닐) 누락을 이유로 청약철회가 불가하다고 항변하고 있는데 청약철회가 불가능한가요?

[답변]

- 「전자상거래 등에서의 소비자보호에 관한 법률」 제17조 제2항 제1호에 의하면 소비자에게 책임이 있는 사유로 재화 등이 멸실되거나 훼손된 경우 청약철회를 할 수 없다고 규정하고 있습니다.
- 고가의 의류나 해외구매대행 제품 등은 포장지에 제품의 정보를 담고 있는 바코드 스티커와 로고가 각인되어 있는 경우가 많아 개봉 시 주의할 필요가 있습니다. 이 경우 사업자가 사전에 "포장 훼손 시 청약철회 불가"를 고지했다면 사안에 따라 청약철회가 어려울 수 있습니다.
- 따라서 제품 확인을 위해 포장을 개봉했다 하더라도 청약철회를 요청하기 위해서는 배송된 상태(제품 및 바코드 스티커 등 구성품 일체) 그대로 보존하여 반품하시는 것이 적절합니다.

■ 전자상거래에서 의류 구입 후, 구성품(비닐) 누락을 이유로 반품 거절한 경우

[질문]

2023. 12. 3. 인터넷을 통해 고가의 패딩을 160만원에 구입하였으나, 사이즈 착오로 반품 요청 후 제품을 반송하였더니 구성품(포장지 비닐) 누락을 이유로 청약철회가 불가하다고 항변하고 있는데 청약철회가 불가능한가요?

[답변]

- 「전자상거래 등에서의 소비자보호에 관한 법률」 제17조 제2항 제1호에 의하면 소비자에게 책임이 있는 사유로 재화 등이 멸실되거나 훼손된 경우 청약철회를 할 수 없다고 규정하고 있습니다.
- 고가의 의류나 해외구매대행 제품 등은 포장지에 제품의 정보를 담고 있는 바코드 스티커와 로고가 각인되어 있는 경우가 많아 개봉 시 주의할 필요가 있습니다. 이 경우 사업자가 사전에 "포장 훼손 시 청약철회 불가"를 고지했다면 사안에 따라 청약철회가 어려울 수 있습니다.
- 따라서 제품 확인을 위해 포장을 개봉했다 하더라도 청약철회를 요청하기 위해서는 배송된 상태(제품 및 바코드 스티커 등 구성품 일체) 그대로 보존하여 반품하시는 것이 적절합니다.

■ SNS 통해 의류구입 후 40분 지나 청약철회 요청하니 해외배송비 공제 안내하는 경우

[질문]

2023. 10. 4 SNS 통해 해외구매대행으로 가디건을 310,000원에 구입한 후, 40분 지나 계약취소 요청하자 해외배송비를 차감한다고 하는데 부당한 공제 아닌가요? 전액 환불을 받고 싶습니다.

[답변]

전자상거래 등에서의 소비자보호에 관한 법률(이하 전소법) 제17조 제1항에 따라 해외구매대행으로 구입한 제품도 청약철회권을 행사할 수 있습니다. 다만, 구입 직후 청약철회를 요청하였다고 할지라도 업체가 해외에 출고지시 등을 한 경우 비용이 발생할 수 있으며, 이 경우 전소법 제17조 제9항에 의거 소비자가 반품비용을 부담하여야 할 것입니다.

한편, 해외배송의 경우 사업자는 전소법 제17조 제2항에 따라 해외배송비와 관련한 내용을 적절한 방법으로 소비자에게 고지해야 합니다. 또한, 소비자는 구매 시 청약철회에 따른 해외배송비에 관한 내용을 반드시 확인할 필요가 있습니다.

계약체결 과정에서 해외배송료에 대한 고지 없이 계약이 이루어진 경우 소비자는 사업자에게 제품의 수입과정에서 발생하는 비용에 대한 자료의 입증을 요구할 수 있으며, 반품비의 과다여부는 사업자가 수입 과정에서 발생한 제비용을 입증할 수 있는지 여부에 따라 판단하여 조정합니다.

■ **전자상거래로 무스탕 구입 후 청약철회 요구하니 사전안내를 이유로 거부**

> [질문]
> 2023.11월 인터넷을 통해 81만여원에 무스탕을 구입한 후 변심으로 반품요청하자 주문 시 "주문 즉시 제작되는 주문제작 상품으로 환불 불가"를 안내했다며 거부하는데, 사업자 주장을 받아들여야 하는지요?

[답변]
전소법 시행령 제21조에는 '소비자의 주문에 의하여 개별적으로 생산되는 재화' 또한 통신판매업자에게 회복할 수 없는 중대한 피해가 예상되는 경우로서 사전에 당해 거래에 대하여 별도로 그 사실을 고지하고 소비자의 서면(전자문서를 포함한다)에 의한 동의를 얻은 경우에는 청약철회 요청을 거부할 수 있다고 규정하고 있습니다. 이때 '소비자의 주문에 따라 개별적으로 생산되는 재화'란 특정 개인의 요구사항에 맞게 그 구성이 개별적으로 달리하게 되는 경우를 말하는데, 이 사례의 경우 기성품과 구별되는 별도의 소비자 요구사항이 반영된 거래로 보기 어렵습니다.
한편, 오히려 통신판매사업자가 사전에 고지를 하였다는 이유로 청약철회를 거부하는 것은 전소법 제35조(소비자에게 불리한 계약의 금지)에 따라 효력이 없으므로, 소비자는 위 사례에 대해 청약철회를 요구할 수 있고 사업자는 이에 응하여야 합니다.

■ 세탁 후 얼룩 발생한 트렌치코트 손해배상 문의

[질문]

2023.5월 트렌치코트(2023. 3. 15., 109,000원에 구입) 세탁을 의뢰하며 팔 부위 오염제거를 요청했는데, 세탁물을 수령해보니 오염은 제거되었는데 그 보다 더 큰 얼룩이 발생해 도저히 입을 수 없는 상태였습니다. 몇 번 입지 않은 새 옷인데 보상 받을 수 없을까요?

[답변]

섬유제품심의위원회 심의를 거쳐 세탁과실 의견이 나올 경우 피해의 보상을 요구하실 수 있습니다. 소비자분쟁해결기준에 따르면, 세탁하자(탈색, 변퇴색, 재오염, 손상 등) 시 사업자는 하자를 원상회복해 주어야 하나, 불가능할 경우 배상비율표에 따라 감가상각한 후 잔존가를 배상할 책임이 있습니다.

■ SNS를 통해 의류구입 후 청약철회 요구하였으나 연락두절된 경우

> [질문]
>
> **SNS에서 니트를 63,000원에 구입하였습니다. 상품 수령 후 변심으로 반품요청하였으나, 판매자는 반품불가하다고 주장하며 SNS를 차단한 후 연락이 전혀 되지 않는 상황인데 판매자 정보 역시 확인할 방법이 없어 난감합니다. 이렇게 SNS 마켓에서 구매하고 연락두절된 경우 피해구제가 가능할까요?**

[답변]

최근 소셜네트워크서비스(이하 SNS) 이용이 활발해지면서 SNS를 통한 구매 후 피해가 늘어나고 있어 각별한 주의가 요구됩니다.

만약 해당 마켓의 판매자가 개인인 경우, 또는 사업자정보(특히 연락처) 확인이 불가한 경우 피해구제 신청이 어렵습니다.

전자상거래등에서의소비자보호에관한법률(이하 전소법) 제9조의2에서는 전자게시판서비스 제공자의 경우 해당 게시판을 이용하여 통신판매 또는 통신판매중개가 이루어지는 경우 이로 인한 소비자피해가 발생하지 아니하도록 소비자보호조치를 이행하도록 규정되어 있습니다. 즉, 전소법에 따른 의무를 준수하도록 안내 및 권고하고, 소비자의 피해구제신청을 대행하는 장치를 마련하고 운영하며, 기타 소비자피해를 방지하기 위한 사항을 이행함과 동시에 사업자정보 역시 제공할 의무가 있으나 이러한 기본적인 소비자보호규정조차 지키지 않고 판매하는 경우가 매우 많습니다.

따라서 다음의 소비자 주의사항을 숙지하신다면 피해를 줄일 수 있습니다.

① 사업자정보 확인이 가능한 마켓에서 구매합니다.

- 통신판매사업자 신고를 하지 않은 개인과의 거래는 전소법으

로 보호받기 어렵고, 사업자정보(특히 연락처)를 모를 경우 피해 발생 시 피해구제 신청이 불가하므로 안전한 거래를 위해 사업자정보 확인이 가능한 마켓에서 구매하도록 합니다.

② 가격 등 거래정보를 정확히 확인합니다.

- 전소법 제13조에 따르면, 전자상거래 시 물품 종류, 가격, 공급방법 등을 안내하도록 되어 있고 이러한 정보를 폐쇄적인 방법(댓글,쪽지, DM)으로 문의하도록 유도하는 것은 불법적인 가능성이 있으므로 주의합니다.

③ 가능한 현금결제를 지양하고 신용카드로 결제합니다.

- 여신전문금융법 제19조에 따르면, 신용카드 결제 시 수수료 부과, 할인제외 등 현금결제를 유도하거나 신용카드 결제에 불이익을 주는 것은 불법입니다. 현금으로 결제하는 경우 피해발생 시 환급이 어려울 수 있으니 가능한 신용카드로 결제하는 것이 바람직합니다.

■ 쇼핑몰형 해외구매대행 상품 구매 후 반품 거절한 경우

[질문] '해외구매대행상품'이라고 광고하는 전자상거래 사이트에서 점퍼를 250,000원에 구매하였습니다. 제품 수령 후 반품을 요구하였으나 해외발송 제품이므로 반품이 불가하다고 주장합니다. 해외구매대행 상품은 모두 반품이 불가한 것인지, 어떤 경우 청약철회에 대한 피해구제가 가능한지 궁금합니다.

[답변]

해외구매 유형은 크게 두가지로 나뉩니다.

위임형 구매대행(위탁매매계약)인 경우 소비자가 구매를 희망하는 물품을 특정해 구매업무 일체를 사업자에게 위임하고, 사업자는 해외업체로부터 해당 물품을 구매해 소비자에게 제공하는 유형입니다.

쇼핑몰형 구매대행(일반매매계약)인 경우 사업자가 특정 재화의 정보를 제공하고, 소비자로부터 매매계약의 청약을 받고 해당 재화를 해외사업자에게 구매해 소비자에게 판매하는 유형입니다.

사안의 경우 사업자가 물건의 가액을 확정하고 판매하는 상품으로써, 일반매매계약에 해당되어 쇼핑몰형 구매대행에 해당하며 이에 따라 '전자상거래등에서의소비자보호에관한법률 (이하 전소법) 및 쇼핑몰형 구매대행 표준약관의 적용을 받습니다.

따라서, 소비자가 전소법 제17조 제1항에 따라 청약철회권을 행사할 수 있을 것입니다.

전소법 제18조 제9항에 의거 소비자가 반품비용을 부담하여야 할 것이며, 반품비의 과다여부는 사업자가 수입 과정에서 발생한 제비용을 입증할 수 있는지 여부에 따라 판단하여 조정합니다.

■ 전자상거래로 구입한 바지의 1회 착용 후 하자 발생에 따른 구입가 환급 요구

[질문]

전자상거래로 구입한 바지를 1회 착용하고 세탁을 하였는데 하자가 있는 것을 확인했습니다. 통신판매사업자는 착용과 세탁으로 인하여 반품 및 환불이 불가하다고 주장하는데 이 경우 피해구제가 가능할까요?

[답변]

- 전자상거래로 구입한 바지를 착용하고 세탁한 이후 제품에 하자가 있는 것을 확인했다면 「전자상거래 등에서의 소비자보호에 관한 법률」 제17조에 따른 청약철회는 불가합니다. 그러나 소비자분쟁해결기준(공정거래위원회 고시, 제2019-3호, 2019.4.3.)에 따르면 봉제불량, 원단불량(제직불량, 세탁 후 변색, 탈색, 수축 등), 부자재 불량, 치수(사이즈)부정확, 부당표시(미표시 및 부실표시) 및 소재구성 부적합으로 인한 세탁사고의 경우, 제조·판매업자에게 무상 수리, 교환, 환급 순으로 배상할 것을 규정하고 있습니다.
- 따라서 이 경우 소비자는 심의기관을 통해 제품의 하자가 소비자의 세탁과정에서의 과실이 아닌 제품 자체의 불량으로 인한 것인지에 대한 판단을 받은 후 사업자에게 무상 수리를 요구하고, 수리가 불가능한 경우 교환, 환급 순으로 배상을 받을 수 있습니다.

■ 전자상거래로 수입의류를 구입했으나 청약철회 신청 후 구매대행이라며 과도한 반품배송비 요구하는 경우

[질문]

전자상거래로 수입의류를 구입한 후 청약철회를 신청하니, 통신판매업자가 해외구매대행 상품이었다며 과도한 해외배송비 지급을 요구하고 있습니다. 이 경우 피해구제가 가능할까요?

[답변]

- 최근 해외물품구매계약이 증가하면서 청약철회과정에서 배송비와 관련한 분쟁이 자주 발생하고 있어 계약 체결 시 각별한 주의가 요청됩니다.

- 소비자는 「전자상거래 등에서의 소비자보호에 관한 법률」(이하 전상법) 제17조 제2항에 따른 예외에 해당하지 않는 한 전자상거래를 통한 해외물품구매계약의 경우에도 청약철회를 할 수 있습니다. 광고된 내용과 다르거나 제품의 하자로 인한 청약철회의 경우 통신판매업자가 반품에 따른 배송비를 부담해야 하고(전상법 제18조 제10항), 단순변심으로 인한 청약철회의 경우 소비자가 배송비를 부담해야 합니다(전상법 제18조 제9항).

- 해외배송되는 제품을 구매하는 경우, 배송비가 상당하여 소비자의 구매여부에 영향을 줄 수 있는 중요한 거래조건에 해당한다고 볼 수 있습니다. 이에 따라 통신판매업자에게는 전상법 제15조 제2항에 따라 사전에 해외배송비와 관련한 내용을 적절한 방법으로 소비자에게 고지해야 합니다. 만약, 통신판매업자가 수입과정에서 발생하는 비용(현지 및 국제운송료, 수입세금 및 제 비용)을 사전에 소비자에게 고지하고, 지급한 사실 등이 확인되는 경우라면 소비자

는 사업자에게 수입 과정에서 소요되는 비용을 지급해야 합니다.

- 따라서, 소비자는 해외배송되는 물품을 구매하는 경우 청약철회 또는 계약 해제 시 해외배송료와 관련한 내용을 반드시 확인하고 거래를 해야 합니다. 그러나 계약 체결 과정에서 해외배송료에 대한 고지 없이 제품을 구입하였거나, 계약 체결과정에서 부담하지 아니한 해외배송비를 청약철회 과정에서 특별히 요구하는 경우라면, 소비자는 사업자에게 제품의 수입과정에서 발생하는 비용에 대한 입증을 요구하거나, 물품의 반송 관련 정보의 제공 등을 요구함으로써 문제를 해결할 수 있습니다.

■ 전자상거래로 구입한 의류의 청약철회 요구 시 훼손, 냄새 등을 이유로 거부하는 경우

> [질문]
> **소비자가 청약철회 의사를 밝히고 수령한 제품을 그대로 반송하였으나, 사업자가 반송된 제품의 훼손, 오염, 냄새 등으로 인해 청약철회가 불가하다고 주장하는 경우 청약철회가 불가능한가요?**

[답변]

- 「전자상거래 등에서의 소비자보호에 관한 법률」 제17조 제2항은 소비자의 책임 있는 사유로 재화 등이 멸실되거나 훼손된 경우, 소비자의 사용 또는 일부 소비로 재화 등의 가치가 현저히 감소한 경우와 같이 예외적인 경우 청약철회를 할 수 없다고 규정하고 있습니다.
- 문제는 소비자가 통신판매업자로부터 수령한 제품을 그대로 반송하였거나 수령한 제품 자체에 훼손, 오염, 냄새 등이 있어 청약철회를 하였음에도 사업자가 소비자에 의한 제품의 훼손을 주장하는 경우가 있습니다. 이 경우 한국소비자원 및 기타 섬유제품 관련 심의기관을 통해 반품한 제품에 착용으로 인한 훼손이 존재하는지 여부는 심의가 가능하나, 훼손, 냄새, 오염이 확인된다고 하더라도 심의를 통해 발생원인 및 발생시점을 확인하기는 어렵습니다.
- 다만, 「전자상거래 등에서의 소비자보호에 관한 법률」 제17조 제5항은 동조 제1항부터 제3항의 규정을 적용할 때 재화 등의 훼손에 대하여 소비자의 책임이 있는지 여부에 관하여 다툼이 있는 경우에는 통신판매업자가 이를 입증하여야 한다고 규정하고 있습니다.
- 따라서, 소비자는 사업자가 발송한 제품에 하자가 존재하지 않는다는 점에 대한 입증을 요구하고, 이를 입증하지 못하는 한 청약철회를 할 수 있습니다.

■ 전자상거래로 의류 구입 후 배송 지연 시 계약 청약철회 및 구입가 환급 요구

[질문]
인터넷쇼핑몰에서 의류를 주문하고 결제를 하였는데 몇 주가 지나도 배송이 되지 않아 계약의 청약철회 및 구입가 환급을 요청하였더니, 판매자는 현재 배송중이라며 청약철회 및 환급을 거부하고 있습니다. 이러한 경우 피해구제를 받을 수 있나요?

[답변]
최근 해외배송제품이 증가하면서 배송 지연과 관련된 분쟁이 자주 발생하고 있어 각별한 주의가 요구됩니다.
「전자상거래 등에서의 소비자보호에 관한 법률」 제15조제1항에 의거 통신판매업자는 소비자가 재화를 공급받기 전에 미리 재화의 대금을 전부 또는 일부 지급하는 통신판매(선지급식 통신판매)의 경우에는 소비자가 그 대금을 전부 또는 일부 지급한 날부터 3영업일 이내에 재화의 공급을 위하여 필요한 조치를 하여야 하고, 다만 소비자와 통신판매업자간에 재화 등의 공급시기에 관하여 따로 약정한 것이 있는 경우에는 따로 약정한 공급일로부터 3영업일 이내에 재화의 공급이 이루어져야 합니다.
한편, 동법 제15조제2항에 따르면 통신판매업자는 청약을 받은 재화를 공급하기 곤란하다는 것을 알았을 때에는 지체 없이 그 사유를 소비자에게 알려야 하고, 선지급식 통신판매의 경우에는 소비자가 그 대금의 전부 또는 일부를 지급한 날부터 3영업일 이내에 환급하거나 환급에 필요한 조치를 해야하며, 이 경우 동법 제18조제1항부터 제5항까지의 규정을 준용하여 청약철회의 효과와 동일하게 대금의 환급이 이루어져야 합니다.

■ 전자상거래로 병행수입의류 구매 후 반품 시 고지된 반송비 외 추가 대금을 요구하는 경우

[질문]

인터넷쇼핑몰에서 병행수입 제품인 티셔츠를 주문하고 구입가 및 배송료 5,000원을 지급했습니다.
이후 제품를 수령하였는데 사이즈가 맞지 않아 반품을 요청하자 판매자는 단순변심에 의한 반품이므로 반품 배송비를 지급하라고 합니다.
그런데, 구매 화면에는 해외반품 배송비 30,000원으로 고지되어 있으나, 판매자는 이외에도 '반품비'라는 명목으로 20,000원을 추가로 지급하라고 합니다. 이처럼 수입제품 구입 시 반품비용 과다 청구에 따른 피해구제가 가능할까요?

[답변]

최근 해외판매제품이 증가하면서 반품 배송비와 관련된 분쟁이 자주 발생하고 있어 각별한 주의가 요구됩니다.
병행수입을 비롯한 수입제품 판매 시 발생하는 배송비는 업체마다 수입절차 및 재고관리 방식에 따라 다를 수 있으나, 「전자상거래 등에서의 소비자보호에 관한 법률」 제13조제2항에 의거 반품에 따른 비용은 소비자의 구매 여부 판단에 영향을 주는 중요한 거래조건에 해당되므로 적절한 방법으로 고지하여야 할 사항으로 볼 수 있습니다. 판매자가 수입 과정에서 발생한 '현지 및 국제운송료 + 수입세금 및 제비용'에 관해 입증할 수 있는 경우 소비자는 그에 대한 금액을 지급해야하며, 입증할 수 없는 경우 제품을 반품한 뒤 반품과정에서 발생한 비용을 공제한 후 환급함이 타당합니다.
한편, 동법 제18조제9항에 의거 통신판매업자는 소비자에게 청약철회를 이유로 위약금이나 손해배상을 청구할 수 없으므로 미리 고지한 반품 배송비 이외에 다른 명목의 위약금을 추가 청구하는 것은 인정되기 어렵습니다.

■ 신발의 주문제작 상품 여부 확인

[질문]

주문제작 상품으로 알고 신발을 구입하였는데 소비자원 심의 후 기성화라는 답변을 받았습니다. 제품이 주문제작 상품인지 아닌지를 구별하려면 어떻게 해야 하나요?

[답변]

사업자 측에서 구매 당시 '주문제작' 상품이라고 하며 사이즈 및 발볼길이에 대한 정보를 요청하는 경우가 있습니다. 하지만 이후 신청인의 발에 맞지 않아 환급을 요구하면 '주문제작' 상품으로 환급이 불가하다는 답변을 받는 경우가 있는데요. 주문제작 상품의 경우 개인의 발 치수뿐만 아니라 서면으로 관련 사항을 체크 후 사업자와 소비자의 동의가 되어 있는 주문 계약서가 있어야 '주문제작'으로 진행된 제품이라고 할 수 있습니다. 만약 주문제작 내용과 관련된 계약서가 없고 구두로 진행한 것이라면 사실상 '주문제작' 상품이 아니라고 보아야 합니다.

■ 해외 구매대행으로 구입한 신발의 사이즈 차이 관련

[질문]
해외에서만 구매 가능한 운동화를 구매대행 사이트를 통해 구입하였습니다. 이후 신발을 배송 받았는데 대행 사이트에서 올려놓은 사이즈 참고표를 기준으로 US7 사이즈를 선택하였고 배송받은 신발은 원래 신발보다 사이즈가 커 착화할 수가 없습니다. 사업자에게 환급을 요청하였지만 신청인이 요청한 사이즈를 구매 대행하였을 뿐 사업자의 책임이 없다고 합니다. 이와 관련하여 소비자원에서 구제가 가능할까요?

[답변]
먼저 해외직구와 관련한 신발 구매의 경우 피해구제가 어려울 수 있습니다. 해외직구의 경우 사업자 등록이 해외로 되어 있을 가능성이 많기 때문에 소비자 기본법 및 국내법의 적용 가능 범위를 넘게 되고 처리대상 제외사유에 해당되어 피해구제 처리를 받으실 수 없습니다.
또한 해외 구매대행의 경우 신발의 구매를 대행하는 업체로서 구매 당시 사이트에 게시되어진 사이즈 참고표는 참고사항일 뿐 사이즈 선택에 대해서는 소비자가 판단해야 하는 것으로 구매대행 사업자에게 전적으로 책임을 물으실 수 없습니다. 만약 소비자원 심의를 통해 하자가 나왔다고 한다면 구매 대행업체가 아닌 제조 판매업체에 책임이 있으므로 해외업체가 관련 진행을 해야 하지만 사실상 그 처리가 어렵습니다.
마지막으로 해외에서 구매한 사이즈 관련 하자의 경우 소비자원에서도 정확한 심의가 어렵습니다. 현재 국내에서 고시하는 신발 사이즈와 관련한 표준사항이 정해져 있지 않기 때문에 요청된 신발의 사이즈 하자 여부는 정확한 판단이 어려우며 신발의 디자인에 따라 같은 사이즈라도 어느정도 차이가 있을 수 있음을 알려드립니다. 이러한 이유들로 해외직구 및 구매대행의 경우 구입가격은 저렴하나 피해발생 시 구제가 어려운바 구매 시 소비자의 주의가 필요합니다.

■ 착화 중 보풀이 발생한 운동화

[질문] **운동화를 구매하고 몇 번 신지 않았는데 안감에서 심하게 보풀이 발생합니다. 외관상으로 보기 좋지 않고 양말에도 보풀이 묻어나오는데 제품의 문제가 아닌가요?**

[답변]

일반적으로 운동화의 경우 소비자분쟁해결기준에 의거 바깥 갑피의 소재가 가죽일 경우 내용연수를 3년, 일반적인 소재(예:컨버스, 천)일 경우 1년으로 보고 있습니다. 구매한 운동화가 내용연수 기간이 지나지 않았고, 정상적인 착화를 하였음에도 보풀현상이 지속된다면 소비자원(부산지원)에 신발 심의 상담 및 피해구제 신청을 하실 수 있습니다. 심의를 통해 하자가 판명이 되면 관련 업체에 통보 및 합의권고를 통해 보상(수선 등)을 받으실 수 있습니다.

■ **전자상거래로 구입한 의류의 품질불만 반품에 대하여 흰색이라는 이유로 반품을 거절**

> [질문]
>
> 전자상거래로 52,000원 상당의 원피스를 구입하였으나, 이후 배송된 제품을 살펴보니 원단 재질 등이 생각과 달라 반품요청하자 "흰색 옷은 반품이 불가하다"고 사전 고지했다며 환불을 거부했습니다. 단지 "흰색"이라는 이유로 반품이 불가하다는 판매자의 주장은 납득할 수 없습니다. 정말 반품이 불가능한 것인지 궁금합니다.

[답변]

현행 「전자상거래등에서의소비자보호에관한법률」은 제17조를 통해 소비자의 청약철회 권리를 보호하고 있으나, "소비자의 사용 또는 책임 있는 사유로 재화가 훼손되거나 가치가 감소한 경우, 시간의 경과로 재판매 곤란할 정도로 가치가 하락된 경우, 복제 가능한 재화 등의 포장을 훼손한 경우" 에는 그 권리를 제한하고 있습니다. "주문에 의해 개별적으로 생산되는 재화" 또한 통신판매사업자에게 회복할 수 없는 중대한 피해가 예상되는 경우, 사전에 당해 거래에 대해 별도로 그 사실을 고지하고 소비자의 서면 동의를 받아 두었다면 청약철회 요청을 거부할 수 있습니다(시행령 21조).
그러나, 이 사례는 동 법에서 정의하고 있는 청약철회 제한사유 어떠한 조항에도 해당되지 않으며, 오히려 공정거래위원회(2017. 2. 17)에 따르면 "흰색계열,세일 상품" 등의 이유로 청약철회를 거부하는 것을 "청약철회 방해 행위"로 보고 있습니다.
또한, 통신판매사업자가 사전 고지를 이유로 청약철회를 거부하는 것은 전자상거래 등에서의 소비자보호에 관한 법률 제35조(소비자에게 불리한 계약의 금지)에 따라 효력이 없다고 할 수 있으므로 소비자는 이 경우 청약철회를 요구할 수 있고 사업자는 이에 응해야 합니다.

■ 일반매장에서 구입한 의류의 환급 가능 여부

> [질문]
>
> 지하상가 의류 매장에서 셔츠를 구입했습니다. 당일 매장에서는 착용이 불가능하여 집에 와서 시착을 해보니 사이즈가 맞지 않아 다음 날 방문하여 환불을 요구했습니다. 그런데 판매자는 환불은 불가능하다며 교환증을 주었습니다. 이러한 경우 환불을 받을 수 있나요?

[답변]

일반 매장에서 상품 구입 후 교환 및 반품과 관련한 분쟁이 자주 발생하고 있어 각별한 주의가 요구됩니다. 교환 및 환급을 받을 수 있는지 여부는 당사자 간의 계약 내용에 따라 결정됩니다. 구매당시 교환 및 환급이 불가능함에 대하여 판매자가 명시적으로 표기 혹은 고지를 하였다면 당사자 간에 이러한 내용의 계약을 체결한 것으로 보아 교환 및 환급이 불가능 합니다. 다만, 소비자분쟁해결기준(공정거래위원회 고시 제2019-3호)에서 치수(사이즈)가 맞지 않거나 디자인, 색상 불만 시 교환 또는 환급(제품구입 후 7일 이내로서 제품에 손상이 없는 경우)으로 정하고 있지만 판매자가 교환만을 해주겠다고 했을 경우 환급을 받기는 어려울 수 있습니다.

■ 집에서 세탁 후 노랗게 변한 흰색 운동화 배상 요구

> [질문]
>
> 2023. 7. 15. 구입한 흰색 운동화를 집에서 한 번 세탁하였을 뿐인데 흰색 부분이 모두 노랗게 변색되었습니다. 세제도 조금만 쓰고 많이 문지르지도 않았는데 변색되어 판매처에 교환 요구하니 소비자 과실이라고 교환이 불가능하다고 합니다.

[답변]

'소비자분쟁해결기준(공정거래위원회 고시)-신발'에 따르면 봉제불량, 접착불량, 염색불량 등의 제품 하자가 있으면 판매자 및 제조자는 무상수리, 교환, 환급 등의 순서로 배상을 하도록 규정하고 있습니다. 심의기구 등에서 제품에 사용된 소재의 염색성이 불량한 것으로 판단되었을 경우에는 교환, 환급 등의 배상을 받을 수 있으나, 세탁 과정상 소비자의 과실로 변색되었을 경우에는 제조자 및 판매처에 책임을 물을 수는 없습니다. 일반적으로 세탁 후 흰색 천이 노랗게 변한 것은 헹굼 과정이 부족하여 세탁 중에 쓴 알칼리 세제가 제품에 남아 생기는 경우가 많습니다. 이런 경우에는 산성 물질인 식초를 약간 첨가하여 다시 헹구어주면 중화되어 변색된 정도가 완화될 수 있습니다. 한편 운동화의 소재가 불량할 경우 정상적인 세탁을 진행하였다고 하더라도 변색될 수가 있으므로, 충분히 헹구었음에도 불구하고 변색이 되었다면 전문가(심의기구 등)의 의견을 들어보는 것이 필요할 것입니다.

■ 착화 중 에어가 터진 운동화 배상 요구

[질문]

2023년 7월에 약 200,000원에 구입한 에어 운동화를 착화 중 구입한지 한달도 되지 않아 왼쪽 신발의 에어가 터져서 좌우 균형이 맞지 않습니다. 판매처에 교환 요청하니 소비자가 착화 중에 날카로운 물질에 찔려서 터졌기 때문에 교환해 줄 수 없다고 합니다. 고가의 운동화가 한 달도 되지 않아 못 쓰게 되어서 많이 속상합니다.

[답변]

'소비자분쟁해결기준(공정거래위원회 고시)-신발'에 따르면 봉제불량, 접착불량, 염색불량 등의 제품 하자가 있으면 판매자 및 제조자는 무상수리, 교환, 환급 등의 순서로 배상을 하도록 규정하고 있습니다. 운동화 에어부분의 특성상 갑피와 에어솔(Airsole) 부분이 일체형으로 출시되어 수선 자체가 불가능한 제품들이 많습니다. 따라서 착화 시 날카로운 부분이 닿지 않게 주의하셔야 합니다. 만약 착화 중 날카로운 외부물체에 의해 겉창에 구멍이 난 경우 착화 중 발생한 것으로 보이므로 취급부주의로 인한 착화자 과실로 판단될 수 있습니다. 다만 특정 물질에 의해 훼손된 부위가 외관상 확인되지 않고, 제품의 하자(에어 내구성 불량)로 바람이 빠진 것으로 판단되었을 경우에는 교환, 환급 등의 배상을 요구할 수 있습니다.

■ **눈 오는 날 부츠 착화시 물이 스며들어 환불 요구**

[질문]

겨울에 부츠를 구입하여 눈 오는 날 착화하였는데 신발 안으로 물이 스며들어서 발이 다 젖었습니다. 신발 불량으로 생각되는데 환불이 가능한가요?

[답변]

해당 신발이 방수기능이 있는 신발이 아니라면 신발의 봉제선 또는 표면으로 자연스럽게 물이 스며들 수 있기 때문에 제품의 하자는 아니라고 판단됩니다. 만약 고어텍스(Gore-tex) 소재 등이 사용되어 방수기능이 있는 신발임을 확인하고 구입했음에도 불구하고 착화 시 물이 스며드는 경우에는 신발제품 심의위원회 심의를 통해 불량이 확인되면 수리, 교환, 환급조치를 받으실 수 있겠습니다.

■ 고가 운동화를 세탁업자가 세탁한 후 갑피손상 등이 일어난 경우

[질문]

2023년 초에 A사의 운동화를 70만원에 구입하여 신던 중 흙탕물에 젖어서 2023. 8. 1. 집근처 세탁업체에 세탁을 의뢰했습니다. 평소 자주 이용했던 곳이라 특별한 말없이 세탁해달라고 요청하고 세탁 후 확인하니 갑피의 로고 코팅이 조금 지워져있고 신발이 전체적으로 우글쭈글해졌습니다. 이에 대해 세탁업자는 접수할 때부터 원래 신발의 손상이 있었다고 하고, 고가신발이라는 것을 알지 못했다며 배상을 거부하고 있습니다. 세탁과실로 생각되는데 구입가 전액을 배상받고 싶습니다.

[답변]

공정거래위원회 고시 소비자분쟁해결기준 세탁업 편에 따르면 세탁업자는 세탁물 접수 시 신발의 하자여부를 사전에 확인할 의무가 있고, 세탁물의 가격, 세탁물의 하자유무 등 신발과 관련한 특이사항을 확인하고 기재한 인수증을 세탁의뢰자에게 교부할 의무가 있습니다. 그리고 접수당시 신발에 원래 손상이 있었다면 세탁업자는 이를 세탁의뢰자에게 손상부분을 확인시키고 세탁 시 손상부분이 두드러져 보이거나 확대손상이 발생할 수 있음을 세탁접수 시 세탁의뢰자에게 고지해야하고 그렇게 하지 않고 발생한 신발 손상은 세탁업자에게 있다고 판단됩니다.

다만 신발제품 심의위원회 심의결과 손상부분이 세탁상 발생할 수 없고 착화 중 발생한 흔적으로 명백하게 판단이 된다면 세탁과실로 판단되지 않을 수도 있습니다. 그리고 경우에 따라서는 제품불량으로 판단되는 경우도 있으므로 이런 경우 제조업체 측으로 배상요구를 해야 할 수도 있습니다.

질문하신 사례의 경우 세탁업자 과실이라면 구입일자가 정확하지 않으므로 배상액 산정시 정확하지는 않겠으나, 구입가 전체가 아닌 사용일수에 따라 감가상각을 하게 되며 감가상각 비율은 소비자분쟁해결기준의 배상비율표*에 따라 정해집니다. 구입일자를 2016. 1. 1.로 가정하면 세탁의뢰일 2016. 8. 1. 까지 사용일수는 214일이므로 배상액은 구입가의 45%인 315,000원이 타당하다고 판단됩니다. 세탁업자가 배상액 전액을 세탁의뢰자에게 배상하는 경우 신발의 소유권은 세탁업자 측으로 귀속이 되는 것이 원칙이나, 만약에 세탁사고 신발을 세탁의뢰자가 인도받길 원하는 경우 배상액 일부를 감액할 수 있습니다.

* 자세한 사항은 아래 내용을 참조하세요
  신발세탁 의뢰 시 세탁사고와 관련한 피해를 사전에 예방하기 위해서는 세탁의뢰 전 신발상태를 확인할 수 있는 사진을 찍어두시면 세탁 후 발생한 하자에 대해서 세탁 상 과실인지 여부를 가릴 수 있는 중요한 증빙자료로 활용할 수 있습니다. 그리고 고가 신발의 경우 접수 시 고가제품임을 밝히고 특별취급을 요구하시고, 신발 특성상 장기간 착화한 경우 접수 전 상태와 달리 세탁 시 탈색, 소재탈락 등의 현상이 발생할 수 있고 이는 세탁과실로 보기 어렵기 때문에 접수 시에 세탁방식, 세탁할 경우 신발에 손상이 발생할 수 있는지 사전에 문의하시는 것이 좋습니다. 그리고 세탁소라고 하더라도 신발세탁은 접수한 세탁소가 외부업체에 의뢰하여 따로 세탁을 하는 경우가 있기 때문에 실제 세탁업체는 접수 시 상황을 모를 수 있습니다. 세탁 시에 특정한 오염 부분을 지워달라고 요청하거나, 신발 갑피나 내피에 천연가죽이 사용되어 세탁 시 이염이 우려되는 경우 이러한 점을 접수 시 명확하게 전달하셔서 세탁사고를 사전에 예방할 수 있도록 하시는 것이 좋겠습니다.

* 공정거래위원회 고시 소비자분쟁해결기준 세탁업편

품목별 평균 내용년수

분류	품 목	소 재	용 도	상 품 예	내용연수
신발류	가죽류 및 특수소재	–	–	가죽구두, 등산화 (경등산화 제외) 등	3
	일반 신발류			운동화, 고무신 등	1

배상비율표

배상비율(%) / 내용연수	95	80	70	60	50	45	40	35	30	20	10	
1	0~14	15~44	45~89	90 ~134	135 ~179	180 ~224	225 ~269	270 ~314	315 ~365	366 ~547	548~	물품 사용 일수
2	0~28	29~88	89 ~178	179 ~268	269 ~358	259 ~448	449 ~538	539 ~628	629 ~730	731 ~1,095	1,096~	
3	0~43	44~ 133	134 ~268	269 ~403	404 ~538	539 ~673	674 ~808	809 ~943	944 ~1,095	1,096 ~1,642	1,643~	
4	0~57	58 ~177	178 ~357	358 ~537	538 ~717	718 ~897	898 ~1,077	1,078 ~1,257	1,258 ~1,460	1,461 ~2,190	2,191~	
5	0~72	73 ~222	223 ~447	448 ~672	673 ~897	898 ~1,122	1,123 ~1,347	1,348 ~1,572	1,573 ~1,825	1,826 ~2,737	2,738~	
6	0~86	87 ~266	267 ~536	537 ~806	807~ 1,076	1,077 ~1,346	1,347 ~1,616	1,617 ~1,886	1,887 ~2,190	2,191 ~3,285	3,286~	
	물품 사용일수(물품 구입일로부터 사용여부에 상관없이 세탁의뢰일 까지 계산한 일수)											

■ 신발 착화 시 소리가 나는 경우

[질문]

신발을 신고 걸을 때 소리가 나서 주변 사람들이 쳐다볼 정도입니다. 도저히 신을 수가 없는 상황이라 환불받고 싶습니다.

[답변]

신발 착화 시 소리나는 경우는 크게 두 가지로 볼 수 있습니다. 첫째는 밑창과 바닥면이 마찰되면서 나는 현상과, 둘째는 중창(Midsole) 또는 겉창(Outsole)의 소재불량 또는 가공불량이 원인이 되어 발생하는 현상으로 나눠 볼 수 있겠습니다.

우선 첫 번째 현상은 착화자의 보행습관 또는 바닥면(대리석 등)의 상태에 따라 발생하는 현상으로 착화 시 발생할 수 있는 자연스러운 현상으로 보아 제품하자가 아닌 것으로 판단됩니다. 다만 두 번째 경우와 같이 중창, 겉창이 가라앉는 느낌이 들면서 바람이 빠지는 소리가 난다거나 중창, 겉창 사이가 접착 또는 가공이 불량하여 나는 소리와 같이 신발 자체에서 나는 소리의 경우에는 제품하자로 판단됩니다. 따라서 이런 경우 신발제품 심의위원회 심의를 거쳐서 사업자로부터 수리, 교환, 환급 조치를 받으실 수 있겠습니다.

■ 운동화 갑피 부분 찢어짐에 대한 손해배상 문의

[질문]

운동화를 구입하고 5개월 가량 신었습니다. 어디에 특별하게 긁힌 적도 없는데 갑피 부분이 조금 찢어져 있는 것을 발견했습니다. 판매처에 항의하니 착화 후 하자가 발생했으므로 배상해줄 수 없다고 하는데 어떻게 해야 하나요?

[답변]

접착불량, 봉제불량 등과 같은 하자는 구입 당시 육안으로 쉽게 확인할 수 있으나 내구성 불량인 경우에는 그 특성상 구입 당시 확인이 되지 않고 일정기간 착화를 해봐야 하자여부를 확인할 수 있으므로 착화했다고 해서 무조건 배상이 어렵다는 사업자의 답변은 타당하지 않습니다.

만약 갑피의 손상 부분이 착화과정에서 자연스럽게 힘이 가해지는 반복 굴곡부분이고 그 주변부가 외력으로 인한 손상이 확인되지 않으며 신발의 구입일자를 고려했을 때 품질보증기간 또는 내용연수 이내에 해당 하자가 발생했다면 갑피 내구성 불량에 따른 제품하자로 판단됩니다.

다만 하자 부분이 외부마찰에 의한 현상으로 보이거나 장기간 착화로 인한 자연스러운 헤짐 현상으로 확인이 된다면 신발제품 심의위원회 심의결과 제품하자가 아니라고 판단될 수도 있습니다.

하자여부를 정확하게 판단하기 위해서는 구입처, 구입일자 등을 확인하셔서 신발제품 심의위원회에 심의의뢰를 하시기 바랍니다. 만약 제품하자로 판단되는 경우 공정거래위원회 고시 소비자분쟁해결기준에 따라 수선이 가능하면 수선조치를, 수선이 불가능하다면 교환 또는 환급조치를 받으실 수 있겠습니다.

■ 정품이 의심되는 인터넷쇼핑몰에서 구입한 명품가방 계약 해제 요구

[질문]

인터넷쇼핑몰에서 명품 가방을 싸게 팔기에 이걸 42만원 주고 샀는데, 이틀 후 배송된 제품을 보니 마음에 들지 않고 왠지 정품이 아닌 것 같아서 도로 돌려보내고 환불해달라고 했어요. 그런데 판매자는 가품이라는 말에 화가 났고, 본인이 일단 구입하기로 한 이상 환급은 불가하다고 해요. 어떻게 해야 하나요?

[답변]

전자상거래 등 소비자보호에 관한 법률 제17조 제1항에 의거하면, 소비자는 전자상거래로 구입한 제품에 대하여 공급받은날로부터 7일 이내에 청약철회를 요청할 수 있습니다. 다만, 동법 같은조 제2항의 어느 하나에 해당하는 경우(시간이 지나 다시 판매하기 곤란할 정도로 재화 등의 가치가 현저히 감소한 경우 등)에 해당하는 경우에는 반품 및 환급을 요구할 수 없습니다. 따라서 이에 대한 증거자료(사진 등)을 확보하는 것이 중요하며, 정품 여부는 산업재산 침해 및 부정경쟁행위 신고센터 등을 통해서 확인이 필요할 것으로 판단됩니다. 단, 이 경우에는 디자인 등이 마음에 들지 않아 청약을 철회하는 경우에 해당하므로 청약철회가 가능하다면, 왕복배송비용은 소비자가 부담하는 것이 타당할 것으로 사료됩니다.

■ 세탁 후 이염된 바지에 대한 손해배상 요구

[질문]

2년 전에 구입한 바지(회색)를 착용하던 중 최근에 세탁소에 드라이 의뢰하였고, 확인해보니 허벅지 부분에 이염된 사실을 확인하였습니다. 세탁소에 배상을 요구하였으나 인수 시 이미 이염된 상태이었다고 주장하며 배상을 거부하고 있습니다. 이염된 옷에 대해 배상받을 수 있을지 궁금합니다.

[답변]

세탁업표준약관에 따르면, 세탁업자는 고객으로부터 세탁물을 인수할 때 세탁물의 탈색,손상,변형,수축,오점 등의 하자여부를 확인하여야 하고, 이를 해태하여 발생한 피해는 세탁업자가 책임을 지도록 규정하고 있습니다. 즉, 세탁업자가 인수 당시, 이염 여부에 대한 확인 의무를 다하지 않은 것으로 보아 바지의 손상에 대한 배상책임을 져야 합니다.

■ 수선 의뢰 후 분실된 블라우스 보상 문의

[질문]

13만 원에 구입한 블라우스의 봉제 부분이 뜯어져 판매업체에 수선을 의뢰한 후 찾으려고 하니 분실되었다고 합니다. 판매업체에서는 구입가를 모두 보상해 줄 수 없다고 하는데 구입가를 전액 보상받을 수 있는지요?

[답변]

판매자가 품질 보증기간 이내인 제품을 수선하던 중 분실하였을 경우에 소비자는 구입가를 전액을 보상받을 수 있습니다. 만일 판매자가 아니라 일반 수선(세탁)업자에게 수선을 의뢰하였는데 분실하였을 경우에는 소비자분쟁해결기준(공정거래위원회 고시 제2019-3호)의 세탁업 배상비율에 따라 보상을 받을 수 있습니다. 세탁업에 관한 소비자분쟁해결기준에는 의류 종류별로 내용연수(제품의 수명)가 정해져 있습니다.

이는 세탁업자가 세탁과실이나 의뢰 세탁물의 분실시 배상해야 할 배상액을 산정하기 위한 것으로 세탁사고 당시의 의뢰 세탁물의 잔존가치를 계산하기 위한 것입니다. 제품의 잔존가치란 정상적으로 사용할 수 있었던 기간을 이미 사용된 가치로 보고 구입가격에서 사용된 가치를 감가 상각한 금액으로 세탁사고가 발생되거나 의뢰된 세탁물을 분실하였을 경우에는 잔존가치에 따라 보상받을 수 있습니다.

따라서, 이 경우 소비자는 구입가와 구입일자를 영수증 등을 통해 증빙하여야 하고, 이를 증빙할 수 없는 경우에는 세탁비의 20배를 보상받을 수 있습니다.

■ 착화 중 발생한 접착불량의 신발

[질문]

운동화 구입 후 한 달 동안 착화하다가 겉창과 갑피사이의 접착이 떨어졌습니다. 착화도 별로 하지 않았는데 떨어져서 사업자에게 제품하자에 따른 교환요청을 했지만 착화를 했다는 이유로 거부를 합니다. 어떻게 해야 하나요?

[답변]

일반 운동화의 경우 사업자의 특별한 고지가 없다면 품질보증기간은 6개월로 보고 있습니다. 따라서 품질보증기간 이내에 정상적인 사용으로 신발의 접착이 떨어졌다면 접착불량이 의심되는 사항입니다. 물론 품질보증기간 이내라고 하더라도 착화자의 착화습관, 보관 부주의 등으로 인한 경우에는 배상이 어려울 수도 있습니다.

사업자가 착화를 이유로 신발불량임을 인정하지 않는다면 한국소비자원에 피해구제신청을 하여 신발 전문 섬유제품심의위원회의 심의를 받아 사업자에게 수리, 교환, 환불을 요청하시면 되겠습니다.

■ 착화시 통증이 심한 신발 환급 문의

[질문]

새 구두를 구매하여 착화해 보니 발이 너무 아프고 물집도 생겼습니다. 신발불량인 것 같은데 환급이 되나요?

[답변]

신발 중 수제화가 아닌 기성화인 경우 착화자의 발 특성(발볼넓이, 발의 형태) 등에 따라 개인차가 있을 수 있습니다. 그리고 또한 전자상거래를 통한 구입이 아닌 오프라인 매장에서 사는 경우 구입 전 직접 착화를 할 수 있으므로 구입 전 충분히 착화테스트를 하여 자신의 발에 맞는지 확인해야 합니다.

한편 신발의 특정부분에 봉제처리 미흡이나 설계불량으로 통증이 느껴지거나, 좌우신발 비대칭 등으로 통증을 유발할만한 요소가 확인된 경우 사업자에게 수선, 교환, 환불 등을 요구할 수 있습니다.

■ 스웨이드 신발을 세탁업자가 세탁 후 소재의 변색 및 변형

[질문]

1년 전 스웨이드 재질의 신발을 구입하여 착화하던 중 신발이 더러워 운동화 전문 세탁업자에게 세탁을 맡겼습니다. 이후 세탁이 완료되어 확인하니 스웨이드 재질이 뻣뻣해지고 탈색이 되었습니다. 세탁업자는 물세탁을 하면 그런 현상은 당연하다면서 배상을 거부하는데 배상을 받을 수 있나요?

[답변]

스웨이드 등 가죽 소재는 그 특성상 물세탁을 할 경우에 경화, 이염, 변.퇴색 현상이 발생할 수 있습니다. 따라서 세탁업자는 부득이하게 물세탁을 할 경우 사전에 물세탁시 발생할 수 있는 현상에 대해 소비자에게 고지를 하고 소비자의 동의가 있는 경우에 세탁을 하여야 배상 책임을 면할 수 있습니다. 한편 이런 고지를 하지 않은 상태에서 피해가 발생한 경우 공정거래위원회 고시 소비자분쟁해결기준에 따라 사업자는 신발 손상에 대해 원상회복의무가 있고 불가능 시 손해배상의 책임이 있습니다.

배상금액은 신발의 물품사용일수와 신발소재에 따라 다르고 소비자분쟁해결기준 배상비율표에 의해 결정됩니다. 물품 사용일수는 물품구입일로부터 사용여부에 상관없이 세탁의뢰일 까지 계산한 일수입니다. 따라서 위 사례와 같이 1년된 가죽신발의 경우에는 배상비율표상 구입가의 60%가 배상금액입니다.

만약 소비자와 사업자간 신발구입가, 구입시기에 대해 다툼이 있을 경우 소비자가 결제영수증 등을 통해 입증을 해야하며, 입증하지 못할 시 사업자는 세탁요금의 최대 20배를 배상해야 합니다.

■ 원피스 세탁 후 발생한 전체적인 변색현상 배상 문의

[질문]

올해 구입하여 아끼며 착용하던 원피스를 지난주 세탁소에 세탁 의뢰하였는데, 세탁 후 하얀색 원단 부분이 전체적으로 거뭇거뭇하게 변색되었어요. 세탁소에서는 제 요청대로 정상적으로 드라이클리닝을 하였다며 과실을 인정하지 않고 있습니다. 세탁소로부터 배상받을 수 있을까요?

[답변]

밝은 색 원단이 드라이클리닝 이후 전체적으로 어둡게 오염(정상원단 또는 정상제품과 비교하여 확연한 차이가 발생하는 경우)되었다면 용제사용 부적합에 의한 역오염 현상을 의심해보시기 바랍니다. 역오염 현상이란 세탁과정에서 드라이클리닝 시 오염된 용제의 사용에 의하여 원단이 오염된 것으로서 소비자 착용 중 나타나는 오염현상과는 달리 원단이 전체적으로 변색되는 것이 특징입니다. 세탁업자의 과실에 의하여 재화가 역오염된 것이 판명된 경우 세탁업자는 재화를 재세탁하여 원상회복할 의무가 있으며, 재세탁 후에도 원상태로 회복이 불가하다면 세탁업에 관한 소비자분쟁해결기준에 의거, 재화 구입가액을 배상비율표에 따라 감가상각한 후 잔존가를 배상할 책임이 있습니다.

■ 착용 중 엉덩이 부분이 찢어진 청바지 보상 문의

[질문]

청바지를 구입하여 최초 착용 중 엉덩이 부분 등이 찢어졌습니다. 이에 대해 보상 받을 수 있을까요?

[답변]

인장, 인열 강도 불량이 인정되는 경우 보상을 받을 수 있습니다.

인장강도란 원단을 잡아당겼을 때 끊어질 때까지 견디는 강도를 말하며, 인열강도란 찢어짐에 견디는 강도를 말합니다.

해당 하자에 대하여 섬유제품심의위원회 또는 시험검사를 통해 인장, 인열 강도 불량 여부를 확인할 수 있습니다.

자연스럽게 발생하는 힘을 견디지 못할 경우 제품불량으로 판단하며, 순간적으로 강한 힘이 발생했다고 판단될 경우 소비자 과실로 판단합니다.

인장, 인열 강도와 관련한 사고제품의 경우 수선이나 재착용이 불가능한 경우가 많으므로 제품을 파기하여 시험검사를 받아보는 것이 정확합니다. 단, 이미 사용한 제품을 시험하는 것이므로 사업자의 동의가 필요합니다.

■ 세탁후 수축된 여성셔츠 배상 요구

[질문]

400,000원에 구입한 여성셔츠를 착용하다가 세탁소에 세탁을 맡긴 후 찾아보니, 전체적으로 옷이 수축되어 소매 안감이 겉감보다 더 많이 나와 이의를 제기하였던 바, 해당 세탁소에서는 세탁 과정 중에서 이상이 없었다며 배상을 거부하고 있습니다. 이전에 다른 세탁소에서 세탁을 한 경우에는 이런 문제가 발생하지 않았는데 세탁 과실로 볼 수 있을까요?

[답변]

해당 여성셔츠의 수축에 대해 전문가 심의를 통해서 제품의 현 상태에서 안감 등이 밖으로 나와 있는 현상을 확인되는 경우 세탁 시 수분과다 노출과 자연건조가 아닌 기계건조에 의해 의류가 전체적으로 수축이 된 것으로 판단 될 수 있으며, 이는 세탁 과실로 볼 수 있습니다.

이러한 경우 세탁업자는 소비자분쟁해결기준 세탁업 배상비율표에 따라 재화의 구입가액을 배상비율표에 따라 감가상각한 후 잔존가를 배상할 책임이 있습니다.

■ 착용 후 보풀 발생한 바지 배상 요구서

[질문]

바지를 구입하여 1회 착용하였는데 바지 앞면에 전체적으로 보풀이 발생하여 약 3개월 뒤에 제조판매업자에게 이의제기를 하였습니다. 환급 받을 수 있는지요?

[답변]

시험검사 결과, 품질 불량이 인정되는 경우 보상을 받을 수 있습니다. 외부로부터의 마찰에 의해 의류의 섬유가 표면으로 튀어나와 서로 엉키면서 멍울을 만드는 것을 '보풀'이라고 하고, 이렇게 보풀이 발생하는 현상을 필링이라고 합니다.

사고품과 동일한 원단으로 필링시험을 하여 품질이 미흡한 것으로 나오면 소비자분쟁해결에 의거하여 보상 받을 수 있습니다. 소비자분쟁해결기준에 따라, 품질보증기간 이내 제품은 구입가에 대하여 무상 수리, 교환, 환급 순으로 보상을 받으실 수 있습니다.

■ **명품가방을 세탁한 후 심하게 변퇴색 된 경우**

[질문]

2023년에 구입한 명품가방에 오염물질이 묻어서 가죽전문 세탁소에 세탁을 의뢰하였는데, 가죽 본연의 형태와 질감이 사라지고 심하게 변퇴색 되었습니다. 세탁소에 항의하자 오염 정도가 심해서 물세탁을 진행했다고 합니다.
세탁소로부터 명품가방을 보상 받을 수 있을까요?

[답변]

가죽이 물에 닿으면 필연적으로 가죽 본연의 형태, 질감, 색깔 등이 변하게 됩니다. 따라서 가죽 소재의 명품가방을 물세탁하여 생긴 하자는 세탁방법 부적합에 따른 세탁업체 책임입니다.
단, 가방의 오염정도가 매우 심해 물세탁을 진행해야만 오염물질 제거가 가능한 경우가 있습니다. 이러한 경우 세탁업자는 가방을 인수할 때 소비자에게 세탁방법을 안내하고 이에 대한 동의를 얻은 후 진행해야 합니다. 이 과정을 생략하고 세탁업자 임의로 물세탁을 진행한 경우 소비자는 보상을 받으실 수 있습니다.

■ **전자상거래에서 특가로 청바지 구입했으나, 가격기재 오류라며 일방적으로 구매 취소**

[질문]

인터넷쇼핑몰에서 청바지를 만원 "특가"로 구입했는데, 이틀 후 "가격기재 오류로 구매 취소한다"는 문자 전송후 일방적으로 환불 처리해 버렸습니다. 이 판매자는 당시 타 오픈마켓에서도 동일한 광고로 상품을 판매하고 있었는데, 과연 사업자의 일방적 환불처리를 받아들여야 하는지 궁금합니다.

[답변]

「민법」 제109조(착오로 인한 의사표시)에 따르면 계약은 신의성실의 원칙에 따라 이행되어야 하나, 의사표시 당사자가 중요 부분에 착오가 있었다면 취소할 수 있습니다. 이러한 법리에 따라, 이 사례에서의 "청바지 만원이 통상가의 10%이하 가격"이라는 점을 감안하면 판매자의 착오 주장은 인정될 수 있다고 보이는 만큼, 판매자의 계약취소 요구에 대해 소비자가 계약이행을 주장하기는 어렵다고 판단됩니다.

또한, 현행 「전자상거래 등에서의 소비자보호에 관한 법률」에서는 이를 보다 구체적으로 명시하고 있는데, 즉 제15조(재화 등의 공급) ②항에서 판매자가 청약을 받은 재화를 공급하기 곤란하다는 것을 알았을 때 "그 사유를 소비자에게 알리고 대금을 3영업일 이내에 환급하거나 해당 조치를 해야 한다"고 규정하고 있습니다.

결론적으로, 이 판매자는 계약체결 및 결제 이틀이내 소비자에게 "고지 및 환불" 조치를 완료했으므로, 관련법상 문제의 소지가 없고 이에 따라 소비자의 계약이행 주장은 실효를 거두기 어려울 것으로 생각됩니다.

■ 수리기간이 너무 긴 가방의 보상 문의

[질문]

5개월 전에 가방을 구입해서 사용하던 중, 손잡이 부분이 손상되어서 보기가 좋지 않더라고요. 그래서 매장을 찾아가 제품에 문제가 있는 것이 아니냐고 물었습니다. 매장에서는 무상으로 수리를 해주겠다고 하더군요. 그런데 3주를 기다려도 아무런 소식이 없습니다. 이런 경우에는 어떻게 해야 하나요?

[답변]

소비자분쟁해결기준에 의하면 수리는 지체 없이 하되, 수리가 지체되는 불가피한 사유가 발생한 경우에는 소비자에게 알려야 한다고 규정되어 있습니다. 또한 소비자가 수리를 의뢰한 날로부터 1개월이 지난 후에도 사업자가 수리된 물품 등을 소비자에게 인도하지 못한 경우에는 같은 종류의 물품으로 교환받을 수 있으며, 교환이 불가한 경우에는 구입대금 전액을 요구할 수 있습니다.

따라서 사업자가 약정한 기일을 경과하였거나 소비자가 수선을 의뢰한 날로부터 1개월이 경과된 경우에는 수선된 제품의 인도를 우선 요구할 수 있을 것이며, 제품의 인도가 불가한 경우에는 위 규정에 따라 동일 제품으로의 교환 내지 구입가 환급을 사업자에게 요구할 수 있을 것으로 판단됩니다.

■ 손상된 상태로 배송된 원피스

[질문]

저는 인터넷 쇼핑몰에서 원피스를 190,000원에 주고 구입하였는데, 다음날 제품을 확인해보니 원피스 옆부분이 10cm 정도 찢어져 있어서 바로 이의를 제기했어요. 판매처에서는 소비자가 칼로 포장을 찢다가 가방을 손상시킨 것이라면서 배상을 거부하고 있습니다. 찢어진 상태로 배송된 원피스를 사용할 수 없는데, 배상받을 수 있는 방법을 알려주세요.

[답변]

전자상거래 등 소비자보호에 관한 법률 제17조 제1항에 따라, 소비자는 전자상거래로 구입한 제품에 대하여 청약철회를 할 수 있습니다. 그러나, 제품의 가치를 현저하게 훼손한 경우 사업자는 청약철회를 거부할 수 있습니다. 따라서, 원피스의 포장을 제거하는 과정에서 원피스 원단이 손상된 경우라면 청약철회가 불가하나, 개봉 전부터 훼손된 상태에 있는 원피스가 배송된 것이라면 소비자는 청약철회를 할 수 있습니다. 다만, 전자상거래 등에서의 소비자보호에 관한 법률 제17조 제5항에 따르면 재화등의 훼손에 대하여 소비자의 책임이 있는지 여부 등에 관하여 다툼이 있는 경우에는 통신판매사업자가 이를 증명하여야 한다고 규정하고 있으므로 통신판매사업자가 발송한 제품에 하자가 없음을 입증하지 못하는 한 소비자는 청약철회를 할 수 있습니다.

■ 착화 후 갑피 수축되고 경화된 어그부츠 배상 요구

[질문]

2013. 12. 13. 200,000원이 넘는 어그부츠를 구입하였습니다. 1개월 정도 밖에 신지 않았는데 갑피 부분이 수축되고 경화되었습니다. 신발 자체에 문제가 있는 것으로 판단되어 판매처에 환불 요구하니 제품에는 문제가 없다며 환불해 줄 수 없다고 합니다.

[답변]

겨울에 눈 제거를 위하여 도로에 염화칼슘을 사용하는 경우가 잦은데, 염화칼슘이 가죽, 특히 생가죽 소재에 닿을 경우 가죽의 경화 및 수축을 일으키므로 착용상의 주의가 요구됩니다. 어그부츠의 소재인 천연 양가죽의 특성상 착화 후 세정제(크리너)로 표면을 닦아내어 관리하는 것이 제품 훼손을 줄이는 좋은 방법입니다.

만약 외부 물질에 의한 수축 및 경화현상이 아닌 제품 불량인 경우, '소비자분쟁해결기준(공정거래위원회 고시)-신발' 에 따르면 봉제불량, 접착불량, 염색불량 등의 제품 하자가 있으면 판매자 및 제조자는 무상수리, 교환, 환급 등의 순서로 배상을 하도록 규정하고 있습니다.

이 경우에는 심의기구 등에서 제품 내구성이 미약하여 갑피가 변형되는 것으로 판단되면 교환, 환급 등의 배상을 받을 수 있으나, 보관부주의와 같은 소비자의 과실 혹은 기간경과에 의한 자연적인 변형으로 판단되었을 경우에는 제조자 및 판매처에 책임을 묻기 어렵습니다.

■ 보풀 심하게 발생된 코트 보상 방안 문의

> [질문]
>
> **모소재 코트를 한번 입었는데 전체적으로 보풀이 심하게 생겼습니다. 판매업체에 문의하니 원단상의 문제가 아니라며 보풀만 제거해 준다고 합니다. 제품 이상으로 인한 것으로 생각되는데, 보상을 받을 수 있는지요?**

[답변]

시험결과 품질불량인 경우 보상받을 수 있습니다.

사고품과 동일한 원단으로 필링시험을 하여 품질이 미흡한 것으로 나오면 소비자분쟁해결기준에 의거, 제품 교환이나 구입가 환급을 받을 수 있습니다.

직물이나 편성물의 표면에 있는 잔털은 마찰에 의해 서로 엉키면서 보풀이 발생되는데, 이런 보푸라기의 발생정도를 확인하는 시험이 필링시험 입니다. 천연섬유인 모의 경우에는 섬유표면에 있는 스케일의 영향으로 다른 섬유에 비해 보풀이 쉽게 발생됩니다. 또한 화학섬유는 모를 제외한 천연섬유에 비해 보풀이 잘 발생하는데 이는 합성섬유가 천연섬유에 비해 강도가 높아 발생된 보풀이 자연탈락하지 않고 표면에 잔류하기 때문입니다.

■ 전자상거래로 구입한 바지 단순변심에 의한 환급 요구

[질문]

전자상거래를 통해 인터넷 쇼핑몰에서 85,000원 상당의 바지를 구입하였습니다. 이후 배송된 제품을 착용하여 보니 디자인이 마음에 들지 않아 반품 요청하였으나, 판매자는 소재의 특성상 반품이 불가함을 미리 고지하였다며 거절하고 있습니다. 단순 변심에 의한 환불은 보상을 받을 수 없는 건지 궁금합니다.

[답변]

- 현행 「전자상거래 등에서의 소비자보호에 관한 법률」 및 「동법 시행령」에서는 소비자의 주문에 의하여 개별적으로 생산되는 재화 등 청약철회 등을 인정하는 경우 통신판매업자에게 회복할 수 없는 중대한 피해가 예상되는 경우로서 사전에 당해 거래에 대하여 별도로 그 사실을 고지하고 소비자의 서면(전자문서를 포함한다)에 의한 동의를 받을 경우에만 청약철회를 제한할 수 있도록 정하고 있습니다.(시행령 21조)
- 또한 그 외의 경우에도 소비자의 책임 있는 사유로 재화가 훼손된 경우, 소비자의 사용으로 재화의 가치가 현저히 감소한 경우, 시간의 경과에 의하여 재판매가 곤란할 정도로 재화 등의 가치가 현저히 감소한 경우, 복제가 가능한 재화 등의 포장을 훼손한 경우에는 소비자가 청약철회를 요구할 수 없도록 정하고 있음. 동 사례는 위 청약철회 제한 사유에 해당하지 않고, 단지 피신청인이 자신의 쇼핑몰 사이트에 이를 일방적으로 고지했다는 사실만으로 청약철회를 거절하고 있는 것으로 위법사항(청약철회 방해행위)으로 볼 수 있습니다. 따라서 재화가 훼손된 경우등이 아니라면, 판매자가 단순히 고지를 했다는 이유만으로 보상을 거절하는 것은 타당하지 않다고 보여지며 관련 규정에 따라 보상 가능합니다.

■ 올이 뜯긴 여성정장 보상 문의

[질문]

폴리에스텔 소재의 여성정장을 두 시간 정도 입은 후 재킷 앞판 및 스커트 엉덩이 부분에 올이 뜯겨 있는 것을 발견하였습니다. 판매업체에 문의하니 핸드백이나 의자 등 외부물체와의 접촉에 의해서 일어난 것이라며 보상을 거부하였습니다. 특별히 심하게 입은 것도 아닌데 두 시간 만에 올이 빠져나오는 것은 제품의 이상으로 생각됩니다. 보상받을 수 있는지요?

[답변]

시험검사를 통해 원인규명 후 품질불량 여부를 판단해 볼 수 있습니다. 올이 고리모양으로 쉽게 빠져나오는 현상(스낵성이라 함)은 레이온이나 폴리에스테르 제품에 쉽게 발생될 수 있습니다. 이런 제품은 레이온이나 폴리에스테르사가 면 등의 천연섬유에 비해 미끄러지기 쉽기 때문이며, 이를 방지하기 위해서는 충분한 미끄럼 방지 가공이 필요합니다. 이 가공이 미흡한 경우 올이 쉽게 빠져 나올 수 있습니다. 만일, 착용시 타 물체와의 마찰 등에 의해 올이 뜯기는 문제도 발생할 수 있는 만큼 당사자간 주장이 상이할 경우 섬유제품품질기준에 의한 스낵성 시험검사를 통해 품질불량여부를 확인할 수 있습니다.

■ 착화시 통증을 유발하는 운동화에 대한 배상

[질문]

구입한 지 일주일 가량된 운동화를 착화하다보니 발등 부위에 통증이 오더군요. 매장에 가서 이에 대해 이의를 제기했는데, 제품상에 문제가 없고 1주일간 착화하였으므로 교환이나 환급이 불가하다는 입장입니다. 이런 경우에 배상을 받기위해서는 어떻게 해야 하나요?

[답변]

통상적으로, 신발을 착화하면서 발생하는 통증 및 이물감은 착용자와 신발이 맞지 않아 발생한 경우가 많습니다. 하지만, 신발의 설계 및 제조상의 하자로 인한 통증일 수 있으므로 해당 신발에 대한 품질심의를 받아보는 것이 좋다고 사료됩니다. 해당 제품의 심의가 가능한 기관은 우리 원을 비롯하여 소비자공익네트워크, 한국소비자연맹 등이 있습니다. 심의기관의 심의결과가 품질상의 하자로 확인이 된다면 제조처에 직접 보상을 요구할 수 있으며, 만약 판매자가 배상을 거부한다면 우리원에 피해구제를 신청하시기 바랍니다.

■ 착용 중 충전재(오리털)가 빠지는 다운 점퍼

[질문]

의류 판매 매장에서 다운 점퍼(30만원)를 구입하여 착용을 하던 중 봉제선 솔기 부위에 하얗게 충전재(오리털)가 빠져나오는 하자가 있어 판매자에게 이의를 제기하였으나, 판매자는 제품상의 하자가 아니라고 하며 보상 거절을 하고 있습니다. 구입 이후 별로 착용하지도 않았음에도 불구하고 오리털이 빠지는 것은 제품의 문제라고 보여지는 데 보상 받을 수 있을까요?

[답변]

- 오리털 패딩 점퍼는 오리털이 겉으로 빠져나오는 것을 예방하기 위해 다운프루프(Down Proof) 가공이라는 특수한 원단을 사용하여 제작하는 제품이며, 오리털 패딩 점퍼 착용 중 다운프루프(DP) 불량 또는 봉제선 불량으로 오리털이 원단 바깥으로 심하게 빠져나와 착용이 불편한 경우가 있습니다.
- 이러한 경우 제품 불량으로 확인이 되면 소비자분쟁해결기준에 따라 제조사 또는 구입처를 통하여 제품 교환이나 환급가능합니다.
- 해당 물품의 경우 섬유제품심의위원회 등의 심의를 통해 오리털이 봉제선 부위를 중심으로 심하게 빠지는 현상이 확인이 될 경우 제품불량으로 판단되어 제조판매업체를 통해 보상 가능합니다.

■ 일반매장에서 구입한 신발 구입가 환급 요구

[질문]

제가 지하상가 일반 신발 매장에서 신발을 하나 구입하고 당일 환불을 요구하였으나 교환은 가능하나 영수증에 기재가 돼 있기 때문에 환불은 불가하다고 합니다. 대신 3개월 안에 사용할 수 있는 보관증을 끊어준다고 하더군요.. 물건에 하자가 있는 건 아니고 단순변심으로 인한 것인데.. 이런 경우 환불받을 수 있는 건가요? 매장 쪽에서는 영수증에 교환은 3일 이내, 환불불가라는 문구를 기재해 놓았기 때문에 환불해 줄 의무가 없다는데...

[답변]

매장에서 구입할 당시 교환 혹은 환불 관련된 당사자간 특별한 약정이 없었다면, 공정거래위원회고시 소비자분쟁해결기준에 의거 구입 후 7일내에는 교환 혹은 환불을 요구할 수 있습니다.

다만, 영수증 혹은 매장에 교환 혹은 환불과 관련된 특별한 사항이 안내되었다면 그 내용이 우선시되는데, 영수증에 '교환은 3일 이내, 환불불가'라고 고지되어 있었다면 단순변심의 사유로 환불을 요구하기는 어려울 것으로 보입니다.

PART 3. 자동차/기계류

■ 리콜 전 자비 처리한 자동차 수리비 배상 요구

[질문]

자동차 시동불량으로 10개월전 유상 수리한 부분에 대해 리콜조치 되었으니 무상교체 받으라는 통지문을 받았습니다. 이런 경우 수리비를 배상 받을 수 있나요?

[답변]

「자동차관리법」 제31조의2에 따르면 결함 사실을 공개하기 전 1년이 되는 날과 결함조사를 시작한 날 중 빠른 날 이후에 그 결함을 시정한 자동차 소유자(자동차 소유자였던 자로서 소유 기간 중에 그 결함을 시정한 자를 포함) 및 결함 사실을 공개한 이후에 그 결함을 시정한 자동차 소유자에게 자체 시정한 비용을 보상하도록 규정하고 있습니다. 따라서 결함시정 10개월전에 그 결함 내용을 자비로 수리한 경우 제작사로부터 수리비를 보상받을 수 있습니다.

■ 자동차 부품 미보유로 수리 불가한 경우 배상 요구

[질문]

5년전 자동차를 구입하여 주행 중 시동이 걸리지 않는 등 하자 발생되어 제조사측에 유상수리를 요구하였으나 부품이 단종되었다는 이유로 수리 불가능하다고 합니다. 이러한 경우 어떻게 처리받을 수 있는지요?

[답변]

공정거래위원회가 고시한 자동차 관련 「소비자분쟁해결기준」에 따르면 품질보증기간 경과 후 하자 발생된 차량에 대해 부품보유기간 이내임에도 제조사에서 수리용 부품을 보유하지 않아 수리가 불가능한 경우라면 필수제비용을 포함한 구입가에서 정액감가상각비를 공제한 금액에 10%를 가산하여 환급하도록 정하고 있습니다. 다만, 성능 및 품질 상 하자가 없는 범위 내에서 유사 부품의 사용이 가능합니다.

■ 일주일 전에 취소한 렌터카 예약금 환급 요구

[질문]

렌터카 이용계약을 체결한 후 사업자에게 20만원의 예약금을 입금하였습니다. 사용개시일로부터 일주일이 남은 시점에 차량 예약 취소를 요구하였으나, 사업자가 예약금 전액을 위약금으로 부과하였습니다. 이런 경우에 예약금 반환을 요구할 수 있나요?

[답변]

사용개시일로부터 일주일이나 남았다면 사업자는 신청인이 예약을 취소하더라도 다른 고객을 모집하여 손실을 회피할 수 있다고 판단되므로 예약금 전액을 위약금으로 부과하는 것은 부당한 처사하고 할 수 있습니다. 명확한 근거 규정이 없거나 이러한 위약금을 부과할 수 있는 규정(홈페이지 또는 계약서 등에 표시)을 미리 고지했다고 하더라도 약관의규제에 관한 법률에 따라 부당약관으로 볼 여지가 많습니다.

이 경우 신청인은 「소비자분쟁해결기준」(공정거래위원회 고시)에 따라 사업자에게 환급을 요구할 수 있습니다. 즉, 소비자사정에 의한 대여예약 취소 시, 사용개시일로부터 24시간 이내 취소 통보시에는 '예약금에 대여예정 요금의 10% 공제 후 환급'이 가능하고, 사용개시일로부터 24시간 전 취소 통보시에는 '예약금 전액 환급'해 주도록 규정되어 있습니다.

이러한 피해를 예방하기 위해서는 기본적으로 렌터카를 이용하는 소비자가 차량 대여계약 전에 예약취소 시 위약금 산정 기준 등을 꼼꼼히 확인하여야 합니다.

■ **의뢰하지 않은 차량 정비 항목에 대한 수리비용 환급 요구**

[질문]

차량의 에어컨 고장으로 인하여 사업자에게 수리를 의뢰하였고 사업자는 컴프레셔의 고장이니 해당 부분 수리하겠다고 하였으나, 이후 사업자는 에어컨 가스 충전 조치도 하였다며 추가 수리대금을 청구하고 있습니다. 사업자가 사전에 미고지하고 수리한 부분에 대한 대금 청구가 가능한지요?

[답변]

소비자분쟁해결기준(공정위 고시)에는 수리하지 않은 내용을 청구하거나 사전에 고지하지 않은 부분을 수리하여 수리비를 청구하는 경우 해당금액을 청구 취소하는 것으로 규정하고 있습니다. 사전에 미고지하고 이루어진 수리에 대한 대금은 사업자에게 해당 금액 청구 취소를 주장할 수 있습니다.

■ 수리 후에도 동일 하자가 반복되는 자동차 용품의 교환 혹은 구입가 환급 요구

[질문]

자동차 용품을 구입하여 연결 불량 하자로 품질보증기간 동안 2회의 무상수리를 받았으나 동일 하자가 재발했습니다. 이 경우 제품 교환 또는 구입가 환급을 요구할 수 있을까요?

[답변]

소비자분쟁해결기준(공정위 고시, 공산품)에서는 품질보증기간 이내에 정상적인 사용 상태에서 발생한 성능 기능상 하자에 대하여, 품질보증기간 이내에 동일 하자에 대해 2회까지 수리하였으나 하자가 재발하는 경우에 대하여 수리불가능한 것으로 보며, 수리불가능시 '제품 교환 또는 구입가 환급'으로 명시하고 있습니다. 따라서 소비자가 제품 구입 및 수리이력 등 증명자료를 구비할 경우 제품 교환 또는 구입가 환급을 요구할 수 있습니다.

■ 침수차량을 속여 중고차를 판매한 경우

[질문]

중고차 매매업자로부터 성능 등 점검을 받고 차량을 구입하여 한달 후 경고등 관련 정비를 받으며 침수 이력이 발견되었습니다. 매매업자는 침수 사실을 이전 차주로부터 듣지 못하였다는 이유로 책임을 회피하는데 어떻게 해야하는지요?

[답변]

중고자동차 매매사업자는 중고자동차를 판매하기 전 자동차관리법에 나와 있는 중고자동차 성능점검기록부 양식에 의거 자동차의 상태를 표시한 내용을 고지 및 서면 교부하도록 되어 있습니다. 중고차매매업자가 침수 사실을 고지하지 않은 경우 소비자분쟁해결기준(중고자동차매매업)에 따라 구입가 환급 또는 손해배상의 책임이 있습니다.(*단, 사고, 침수사실 미고지시 보상기간은 자동차관리법상 성능검검기록부 보관기간인 1년으로 함)

■ 신차 구입 후 비정상적인 엔진오일 감소로 인한 차량 교환 요구

[질문]

신차 구입 후 두 차례 비정상적인 엔진오일 감소 증상으로 엔진 결함이 의심되어 약 6개월 사이에 2회 수리(두 번째 수리 시에는 메인 엔진 교체)를 받았는데, 약 1개월 후 주행 중 엔진 과열로 경고등이 점등되고 실제 타는 냄새까지 확인한 경우 차량 교환이 가능한가요?

[답변]

〈소비자분쟁해결기준〉상 주행 및 안전도 등과 관련한 중대한 결함이 발생하여 동일하자에 대해 2회까지 수리하였으나 하자가 재발하였을 경우 제품 교환 또는 필수 제비용을 포함한 구입가 환급을 요구할 수 있습니다.

엔진 관련 2회 수리를 받은 점이 인정되고 두 번째 메인 엔진 교체 시 정비 불량으로 인해 엔진 과열 증상이 재발한 점 등을 고려할 때 이 사건 차량 매매계약의 목적을 달성하기 어려울 정도에 이르렀다고 판단되므로 차량 교환이 가능하다고 사료됩니다.

■ 천재지변으로 인해 예약취소한 카셰어링서비스 이용대금 환급 요구

[질문]

카셰어링서비스를 이용하기 위해 예약 후, 제주도에 태풍 경보 발령으로 인해 이용하지 못하게 되어 사업자에게 예약취소를 요구하자 예약금 환급 불가를 안내하였습니다. 이 경우 예약금 환급은 가능한가요?

[답변]

천재지변과 같이 불가항력적인 사유로 인한 카셰어링서비스 예약취소 시, 자동차대여표준약관 제3조 제5호에 의거 사업자에게 미이용한 잔여시간의 대금 환급 요구가 가능합니다.

■ 소음 발생하는 전동휠 대금 환급 요구

[질문]

최근 지인으로부터 전동휠을 선물로 받았는데 구매 10일 만에 제동 및 방향 전환 시 마찰음이 발생하여 불안한 마음에 더이상 사용을 못하고 있습니다. 이에 판매업체에게 대금 환급을 요구하자 불가하다고 하는데 환급받을 수 없을까요?

[답변]

소비자분쟁해결기준(자동차)에 따르면 품질보증기간 이내 재질이나 제조상의 결함으로 고장 발생 시, 부품교환을 원칙으로 하되 결함잔존 시 관련 기능장치를 교환하도록 되어 있고, 인도 시 이미 하자가 있는 경우 보상, 무상수리, 교환, 구입가 환급을 하도록 명시되어 있습니다. 이에 따라 판매업체에게 구매대금 환급을 요구할 수 있습니다.

■ 전자상거래로 구매한 전동킥보드 제품 하자로 인한 대금 환급 요구

[질문]

소비자가 전자상거래를 통해 전동킥보드를 구매하여 통상적으로 운행하는 과정에서 약 10여일이 경과한 시점에 시동꺼짐 증상이 반복적으로 발생하여 판매업체에 이의제기하자 불량 여부에 대한 판단이 필요하다고 하여 동 제품을 배송함. 이후 판매업체는 동 제품을 회수한 후 시운전을 통해 시동꺼짐 증상을 확인하고, 특별히 소비자 사정에 의해 발생한 하자임을 주장하지 않은 상태에서 구입가 환급은 불가하고 수리만 가능하다고 하는데, 이 경우 소비자는 구입가 환급을 요구할 수 있을까요?

[답변]

이 경우 소비자는 전자상거래등에서의 소비자보호에 관한 법률 제17조 제3항에 따라 청약철회를 할 수 있으므로 동법 제18조에 따라 사업자에게 구입가 환급을 요구할 수 있습니다.

■ 제품 불량으로 3회 수리한 전동킥보드에 대한 보상 요구

[질문]

얼마 전 최신형 전동킥보드를 구매하였는데 구매한지 1개월도 되지 않아 후륜 제동장치 드럼 부위의 고정 불량으로 총 3회 수리를 받았습니다. 그런데 6개월이 경과된 현재까지도 수리완료된 전동킥보드를 인도받지 못하고 있는데 이 경우 대금 환급이 가능할까요?

[답변]

일반적 소비자분쟁해결기준(제8조 제2항 관련) 제1호 나목에 따르면 사업자는 물품등의 하자·채무불이행 등으로 인한 소비자의 피해와 관련하여 수리는 지체 없이 하되, 수리가 지체되는 불가피한 사유가 있을 때는 소비자에게 알려야 하며 소비자가 수리를 의뢰한 날부터 1개월이 지난 후에도 사업자가 수리된 물품등을 소비자에게 인도하지 못할 경우 품질보증기간 이내일 때는 같은 종류의 물품등으로 교환하거나 환급하고, 품질보증기간이 지났을 때에는 구입가를 기준으로 정액 감가상각하고 남은 금액에 품목별 소비자분쟁해결기준에서 정하는 일정금액을 더하여 환급하도록 규정하고 있습니다. 이에 따라 사업자에게 상기 내용에 의거 같은 종류의 제품으로 교환이나 대금 환급을 요구할 수 있습니다.

■ 주행 중 부품 파손된 자전거의 환급 가능 여부

[질문]

자전거를 구입 후 약 10개월 정도 사용하던 중, 주행 중 일부 부품이 파손되었습니다. 제품 불량으로 구입가 환급을 요구하였으나 사업자는 수리만 해주겠다고 하는데, 이런 경우 사업자에게 환급을 받을 수는 없는 건가요?

[답변]

소비자분쟁해결기준 '자전거' 품목에 따르면, 품질보증기간 이내에 정상적인 사용상태에서 발생한 성능기능상의 하자로 인한 피해 발생 시 무상수리가 원칙입니다. 다만, 품질보증기간 이내에 동일 하자에 대해 2회까지 수리했으나 하자가 재발하는 경우에는 수리 불가능한 것으로 보아 제품 교환 또는 구입가 환급을 요구할 수 있습니다.

■ 방문판매로 구입한 차량용 블랙박스의 청약철회 가능 여부

[질문]

영업사원의 방문판매로 차량용 블랙박스를 구매하였습니다. 계약 당시 계약서를 자세히 읽어보지 못하고 서명했는데, 5일 이후 변심으로 계약해지를 요구하였으나 사업자는 약관에 중도 해지가 불가하다는 내용이 있었다며 불가하다고 합니다. 이런 경우 어떻게 해야 하나요?

[답변]

방문판매 등에 관한 법률에 의거하면, 소비자는 계약서를 받은 날부터 14일 이내에 청약철회를 요청할 수 있습니다. 다만, 계약을 진행하실 때 계약의 당사자인 소비자는 반드시 약관 등의 내용을 면밀히 검토하신 후 계약을 진행하셔야 하며, 만일을 대비하여 가급적 현금보다는 신용카드 할부 결제를 이용하시는 것이 좋습니다. 더불어, 증빙 등을 위해 계약의 해지 의사를 내용증명 등 문서로 통보할 것을 권유드립니다.

■ 차량용 블랙박스 페이백 관련 문의

[질문]

차량용 블랙박스를 공짜로 설치해준다는 전화권유를 받았습니다. 페이백 형태로 돈을 돌려받아 블랙박스를 무료로 이용하는 것이나 다름없다는 내용으로 설명을 들었는데, 이런 경우에 계약해도 나중에 포인트로 다 돌려받을 수 있는 걸까요?

[답변]

일부 블랙박스 판매 업체들이 특정 업체의 포인트를 이용하면 페이백을 지원해준다고 하는 상술이 최근 발생하고 있습니다. 소비자들은 공짜로 블랙박스를 설치해준다는 상술에 현혹되어 충동적으로 구입하지 않도록 주의하셔야 하며, 포인트 제도를 이용하라고 안내받을 시, 인터넷 검색 등을 통해 해당 업체의 평판이나 소비자 불만사항 등을 꼼꼼히 확인하신 후 신중하게 이용하시는 것이 좋습니다.

■ 사고이력이 있는 중고차량을 무사고로 설명하여 판매한 경우 손해배상 등을 요구할 수 있는지 여부

[질문]

소비자가 중고자동차중개업체로부터 본닛 부분만 단순교체한 무사고 차량이라는 설명을 듣고, 2019년식 그랜져 차량을 구입하였는데, 1주일 정도 경과된 시점에 변속기에 하자로 정비업체에서 점검을 받은 결과 이전에 발생한 사고로 엔진룸까지 수리한 사실을 확인함. 그러나 중고자동차중고업체 딜러는 자신도 사고 사실을 몰랐다며 책임을 회피하는데 소비자는 적절한 수준의 손해배상을 요구할 수 있을까요?

[답변]

중고자동차중개업자는 중개하는 자동차의 사고 유무에 대해 고객에게 명확하게 고지하여야 할 책임이 있습니다. 중고자동차중개업자는 차량 판매 전 자동차관리법에 나와 있는 중고자동차 성능점검기록부 양식에 의거 차량 상태를 표시한 내용을 고객에게 고지하고 서면을 교부하도록 되어 있습니다. 따라서 소비자가 중고자동차를 구입할 때 딜러가 무사고 차량이라고 고지한 사정이 인정될 경우 업체에서 사고사실을 몰랐다고 하더라도 적절한 수준의 손해배상을 요구할 수 있습니다. 다만 손해배상의 범위는 소비자가 구매한 금액과 엔진룸까지 수리한 이력이 있는 동종 차량의 매매시세의 차액 수준이 될 것으로 보입니다.

※ 참고로 사고이력에 대한 정확한 정보 조회를 위해서는 보험개발원의 사고이력정보조회서비스(www.carhistory.co.kr)를 이용하면 보험사고이력을 확인할 수 있습니다.

■ 경유차량에 휘발유가 주유되어 엔진이 손상된 경우

[질문]

사용연료가 경유 전용인 스타렉스 차량에 주유를 받는 과정에서 휘발유를 잘못 주유하여 엔진이 소착되는 등의 피해를 입었는데 이에 관한 보상을 요구할 수 있는 지요. 요구가 가능하다면 어느 정도까지 보상받을 수 있나요?

[답변]

주유소 직원이 사용연료를 잘못 주유하였다면 수리비를 요청하실 수 있습니다. 경유 전용 차량과 휘발유를 사용하는 차량은 주입구의 크기 차이가 있는 데 주유소 직원이 이를 확인하지 않고 실수로 경유 전용 차량에 휘발유를 주입하였다면 이는 주유소 측의 명백한 과실입니다. 따라서 엔진에 이상이 발생하였다면 이를 고치기 위한 수리 비용과 수리 기간 동안 동일 차종의 대여 비용 등의 보상을 요구할 수 있습니다. 다만 차량에 이상 증상이 있다는 점을 발견하고도 운전자가 계속 운행하여 수리비가 과다청구된 경우에는 수리비중 일부는 소비자가 부담하는 경우도 있습니다.

■ **세차 중 파손된 차량에 대한 피해보상 요구**

[질문]

자동세차 중 차량의 앞 유리에 흠이 생기고 백미러가 깨지는 사고가 발생하였습니다. 사업자는 세차 기계에는 아무런 이상이 없다며 소비자가 세차 중 차량을 움직여서 발생한 사고이므로 보상해줄 수 없다고 합니다. 어떻게 해야 할까요?

[답변]

사실조사 결과, 소비자의 주장이 인정되면 수리비 배상을 요구할 수 있습니다. 우선 현장조사 등을 통하여 사건 발생의 원인을 확인하는 것이 중요합니다. 사건의 발생 원인이 세차기에 있을 경우에는 사업자가 배상을 해주어야 합니다.

■ 연식을 속여서 판매한 중고자동차의 보상요구 가능 여부

[질문]

소비자가 매매상사로부터 카니발 차량을 구입할 당시 교부 받은 자동차 양도증명서에 2016년식 차량이라고 표기되어 이를 믿고 차량대금을 지불하였고, 소유권이전을 판매원에게 위임 후 자동차등록증을 받아 확인해보니 2014년에 출고된 차량으로 확인되었습니다. 판매사원은 중고시세 차이가 없다고만 하며 연식 차이에 따른 보상을 기피하고 있는데 보상을 받을 수 있는지요?

[답변]

중고차량 연식 차액금 환불을 요구할 수 있습니다. 중고자동차의 시세는 차종의 모델, 연식, 사고 유무 등에 따라 가격이 결정되며, 중고자동차 시세는 각 시도별 매매사업조합에 문의하면 도움을 얻을 수 있습니다. 위 사례의 경우 구입 시 자동차양도증명서에는 2016년식으로 되어 있고 자동차등록증에는 2014년식으로 등록된 사실이 객관적으로 확인이 되었다고 하면 연식 차이에 대한 보상 책임이 해당 차량을 판매한 매매상사에 있다고 봅니다.

■ 주차 중 파손된 차량 수리비 보상 요구

[질문]

유료 주차장에 주차를 하였는데 이후 출발하려고 확인해보니 차량의 오른쪽 범퍼가 파손되어 있었으며 조수석과 뒷문이 긁혀 있었습니다. 주차장 운영업자에게 피해보상을 요구할 수 있나요?

[답변]

유료주차장의 경우 소비자귀책이 없다면 보상을 요구하실 수 있습니다. 유료 주차장에서 주차장의 주인이 마땅히 하였어야 할 보관 및 감시의무를 제대로 하지 않은 경우에는 이를 근거로 손해배상을 받으실 수 있습니다. 그러나 사건이 일어난 후 상당 기간이 경과한 후에 손상부위를 발견하셨다면 주차장 내에서 발생한 사건이 아니라고 주장하는 경우가 많으므로 주차 후에는 바로 차량의 상태 등을 확인하는 습관을 갖는 것이 좋습니다.

■ 품질보증기간 내 도장이 벗겨지는 현상이 있는 경우

[질문]

2023년 11월 중형승용차를 구입하여 운행 중, 동년 12월부터 앞과 뒤 범퍼에 노란 줄이 생긴 후 점점 확대되어 결국 도장이 모두 벗겨졌습니다. 자동차 제조사 서비스센터에서는 왁스를 잘못 사용하여 발생한 하자라며 무상수리를 거절하고 있는데, 무상수리를 받을 수 있는지요?

[답변]

왁스는 도장면의 도료를 보호하고 광택을 내기 위한 용도로 주로 활용되고 있습니다. 그런데 왁스를 도포하고 오히려 도장면의 도료에 문제가 생기는 경우도 있습니다. 이 경우에 자동차 제조사에서는 왁스가 원인을 제공하였다고 주장하고 소비자는 도장면의 도료가 잘못되었다고 주장하여 분쟁이 발생되는 경우가 있습니다. 그러나 소비자가 사용한 왁스가 도료 벗겨짐에 영향을 주지 않는 제품이라면 도장 하자일 가능성이 높습니다. 이는 동일한 왁스를 사용한 차량에서 아무런 문제가 없었는지 여부를 통해 추정해볼 수 있습니다. 만약 차량의 도장면 도료 문제가 없다면 왁스가 불량일 가능성이 높습니다.

■ 중고차 구입 후 30일 이내 엔진 고장이 발생된 경우

[질문]

2019년식 중고 차량을 중고자동차 매매상사에서 1,300만원에 구입하였고, 구입 후 15일 정도 지난 시점에 엔진내부 피스톤에 결함이 발생하여 엔진수리비 1,500,000원이 발생하였습니다. 이 경우 엔진 수리비를 중고자동차 매매업소에서 보상을 받을 수 있는지요?

[답변]

현행 〈소비자분쟁해결기준〉상 중고차량 보증기간이 명시되어 있습니다. 보증기간은 당사자간에 약정하는 것을 따르는데, 다만 중고차량 매매 후 30일 이상 또는 주행거리 2,000km이상으로 보증기간을 정해야 한다고 하고 있으므로 구입후 15일만에 하자가 발생하였으므로 보증범위에 해당될 경우 수리비 보상을 받을 수 있습니다. (다만 주행거리가 2,000km를 넘지 않아야 합니다)

■ 중고차량을 판매한 후 과태료와 세금 등이 소비자에게 부과된 경우

> [질문]
>
> 소비자는 신차를 구입하면서 타던 차량을 중고자동차 매매상사에 판매하였습니다. 그런데 판매한 차량의 주차위반 과태료와 자동차 세금이 계속 부과되어 확인해보니 이전등록이 아직 안 되어있습니다. 이미 판매한 차량의 주차위반 과태료와 자동차 세금은 누가 부담해야 하는 겁니까?

[답변]

제세공과금은 인도일 기준으로 정산합니다. 자동차 매매업의 등록을 한 자는 자동차를 매도 또는 매매의 알선을 한 경우에는 산 사람을 갈음하여 이전등록의 신청을 하도록 자동차관리법 제12조(이전등록)에 규정하고 있습니다. 매매상사에 차량을 판매하였음에도 매매업자가 잔금 지급일로부터 15일 이내 자동차 소유권이전 등록신청을 하지 않았다고 하면 매매업자의 책임으로 볼 수 있고, 자동차 양도증명서(자동차 매매업자 거래용) 제3조(공과금부담)에 의하면 판매차량에 대한 제세공과금은 자동차 인도일 기준으로 하여 정산하도록 되어 있습니다. 따라서, 판매한 차량의 이전등록 지연으로 발생된 주차위반 과태료 및 자동차 세금 부과는 매매상사에 책임이 있다고 봅니다.

■ 엔진수리 하였으나 1달 후 하자가 재발한 경우

[질문]

구입한 지 2년이 지난 승용차로 고속도로 주행 중 엔진과열로 시동이 꺼져 근처 카센터로 견인하여 실린더헤드를 교체하고 운행중 한 달후 동일한 하자로 시동이 꺼지는 현상이 발생하여 카센터에 무상수리를 요구하였으나 수리를 거부하고 있습니다.

[답변]

카센터에 무상수리를 요청할 수 있습니다. 자동차정비업 관련 〈소비자분쟁해결기준〉에 의하면 정비잘못으로 인하여 해당부위 또는 관련 부위에 하자가 재발한 경우에는 차령 3년 미만 또는 주행거리 6만 km 이내 차량의 경우 최종 정비일로부터 60일 이내에 무상수리를 받을 수 있습니다.

■ 대여기간 중 차량하자로 운행을 할 수 없는 경우

[질문]

승합차를 렌트하여 2박 3일로 제주도로 친구들과 여행을 갔었는데, 가는 도중 기어작동이 되지 않으면서 차량이 전혀 움직이지 않아 차량을 사용할 수 없게 되어 여행을 망쳐버렸습니다. 이 경우 보상받을 방법은 없나요?

[답변]

대체 렌터카 제공과 대여요금의 일부를 공제받을 수 있습니다. '자동차 대여 표준약관'에 임차인은 렌터카 대여전의 하자로 인하여 사용이 불가능하게 되었을 때에는 회사로부터 대체 렌터카의 제공 또는 이에 준하는 조치를 받을 수 있습니다.

동급의 대체차량 제공이 불가능할 경우에는 기 지급한 대여요금 전액 및 총 대여예정 요금 10% 가산 후 환급하도록 규정하고 있습니다. 그러나 임차인의 고의 또는 과실에 의하여 이상 또는 고장이 발생할 경우에는 렌터카의 인수 및 수리에 소요되는 비용을 부담하여야 합니다.

■ 차량 대여기간 중 차량사고가 발생할 경우

[질문]

친구들과 함께 여행하며 렌터카를 대여해서 운전하던 중, 운전 미숙으로 고속도로 중앙분리대를 들이받아 차량이 파손되었습니다. 렌터카 회사는 수리비와 휴차료를 납부하라고 하는데 어떻게 해야 하나요?

[답변]

임차인이 차량수리비와 휴차손해를 부담하여야 합니다.

자동차 대여 표준약관 상 대여차량은 자동차종합보험중 대인 및 대물보상, 자손은 보험에 가입되어 있지만 자차보험(자기차량손해보험)은 임차인의 요청에 의하여 선택할 수 있게 되어 있습니다.

자차보험에 가입하지 않을 경우 임차인의 귀책사유로 인한 손해가 발생하였을 때에는 사고차량의 수리비와 수리가 불가능할 경우에는 사고당시의 시가를 기준으로 한 실손해를 임차인이 배상하여야 합니다. 또한 임차인의 귀책사유로 인한 사고로 사고차량을 운행할 수 없을 때에는 수리기간 중 휴차로 인한 회사의 실손해를 부담하여야 합니다. 따라서 사고 등 만일의 경우에 대비하여 렌터카 계약 시 반드시 자차보험에 가입하는 것을 권장합니다.

■ 렌터카 계약취소 시 계약금 환급 요구

[질문]

렌터카를 3일간 대여하기로 계약하고 계약금 5만원을 입금하였습니다. 그러나 차를 사용하기 전날 밤 일행중 한 명이 상을 당하여 부득이 계약취소를 하게 되어 계약해제를 요구하니 계약금을 돌려줄 수 없다고 합니다. 이런 경우 계약금을 환급을 요구할 수 없나요?

[답변]

24시간 이전 또는 이내의 취소는 관련 기준에 따라 잔액을 환급받을 수 있습니다. 「소비자분쟁해결기준」에 따르면 소비자사정에 의한 대여예약 취소시, 사용개시일로부터 24시간 전 취소 통보시에는 '예약금 전액 환급'이 가능하고, 사용개시일로부터 24시간 이내 취소 통보시에는 '예약금중 대여예정요금의 10% 공제 후 환급'해 주도록 규정되어 있습니다. 다만 취소시점은 소비자가 입증해야 하며, 관련된 증빙자료 등을 남겨놓으시는 것이 좋습니다.

■ 단종 차량 부품 미보유 시 정비 관련 문의

[질문]
2007년에 생산이 중단된 차량을 소유하고 있는데, 차량의 수리를 위해 제조사의 공식 정비사업소를 방문하였으나 부품이 없다는 이유로 차량을 수리하지 못했습니다.
부품을 보유하고 있지 않다는 제조사 측에 차량의 수리를 요구할 수 있나요?

[답변]
차량의 수리를 요구할 수 있습니다.
공정거래위원회의 「소비자 분쟁해결기준」에서는 자동차의 부품 보유기간을 사업자가 해당 제품의 생산을 중단한 시점으로부터 기산하여 8년 동안 부품을 보유할 것을 규정하고 있습니다. 단, 정비사업소에서는 성능과 품질의 하자가 없는 범위 내에서는 유사부품을 차량의 수리를 위해 사용할 수 있습니다.

■ 초과 주유된 유류비 정산 관련 문의

[질문]

2023년 강원도 여행 중 차량을 대여하였습니다. 여행하면서 차량에 연료를 주유하였고, 차량을 반납할 때에는 연료량 게이지가 처음 대여할 당시보다 초과하였음에도 렌트카 업체에서는 초과 주유된 금액을 환급해주지 않았습니다. 초과 주유된 금액에 대해서 렌트카 업체에 환급을 요구할 수 있는지요?

[답변]

초과 주유된 연료대금의 정산을 요구할 수 있습니다.

공정거래위원회의 「자동차 대여 표준약관」 제22조 제4항에서는 차량 반환 시 연료량이 임대시보다 부족할 경우 렌터카 회사는 당해 부족분에 대한 연료대금을 요구할 수 있으며, 반대로 대여자는 반환시의 연료량이 임차시의 연료량을 초과하는 경우 당해 초과분에 대한 연료대금을 대여업체에 요구할 수 있음을 규정하고 있습니다.

■ 이전등록수수료 차액 환급 가능 여부 문의

[질문]

중고자동차 매매 당시 차량을 매입하면서 매매상사 딜러에게서 이전등록수수료로 935,000원을 고지 받은 후 이를 지급하였으나, 그 이후 이전등록에 소요된 비용을 영수증으로 고지를 받은 적도 없고 딜러로부터 차액을 돌려주겠다는 이야기도 들은 바가 없습니다. 매매상사에 이전등록수수료의 차액 반환을 요구할 수 있는지요?

[답변]

차액의 반환을 요구하실 수 있습니다.

「자동차관리법」 제65조 제3항에 따라 자동차매매업자는 미리 받은 수수료 또는 요금과 이전등록에 소요된 실제 비용 간에 차액이 있을 경우 이전등록 신청일로부터 30일 이내에 양수인에게 그 사실을 통지하고 차액을 전액 반환하여야 합니다.

그렇지 아니할 경우, 동법 제81조 제27의2에 의거 해당 매매업자는 1년 이하의 징역 또는 300만 원 이하의 벌금 등의 처벌을 받을 수 있습니다.

■ 접촉사고로 견인을 해야 하는 경우, 어떻게 대응해야 할까요?

[질문]

차량 운행 중 교통사고로 견인을 하게 되었습니다. 사고로 인해 정신이 없는 사이 견인자동차가 임의로 먼 거리에 있는 공업사에 차량을 입고후 과다한 금액의 견인비용을 청구하고 있습니다. 이러한 경우 견인비용을 전액 지급하여야 하는지요?

[답변]

견인요금은 견인차량의 차종, 작업시간, 견인거리, 야간, 험로 등의 특별작업조건에 따른 견인요금이 있고, 단순 견인이 아닌 견인을 위한 구난작업이 필요하거나 특수한 상황에서 견인 작업이 이루어진다면 견인요금 외에 구난료, 할증료 등이 가산된 요금이 적용되므로 작업시간과 인원, 동원된 구난장비 및 차량종류 등을 꼼꼼히 확인하여야 합니다.

견인사업자는 화물자동차운수사업법에 의거, 부당한 운수조건을 제시하지 못하도록 되어 있고 이를 위반한 부당요금을 받을 경우 행정처분을 받게되므로 견인사업자가 부당한 요금을 강요할 경우에는 관할구청에 신고하실 수 있습니다. 이와 함께 견인요금을 지불할 경우에는 세금계산서 등 영수증을 받아두어야 추후 차액에 대한 환급 등을 요구할 수 있습니다.

■ 차량구입일로부터 1년이 경과한 시점에 주행 중 시동꺼짐현상 발생한 경우 차량을 교환받을 수 있나요?

[질문]

신차 구입 후 약 1년 8개월 정도 되었습니다. 주행 중 차량의 시동이 꺼지는 현상이 발생되어 제조사에 차량 교환 등을 요구하였는데 수리만 해주겠다고 합니다. 시동 꺼지는 현상이 발생되어 1차례 수리한 후 3개월 만에 재발한 경우인데 차량 교환은 어려운지요?

[답변]

〈소비자분쟁해결기준〉에 의하면 차령 12개월 초과된 차량은 부품교환을 원칙으로 하되 수리할 부품이 없어 수리가 불가능한 경우 정액감가상각비를 공제한 금액(차량잔존가)에 10%를 가산하여 환급토록 규정하고 있습니다.

■ 주행 중 시동 꺼짐 현상이 있는 승용차 교환 요구

[질문]

새로 출고된 승용차를 구입하고 3개월 정도 운행하고 있는데 주행 중 시동이 꺼지는 하자가 발생하여 자동차 제작사에서 문제를 제기하고 시동과 관련된 수리를 받았으나 얼마 되지 않아 동일한 하자가 재발하여 불안해서 도저히 차량을 운행할 수가 없습니다 이에 차량 교환을 요구하였지만 거부하고 있는데 어떻게 하나요?

[답변]

〈소비자분쟁해결기준〉에 의하면 차량 12개월 이내에 주행 및 안전도 등과 관련한 중대한 결함이 발생하여 동일하자에 대해 3회까지 수리하였으나 하자가 재발(4회째)한 경우 차량교환 사유에 해당됨에 따라 현재로서는 차량교환을 받기는 어려운 상태입니다. 다만 관련 부품뿐만 아니라 장치까지 점검을 하여 이상부분에 대해 수리를 받는 것이 좋을 것 같습니다.

■ 소형승용차 충돌 시 에어백이 터지지 않아 얼굴을 다친 경우 보상 문의

> [질문]
>
> 1년전 소형승용자동차를 구입하여 운행하던 중 최근 고속도로에서 가드레일을 들이받는 충돌사고가 있었으나 에어백이 터지지 않아 얼굴 등에 심한 부상을 입었고, 이에 자동차 제작사에 보상을 문의하였으나 측면충돌로 인해 전면에어백이 전개되지 않았다고 하며 피해보상을 거부하고 있습니다. 에어백이 충돌시 운전자의 안전 등을 보호하기 위해 장착된 것이므로 동 차량의 에어백이 정상 작동하지 않은 것으로 생각되는데, 이에 대한 피해보상이 가능한지요?

[답변]

측면 충돌일 경우 전면 에어백은 미전개는 하자로 볼 수 없는 바, 피해보상이 불가합니다.

에어백은 자동차가 충돌 사고 발생시 운전자 또는 보조석 탑승자의 안전을 위해 설치되는 안전장치로, 안전벨트를 착용한 상태에서 에어백이 전개되어야 운전자의 에어백 마찰 찰과상 등을 예방할 수 있습니다.

전면 에어백의 작동 조건은 차량 전면 중앙의 일정 각도 이내에서의 정면(벽면, 차량 전면충돌 등)조건에서 전개가 되며, 측면충돌, 전봇대와 같은 Pole 충격 등으로는 전개가 되지 않는 조건이 대부분입니다. 따라서 고속도로 상에서 중앙 가드레일에 충돌한 경우 차량의 측면상태가 많이 파손된 후 회전을 한 경우라면 실제 에어백의 작동 조건으로는 보기가 어렵습니다.

■ 소음 및 진동이 개선되지 않는 차량을 교환받을 수 있는지요?

[질문]

15,000km 정도 운행중인 소형승용차가 진동과 소음이 심하여 여러 차례 수리를 받아도 개선되지 않아 운행에 매우 불안감을 느껴 반품 및 구입가 환급을 요구하였으나 제작사에서는 현재 전혀 하자가 없으며 동일한 차종에도 비슷한 현상이 있고 만약 소음이 아주 심할 경우는 부품 교환 등의 수리만 해줄 수 있다고 합니다. 환급을 받을 수 없는지요?

[답변]

차량의 진동 및 소음은 수리를 받으셔야 합니다.

차량에서 발생되는 진동 및 소음은 특정 주행조건에서 간헐적으로 발생되는 현상으로서 관련 부품의 교체 또는 조정을 통해 개선될 수 있고, 동일한 차종과 비교하여 특별한 문제가 없는 상태라면 진동이나 소음은 〈소비자분쟁해결기준〉에서 정한 차량교환이나 구입가 환급에 해당하는 주행 및 안전도 등과 관련한 중대한 결함으로 볼 수 없습니다. 따라서 관련 부품의 교환 및 조정을 통해 개선시킬 수 있는 현상으로 수리를 받으실 수 있습니다.

■ 리콜(결함시정) 차량인데 이미 수리하여 지급한 수리비를 환급받을 수 있나요?

[질문]

수입 승용자동차를 운행하던 중 얼마전 조향장치 오일이 계속 감소하여 확인한 결과, 호스에서 오일이 누유되는 것을 확인하여 서비스센터에서 수리비를 지급 후 수리를 받았으나 최근 동 차량에 수리한 부분과 동일한 부품에 대한 리콜이 진행되는 것을 알게 되었습니다. 수리비를 환급받을 수 있는지요?

[답변]

수리비를 환급받을 수 있습니다.

자동차의 제작결함 시정은 안전운행에 지장을 줄 수 있는 중대한 결함이 발생했을 때 자발적 또는 강제적으로 시정명령이 이루어지게 되는데, 자동차의 제작결함 시정이 공표되면 해당 차량의 결함에 대해서 무상수리 등을 받을 수 있으며, 또한 1년전까지 동일 부위를 수리한 사실이 있으면 수리비의 환급이 가능합니다(자동차관리법 31조의 2)

■ 차량 하자로 교환사유가 발생한 경우 구입가 환급도 가능한지요?

[질문]

중형승용차 구입 후 여러차례 수리를 했음에도 불구하고 차량의 엔진부조 현상이 계속 반복 발생되어 차량교환을 요구하였으나 수리만 계속 받으라고 하여 2개월간 이의 제기하던 중 지금에 와서는 차량교환을 해주겠다고 합니다. 2개월간 도저히 동 차량을 이용할 수 없어 우선 다른 차량을 구입하였으며 이제는 차량을 교환받기보다는 구입가 환급을 받고 싶습니다. 사업자는 무조건 동일차종으로 교환만 주장하는데 구입가 환급을 받을 수는 없는지요?

[답변]

구입가 환급을 요구할 수 있습니다.

〈소비자분쟁해결기준〉에서는 신차 구입 후 1년 이내에 주행 및 안전도 등과 관련 중대한 결함사유로 차량교환 사유에 해당되는 경우에는 차량교환 또는 구입가 환급의 분쟁해결기준을 정하고 있으며, 소비자기본법 시행령 제9조(소비자분쟁해결기준의 적용)는 동일한 피해에 대한 분쟁해결기준을 두 가지 이상 정하고 있는 경우에는 소비자의 선택에 따르도록 규정하고 있습니다.

■ 주행 중 시동 꺼짐 현상으로 엔진장치를 3회 이상 수리하였으나 재발한 경우

[질문]

승용차량을 구입하고 1개월 정도 지난 시점부터 주행 중 시동이 꺼지는 현상이 발생되어 연료라인, 전장품 관련 부품 교체 등 3회 수리를 받았음에도 동일 현상이 발생되어 차량 교환을 요구하였으나 다시 수리만 해주겠다고 하는 데 이런 경우 차량 교환을 요구할 수 있나요?

[답변]

〈소비자분쟁해결기준〉에 의거 차량 교환을 요청할 수 있습니다. 자동차 관련 〈소비자분쟁해결기준〉에 의하면 차량인도일로부터 12개월 이내에 주행 및 안전도 등과 관련한 중대한 결함이 발생하여 3회까지 동일한 장치를 수리하였으나 하자가 재발(4회째)한 경우 차량 교환 또는 구입가 환급을 요청할 수 있도록 되어 있습니다.
해당 차량의 경우 차량인도일로부터 12개월 이내 주행중 시동 꺼짐 현상으로 엔진장치를 3회 수리를 하였으나 재발하였고, 현재도 주행 중 시동 꺼짐 현상이 객관적으로 확인된다면 차량 교환을 받으실 수 있습니다.

■ 자동차 구입가 환급시 등록비용을 환급받을 수 있는지 문의

[질문]

승용차량을 구입하고 1개월 정도 지난 시점부터 주행 중 시동이 꺼지는 현상이 발생되어 연료라인, 전장품 관련 부품 교체 등 3회 수리를 받았음에도 동일 현상이 발생되어 차량 교환을 요구하였으나 다시 수리만 해주겠다고 하는 데 이런 경우 차량 교환을 요구할 수 있나요?

[답변]

신차 구입 후 1년 이내이고 중대한 결함으로 구입가를 환급받는 경우에는 등록에 소요된 필수비용도 함께 환급받을 수 있습니다.

자동차 관련 소비자분쟁해결기준에는 신차 구입 후 1년 이내에 중대한 결함으로 구입가 환급 결정이 내려진 경우 제비용 정산에 따른 보상기준을 정하고 있습니다. 즉, 임의비용(종합보험료, 할부부대비용, 공증료 등)을 제외한 필수비용(등록세, 취득세, 교육세, 번호판대 등)은 사업자가 부담하도록 되어 있습니다.

■ **주행거리 조작된 중고차량 보상받을 수 있나요?**

[질문]

11년된 중고 승용차를 외관이 멀쩡하고, 계기판의 주행거리가 13만km로 년식에 비해 별로 운행하지 않아 240만원에 구입하였으나 구입직후 시동불량 등 하자가 많아 차량등록원부를 확인해보니 실제 주행거리가 26만km로 조작된 것을 알게 되었습니다. 피해보상이 가능한지요?

[답변]

중고자동차매매업 관련 〈소비자분쟁해결기준〉에 의하면 소비자는 구입한 중고자동차의 주행거리가 조작된 것이 확인될 경우는 매매계약의 해약 또는 주행거리조작에 따른 손해배상을 받으실 수 있습니다. 또한, 자동차관리사업자의 주행거리 무단변경 행위는 자동차관리법에 의거 징역 또는 벌금형에 처해질 수 있는 금지행위이므로 관련기관에 고발하실 수 있습니다.

PART 4. 정보통신

■ 해지 누락된 인터넷서비스 적절한 처리 요구

[질문]

인터넷서비스를 정상적으로 이용해 오다가 이사한 거주지에 이전설치가 불가하여 통신사와 위약금 없이 해지하기로 협의되었습니다. 그러나, 약 5개월 후 해지 처리가 되지 않아 요금이 계속 납부되어 왔음을 알게 되었는데, 이 경우 어떻게 해야 하나요?

[답변]

통신사와의 협의사실을 입증할 수 있다면 위약금 없이 해지 처리, 기납부 요금 반납 등 권리구제가 용이합니다. 다만, 통신사에서 협의사실을 일관되게 부정할 경우 권리구제가 어려울 수 있으니 녹취파일, 문자메시지 등 증거자료를 확보해 두는 것이 좋습니다.

■ 결제 의사 없었던 게임콘텐츠 환급 요구

[질문]

온라인 게임 앱을 통해 A게임을 구매하고 신용카드로 결제하였는데 구매한 금액보다 많이 결제되어 앱을 확인해 보니 구매의사가 없었던 B게임까지 결제가 되었습니다. 무엇인지 확인해보기 위해 B게임을 재생시키긴 했지만 게임 시작 전 바로 종료하였고 게임사 측으로 바로 환급요청을 하였지만 게임사 측에서는 게임 재생 기록이 있다는 이유만으로 환급을 거부합니다. 환급이 불가능한 것일까요?

[답변]

앱에서 결제 전, 결제 예정 아이템과 결제 금액을 반드시 확인하고 최종결제를 진행하여야 피해를 예방할 수 있습니다. 해당 사건은 소비자가 예전에 장바구니에 담아 놓았던 B게임이 삭제되지 않고 남아 있어 A게임과 함께 결제되었던 건으로 소비자가 최종 결제 전 구매 상세내역을 꼼꼼히 확인하였더라면 예방가능했던 피해입니다. 또한 모바일 콘텐츠의 경우 재화의 특성상 개시가 시작되면 청약철회가 불가하여 환급이 어려울 수 있습니다(「전자상거래 등에서의 소비자보호에 관한 법률」제17조 제2항 제5호).

■ 이사 후 이동통신서비스 통화품질 불량에 따른 해지 요구

[질문]

이동통신서비스를 정상적으로 이용해 오다가 이사한 거주지 내에서 통화품질이 불량하여 통신사에게 위약금 부담 없는 계약해지를 요청했습니다. 그러나 통신사는 과실이 없다며 이를 거절하는데, 이 경우 어떻게 해야 하나요?

[답변]

사업자와 소비자의 계약이 사업자가 미리 정해놓은 약관에 따라 이루어졌다면, 그 약관에 규정되어 있는 분쟁해결에 관한 기준이 우선 적용됩니다. 그러나 약관이 없거나 약관이 있더라도 분쟁해결의 기준이 포함되어 있지 않다면, 「소비자분쟁해결기준」이 적용될 수 있습니다. 동 기준에 따라 이용자의 주생활지(주민등록지, 요금 청구지, 직장소재지)에서의 통화품질이 불량한 경우에는, 아래와 같은 내용으로 가입 기간에 따라 계약을 해제 또는 해지를 요청할 수 있습니다

- 가입 14일 이내: 계약해제
- 가입 15일 이후 6개월 이내: 위약금 및 할인반환금 없이 계약해지 및 해지신청 직전 1개월 기본료 50% 감면
- 가입 6개월 이후: 소비자가 사업자에게 통화품질불량을 통지한 때부터 1개월 이내 사업자가 통화품질 개선을 완료하지 않는 경우 위약금 및 할인반환금 없이 계약해지

다만, 통신사업자가 통화품질 문제를 해결하기 위해 중계기를 설치하는 등의 노력을 하였으나, 입주자들의 반대로 설치가 어려운 경우에는 위와 같은 규정을 적용하지 못할 수도 있습니다.

■ 앱스토어 이용 중 중복 결제된 경우의 대금 환급 요구

[질문]

앱스토어를 통해 모바일 게임 내 재화를 구매하고 **페이로 결제했습니다. 그런데 중복으로 결제된 사실을 확인해서 앱스토어 운영 업체에 환급을 요구했으나 거부당했습니다. 결제 내역 자료도 있는데, 환급받을 수 있을까요?

[답변]

결제가 중복되어 이루어졌다는 사실이 확인된다면 환급을 요구할 수 있습니다. 동 시간대의 재화 구매내역과 대금 결제 내역에 관한 증빙자료를 제시하여 환급을 요구할 수 있을 것입니다.

■ 사양을 추가 업그레이드한 노트북컴퓨터 환급 요구

[질문]

노트북컴퓨터를 온라인으로 주문한 후 배송받기 전에 취소했습니다. 그러나 판매자는 추가 업그레이드 작업(CTO: Configure To Order)이 이루어진 제품이라며 환급을 거부합니다. 배송받기 전에 취소 요청을 했고 배송된 제품을 개봉하지도 않았으므로 반품하고 전액 환급받고 싶습니다.

[답변]

전자상거래 등에서의 소비자보호에 관한 법률 제17조(청약철회등)는 온라인으로 구매한 물품을 배송받기 전이라면 청약철회가 가능하다고 정하고 있지만, 일부 청약철회를 할 수 없는 경우들도 명시하고 있습니다. 구체적으로는 같은 법 시행령 제21조(청약철회등의 제한)에서 소비자의 주문에 따라 개별적으로 생산되었거나 이와 유사한 재화에 대해 사업자에게 중대한 피해가 예상되는 경우로서 사전에 해당 거래에 대해서 별도로 그 사실을 고지하고 소비자의 동의를 받은 경우에는 청약철회가 제한된다고 규정하고 있습니다. 따라서 소비자의 개별 주문사항이 반영된 노트북컴퓨터인 경우는 배송 전이라고 해도 반품과 환급이 불가할 수 있습니다.

■ 초고속인터넷 등 유선결합상품 자동 해지 여부

[질문]

초고속서비스와 IPTV를 3년간 약정하여 이용하고 있습니다. 최근 약정이 만료됨에 따라 더 좋은 조건을 제시한 사업자와의 계약을 고려 중입니다. 예전에 명의자가 직접 해지 신청을 하지 않았다는 이유로 상당기간 동안 통신 요금을 인출하여 금전적으로 피해를 입은 적이 있는데 명의자가 꼭 해지 신청을 해야 하나요?

[답변]

이동전화는 번호이동을 통해 사업자 변경을 쉽게 할 수 있었던 반면, 초고속인터넷과 IPTV 등 유선결합상품은 가입과 해지를 별도로 신청해야 했으나, 2020.7.부터 원스톱 사업자전환 서비스가 도입되어 신규사업자에게 가입할 때 사업자 전환을 신청하면 기존서비스 해지는 사업자간에 자동으로 처리되므로, 사업자 전환 신청을 하였다면 해지 신청을 하지 않아도 됩니다.

■ 법정 대리인의 동의없이 미성년자가 결제한 게임아이템 구매비용 환급 가능 여부

[질문]

미성년자인 자녀가 부모동의없이 스마트폰 모바일게임 이용을 하며 300만원 상당의 게임 아이템을 구매했습니다. 자녀(미성년자)가 부모(법정대리인)명의의 스마트폰으로 임의결제를 진행한 경우 결제된 금액에 대해 환급이 가능할까요?

[답변]

미성년자 명의의 스마트폰으로 결제가 진행된 것이 아닐 경우, 사업자에게 미성년자 임의결제건으로 환급을 요청하는 것은 어려울 수 있습니다.

현재 많은 모바일 게임 업체들은 게임속 아이템이나 게임머니를 한번 사용하고 나면 환불이 불가능 하도록 하는 약관을 갖고 있습니다. 만약 미성년자인 자녀가 본인명의의 스마트폰으로 법정대리인의 동의없이 임의로 결제를 한 경우라면 위의 약관이 존재하더라도 민법 제5조에 근거하여 사업자에게 환급을 요청할 수 있지만, 부모명의의 스마트폰으로 미성년자가 결제를 진행한 경우라면 미성년자가 임의로 결제를 진행했음을 입증할 수 있는 증빙자료를 사업자에게 제출해야만 합니다. 해당 증빙자료를 구비하지 않을 시 실제 결제자에 대한 사실확인이 불가하여 환급요청이 제한될 수 있습니다.

법정대리인의 동의가 없는 미성년자 임의결제건이 증가하고 있는 상황이므로 이를 예방할 수 있는 추가보안절차(비밀번호 설정) 등이 필요합니다.

■ **나도 모르게 구독 결제된 경우 환불받을 수 있나요?**

[질문]

스트리밍 사이트에서 1개월 동안 무료로 체험할 수 있다고 하여 회원가입을 하였는데, 무료체험 기간이 끝난 후 매달 10,000원씩 6개월동안 결제 되었습니다.
무료 체험을 목적으로 사이트에 가입한 것일뿐 유료 서비스에 대해 인지하지 못한 상태였고, 대금이 자동으로 인출되고 있어 6개월 동안 대금이 결제된다는 것을 알 수 없었는데 이런 경우에도 결제금액을 환불받을 수 있나요?

[답변]

소비자의 이용 등 일정한 행위로 서비스 가치가 현저히 감소 또는 훼손되는 등의 경우가 아니라면 소비자의 청약 철회권은 전자상거래법상의 소비자 권리이므로 보장되어야 합니다.
다만, 서비스를 이용했거나 결제일로부터 7일 이후에는 청약철회가 제한될 수 있습니다.

■ 독점 계약된 집합건물 입주로 기존 가입상품(인터넷+CCTV) 위약금 없는 해지 요구

[질문]

초고속인터넷서비스와 CCTV를 약정하여 가입하였습니다. 1년 정도 이용한 후 오피스텔로 입주하게 되어 현재 이용하고 있는 사업자에게 인터넷 및 CCTV 이전을 신청하였으나, 해당 오피스텔은 타사와 오피스텔 간 독점 계약이 체결되어 있어 이전 설치가 불가능하다고 하여 부득이 두 상품 모두 가입을 해지하게 되었는데, 사업자는 인터넷은 위약금 없는 해지가 가능하지만 CCTV는 불가하다고 합니다. 이사한 곳이 오피스텔이라 CCTV 이전이 불가한데 이런 경우에도 위약금을 내야 하나요?

[답변]

2022. 4. 1.부터는 초고속인터넷서비스의 경우 계약기간 이내라고 하더라도 독점 계약된 집합건물 입주 이용자의 약정기간 할인반환금, 결합할인 반환금, 장비임대료 할인반환금은 100% 감면이 가능합니다.

단, 보안, CCTV 등 제휴서비스 위약금과 경품 위약금은 감면대상에서 제외되며, 감면 신청방법은 해지 신청 후 14일 이내 기존 사업자에게 제출서류와 함께 신청하면 되고 이때 개인정보 활용 및 제3자 제공동의서, 임대차 계약서(이사 후 주소가 표기된 주민등록등본)를 제출하면 됩니다.

■ 노트북 동일 본체 2회 교체후 동일불량현상으로 3회째 고장 발생한 제품의 환급 요구

[질문]
마트에서 노트북을 60만원에 구입했습니다. 제품 사용 3달 후 전원이 켜지지 않아 A/S를 받았습니다.
이후 3개월 동안 동일 불량이 3회 이상 발생하여 제품을 사용할 마음이 없어졌습니다. 이와 같은 경우에 환급이 가능한가요?

[답변]
'소비자분쟁해결기준' 의거하면 품질보증기간 이내에 동일하자에 대해 2회까지 수리하였으나 하자가 재발하는 경우 수리가 불가능한 것으로 판단하기 때문에 제품교환 또는 구입가 환급이 가능합니다.
소비자는 품질보증기간 이내에 동일증상으로 2회 이상 수리하고 다시 같은 증상으로 인한 하자가 발생했으므로 사업자에게 제품교환 또는 구입가 환급을 요구할 수 있습니다. 단, 소비자의 과실이 아닌 정상적인 사용상태에서 발생한 하자에 대해서만 가능합니다.

■ 주문 상품과 색상 다르고 흠집 발견된 노트북 환급 요구

[질문]

홈쇼핑을 통해서 노트북을 84만원에 구입했습니다. 당시 출근중이라 가족이 노트북을 수령했습니다. 저녁에 와서 배송된 제품을 확인해보니 주문한 화이트색상이 아닌 아이보리 색상의 노트북이었고 흠집도 발견이 되었는데 제품 환급이 가능한가요?

[답변]

전자상거래 등에서의 소비자보호에 관한 법률' 제17조(청약철회등)제3항에 따라 표시 광고의 내용과 다르거나 계약내용과 다르게 이행된 경우에는 그 재화등을 공급받은 날부터 3개월 이내, 그 사실을 안 날 또는 알 수 있었던 날부터 30일 이내에 청약철회등을 할 수 있습니다. 제품이 주문한 색상과 다르게 주문되었고 흠집도 있으므로 소비자는 청약철회 등을 할 수 있으며 사업자는 이를 수용해야 합니다.

■ **컴퓨터의 특정 부품을 새제품으로 교환받는 경우**

[질문]

컴퓨터를 구입하여 사용하던 중 품질보증기간 내 컴퓨터의 특정 부품에 고장이 발생하여 해당 부품을 새제품으로 교환받고 싶습니다.

[답변]

품질보증기간 이내에 정상적인 사용상태에서 발생한 성능, 기능상의 하자의 경우에는 하자발생 시 무상수리를 하도록 소비자분쟁해결기준에서 규정하고 있습니다. 다만 수리가 불가능할 시에는 제품 교환 또는 구입가 환급이 가능합니다.

품질보증기간 이내에 동일하자에 대해 2회까지 수리하였으나 하자가 재발하는 경우 또는 여러부위 하자에 대해 4회까지 수리하였으나 하자가 재발하는 경우는 수리 불가능한 것으로 봅니다.

■ 품질보증기간 이내 동일하자 4회 발생한 스마트폰 단말기

[질문]

스마트폰 구입 후 5개월이 경과하고부터 전원이 꺼지는 하자가 발생하여 수리를 받았으나 하자가 개선되지 않아 그 후로 4회 수리를 받았습니다. 그러나 하자가 개선되지 않아 제품 구입가 환불을 요구하였더니 거절합니다.

[답변]

정상적인 사용상태에서 발생한 하자라면 조치를 취할 수 있습니다. 소비자분쟁해결기준에는 정상적인 사용상태에서 발생한 성능, 기능상의 하자에 대하여 구입 1개월이 경과한 이후부터 품질보증기간 이내에 문제제기를 하는 경우 다음과 같이 기준을 정하고 있습니다.

- 하자발생 시 : 무상수리,
- 수리불가능 시 : 제품교환 또는 구입가 환불
- 교환불가능 시 : 구입가 환급
- 교환된 신제품이 교환 후 1개월 이내에 중요한 수리를 요할 때 : 구입가 환급 또한 품질보증기간 이내에 정상적인 사용상태에서 발생한 성능 기능상의 하자에 대해 동일하자에 대해 2회까지 수리하였으나 하자가 재발하는 경우, 또는 기타하자로 4회까지 수리하였으나 하자가 재발하는 경우는 수리가 불가능한 경우로 보고 있으며, 수리가 불가능한 경우 제품교환 또는 구입가 환급을 권고하고 있습니다.

  (* 리퍼폰 교환은 무상수리로 봄) 더욱이, 품질보증기간 이내에 발생한 정상사용에 따른 하자로 인해 동일인이 4회까지 리퍼폰으로 교환하였으나, 또 다시 리퍼폰 교환 사유가 발생하는 경우는 수리 또는 리퍼폰 교환이 불가능한 것으로 보고 있으며, 구입가 환급을 기준으로 정하고 있습니다.

■ 교환 후 하자가 발생한 태블릿PC의 환급 요구

[질문]

태블릿PC 구입 직후 전원이 켜지지 않는 하자가 발생하여 새제품으로 교환 받았으나 동일한 하자가 재발하여 이를 사업자의 A/S센터에서 확인을 받았습니다. A/S센터에서는 교환하여 사용하라고 하나 저는 새제품 교환 후 8일만에 동일한 하자가 발생하였으므로 환급을 받고 싶은데, 이 경우 환급을 받을 수 있나요?

[답변]

일반적 소비자분쟁해결기준 중, '품질보증기간은 소비자가 물품등을 구입하거나 제공받은 날부터 기산한다. 다만, 계약일과 인도일(용역의 경우에는 제공일을 말한다. 이하 이 목에서 같다)이 다른 경우에는 인도일을 기준으로 하고, 교환받은 물품등의 품질보증기간은 교환받은 날부터 기산한다.'에 의거하여 완제품의 경우 교환 받은 날부터 품질보증기간이 기산됩니다. 또한 품목별 소비자분쟁해결기준(공산품)을 살펴보면, 구입 후 10일 이내에 정상적인 사용상태에서 발생한 성능·기능상의 하자로 중요한 수리를 요할 때는 제품교환 또는 구입가 환급이 가능합니다. 이에 따라 소비자는 새제품으로 교환 후 8일만에 하자가 발생하여 이를 A/S센터에서 확인을 받았으므로 소비자분쟁해결기준에 의거하여 소비자의 선택에 따라 제품 교환 또는 구입가 환급이 가능합니다.

■ 품질보증기간이 경과한 휴대폰 액정 무상수리 문의

[질문]

휴대폰을 구입한지 2년이 좀 넘었는데, 최근 갑자기 액정화면이 나오지 않아 제조사 A/S센터에 의뢰하니 충격으로 인해 내부의 부품이 깨졌고 수리비 270,000원에 유상수리를 받으라고 합니다. 충격을 준 적이 없는데 부품이 깨졌다면 제품상 결함으로 보아 무상수리를 받을 수 있지 않을까요?

[답변]

품질보증기간이란 해당기간동안은 제조자가 제품의 품질이 일정수준에 있음을 보증하는 것으로 사용상 부주의가 명백한 경우를 제외하고는 하자에 대한 보상을 받을 수 있습니다.

부품 파손은 사용자가 인지하지 못하는 사이에 최소한의 충격이 있었을 것으로 추정할 수 있고, 이는 품질보증기간 이내일 경우라도 보상에서 제외될 수 있는 사안이므로 품질보증기간이 경과한 상황에서는 무상수리가 불가합니다.

■ 전자상거래로 컴퓨터 구입시 소비자 변심으로 환불하고자 하는 경우

[질문]

전자상거래로 컴퓨터를 구입한 직후 마음에 들지 않아 제품을 반품하고 구입가 전액을 환불받고 싶습니다.

[답변]

전자상거래로 구입한 컴퓨터는 일단 제품에 전원을 작동시키면 하자가 있지 않은 이상은 환급을 받기 어렵습니다.

물론 전원을 켜지 않은 상태에서 디자인이 생각했던 제품이 아니어서 반품을 원할 경우 제품 수령일로부터 7일 이내에 포장되어 온 상태 그대로 판매자에게 반송해야 가능 하므로 포장박스를 포함하여 제품을 구성하는 부품 등의 파손 및 훼손 등으로 인해 불이익을 받는 일이 없도록 해야 합니다. 또한 소비자 변심인 경우 반품에 소요되는 부대비용은 소비자가 부담하여야 합니다.

■ 컴퓨터의 불량화소로 인한 교환 및 구입가 환급 여부

[질문]

전자상거래로 컴퓨터를 구매하고 배송을 받아보니, 모니터에 불량화소가 1개 발견됐는데 제품 교환이나 구입가 환급이 가능할까요?

[답변]

컴퓨터의 모니터는 LCD 제조공정상 기술적 한계로 불량화소가 발생할 수 있습니다.

디스플레이 제조사 등은 '무결점 정책'(1개 이상의 불량화소에 대한 품질보증)을 도입하거나 자체적으로 불량화소 갯수에 따라 불량을 판단하는 기준을 정하여 품질을 보증하고 있습니다. 소비자께서 무결점 제품을 구매하셨다면 관련 보증서를 확인 후 제조업체에 교환 및 환급을 요구할 수 있으나, 무결점이라고 광고를 하지 않은 일반 제품의 경우는 제조업체의 기준에 맞지 않은 불량화소 개수라면 보상은 어렵습니다.

■ 사업자가 인터넷경품을 제공하지 않는 경우

[질문]

인터넷경품을 지급받기로 하였는데 사업자가 약속을 번복하고 아직까지 경품을 제공하지 않고 있습니다. 경품이라는 이유로 일방적으로 약속을 파기할 수 있습니까?

[답변]

경품 지급도 계약이므로 당연히 당초의 계약을 이행하도록 요구할 수 있습니다.

인터넷 경품과 관련한 피해로는 경품지급 기한을 일방적으로 미루거나 대체상품을 제시하는 경우, 경품지급 약속을 파기하는 경우 등이 있습니다. 경품을 받기 위해 소비자가 돈을 지불한 사실은 없지만 계약 법리에 의해 소비자는 당연히 경품의 인도를 요구할 수 있고 사업자도 인도할 책임을 집니다. 사업자가 경품을 인도해야 하는 의무를 이행하지 않을 경우 구입한 물건을 인도하지 않은 경우와 동일하게 생각하면 됩니다. 다만, 경품이라도 소비자 거래에 부수하여 제공하는 경품(예를 들어 10만원어치 물건을 사면 자동차 경품 참가권 1매 제공 등)과 불특정 다수를 대상으로 누구나 참여하는 현상경품(예를 들어 사이트에 게시한 퀴즈에 응모하면 추첨을 하여 경품 제공 등)은 구별하여야 합니다. 거래에 부수한 경품은 거래의 결과로서 사업자가 당연히 부담하는 채무이며 불이행시 소비자피해에 해당합니다만, 현상경품인 경우에는 홍보를 목적으로 하는 것이므로 현행법상 소비자피해로 분류하는 것에 대해 논란이 있는 것이 현실입니다.

그러나 거래에 부수한 경품이거나 현상경품이거나를 막론하고 사업자가 경품 인도를 이행해야 할 책임은 분명히 가지고 있기 때문에 소비자는 경품의 인도를 요구할 권리가 있습니다.

■ 초고속인터넷 접속 장애로 품질 불만

> [질문]
>
> **초고속 인터넷서비스 이용중 인터넷 접속이 되지 않는 경우가 자주 발생합니다. 해지를 하고 싶은데 사업자는 약정계약이 완료되지 않았다면 위약금을 내야 한다고 합니다. 어떻게 하지요?**

[답변]

소비자분쟁해결기준에 의거하여 계약해지 또는 배상을 요구할 수 있습니다.

공정거래위원회 고시 소비자분쟁해결기준에 따르면, 1시간 이상의 서비스 장애가 월 3회 이상 발생한 경우 또는 1개월 동안 서비스 장애 누적시간이 48시간을 초과할 경우 위약금 없이 계약해지가 가능합니다. 그리고 3시간 이상 또는 월별누적시간 12시간을 초과하여 서비스 중지 또는 장애가 지속되었다면 이에 대한 배상을 요구하실 수 있습니다.

단, 서비스 중지 및 장애시간은 소비자가 사업자에게 통지한 때와 사업자가 서비스를 이용하지 못하는 상황을 안 시간 중 빠른 시간을 기준으로 하므로 장애 발생시 반드시 사업자에게 알리고 기록을 남기셔야 합니다. 그러나 천재지변 등의 불가항력이나 소비자의 과실로 인해 발생한 장애나 회선공사 등 사업자의 사전고지에 따라 서비스가 중단된 경우, 이는 장애시간 계산에서 제외됩니다.

■ 스미싱 사기 피해를 입었는데 대금 환급 가능 문의

> [질문]
> **스마트폰으로 '택배 반품이 존재한다는' 스미싱 문자를 받고 링크를 클릭한 바 있는데, 악성어플리케이션 프로그램이 자동으로 설치되고 소비자가 이용하거나 결제한 바 없는 인터넷사이트에서 500,000원의 e-gift 카드가 소액결제되어 모두 사용됨을 확인함. 결제에 필요한 승인번호 등을 제공한 바 없이 소비자 모르게 자동결제된 대금에 대해 환급이 가능한지요?**

[답변]

우리 원 소비자분쟁조정위원회에서는 위와 같은 스미싱 피해에 대해 이동통신사업자와 결제대행업체에게 손해배상 책임이 있음을 인정하는 조정결정을 한 바 있습니다.

즉, 청구대행업체인 이동통신사업자에게는 『정보통신망 이용촉진 및 정보보호 등에 관한 법률』 제60조 제1항에 근거하여, 통신과금서비스를 제공함에 있어 통신과금서비스 이용자에게 손해가 발생한 경우에 해당하므로 손해배상책임이 있다고 보았고, 소액결제의 인증번호를 생성하고 관리하는 결제대행업자(PG: Payment Gateway)에게는 『전자상거래 등에서의 소비자보호에 관한 법률』 제8조에 따른 관련 정보의 보안 유지에 필요한 조치를 다하지 못한 점을 들어 『정보통신망 이용촉진 및 정보보호 등에 관한 법률』 제60조 제1항에 따라 손해배상책임이 있다고 인정하였습니다.

■ 아이템을 현금 거래한 후 해킹 가해자(연관자)로 오인되어 이용 제한된 경우

[질문]

인터넷게임을 이용하던 중 보유하고 있던 아이템과 게임머니가 사라졌습니다. 어떻게 해야 할까요?

[답변]

해킹(침해행위)의 경우 「정보통신망 이용촉진 및 정보보호 등에 관한 법률」을 위반하는 행위로서, 해킹으로 피해를 입었을 경우 경찰의 수사를 통하여 가해자를 찾은 후, 가해자를 상대로 별도의 민사소송을 통하여 피해의 보상을 요구하여야 합니다. 다만, 일반적으로 인터넷게임사 이용약관 및 운영정책에 따르면 인터넷게임 아이템 또는 게임머니가 해킹으로 사라진 경우 해당 아이템 또는 게임머니의 복구가 가능하도록 규정한 경우도 있으나, 그렇지 않다면 게임사를 대상으로 아이템 또는 게임머니의 완전한 복구를 주장하기는 어려울 수 있습니다.

■ 인터넷게임 아이템의 소유권을 주장할 수 있는지요?

[질문]

인터넷 게임서비스에서 아이템을 구매하여 몇 년 동안 사용하고 있습니다. 며칠 전 불법프로그램 사용으로 게임이용이 정지되었는데, 게임의 이용은 정지되었어도 아이템은 제가 돈을 주고 구매한 것이므로 소유권이 저한테 있는 것 아닌가요?

[답변]

현행 법률상 아이템의 소유권이 규정되어 있지는 않습니다.

우리 민법에서는 물건을 유체물 및 전기 기타 관리할 수 있는 자연력이라고 정의하고 있습니다(제98조). 따라서 민법상 물건이기 위해서는 유체물이나 관리가능한 자연력이어야 하고, 사람이 그것을 관리할 수 있어야 하며, 인간 이외의 외계의 일부로서 지배 가능한 독립된 것이어야 합니다.

그런데 게임 아이템은 현실세계에서 일정한 공간을 차지하고 있지 않은 컴퓨터상의 데이터이므로 해당 게임을 개발한 사업자의 지적산물일 뿐이고, 게임 프로그램을 벗어나 별개로 독립되어 존재할 수 없으며, 이용자가 해당 아이템을 지배할 수 없다는 점 등으로 민법상 물건으로 보기 어렵습니다.

따라서, 게임 아이템에 대한 권리도 독립된 권리가 아닌 게임 프로그램에 대한 지적재산권에 포함되어 게임 사업자가 보유하는 것으로 보아야 할 것입니다.

■ 무료(공짜)로 알고 구입한 스마트폰(휴대폰)에 대하여 할부대금 청구시 처리 방안

[질문]

매월 8만원이상 사용하는 고객에게 휴대폰을 무료로 제공한다고 하여 번호이동으로 이동전화서비스에 가입하였는데 요금청구서를 보니 휴대폰 할부대금이 청구되고 있습니다. 판매점에서는 할부대금이 청구된다는 것을 설명했다고 주장합니다. 할부대금을 납부하지 않는 방법은 없나요?

[답변]

최근 온·오프라인 이동전화서비스 유통점을 중심으로 불법지원금을 살포하는 사례가 끊이지 않고 있으므로 주의가 필요합니다. 이러한 경우 휴대폰을 무료 혹은 파격적인 가격에 제공한다거나 일정기간 경과 후 현금 등을 제공하겠다고 구두로 설명하고 계약서에는 형식적으로 하는 것이라며 고가의 휴대폰 대금을 할부로 청구하는 것으로 표기합니다.

그 계약서에 명의자가 서명을 한다면 명의자의 동의하에 휴대폰 할부 구입을 계약한 것이 되므로 나중에 이의제기가 어려울 수 있으며, 계약서 내용과 별개로 개별 약정을 체결하는 경우를 「이동통신단말장치 유통구조 개선에 관한 법률」에서 금지하고 있어 불법행위의 이행을 요구하기도 어렵습니다.

또한 계약서는 가장 중요한 단서로서 판매자가 계약서는 형식적인 것이라고 주장하더라도 구두로 설명한 계약 조건을 모두 계약서에 표기하여 작성하도록 꼼꼼히 챙겨야 합니다. 판매자가 시키는 대로 이곳, 저곳에 서명을 하게 되면 차후 효력을 발생하는 계약서가 명의자에게 불리하게 작용할 수 있기 때문입니다. 어떠한 계약서든지 서명할 때에는 꼼꼼히 살펴보는 습관이 필요합니다.

■ 전화권유판매로 구입한 스마트폰(휴대폰) 계약내용 확인 방법

[질문]

전화권유 판매로 휴대폰을 개통했습니다. 그런데 고지서를 받아보니 전화권유로 휴대폰 계약내용을 안내받은 사항과 달리 단말기 대금이 부과되었습니다. 이럴 때 계약내용을 어떻게 확인할 수 있나요?

[답변]

전화권유판매자는 방문판매 등에 관한 법률 제7조 제①항에 따라 계약을 체결하기 전에 소비자가 계약의 내용을 이해할 수 있도록 계약의 중요 사항에 대하여 설명하여야 하며, 동법 제7조 제②항에 따라 계약서를 소비자에게 발급하여야 합니다. 다만, 계약서 교부는 소비자의 동의를 받아 그 계약의 내용을 팩스나 전자문서(「전자문서 및 전자거래 기본법」 제2조제1호에 따른 전자문서를 말한다. 이하 같다)로 송부하는 것으로써 갈음할 수 있습니다.

계약서 교부 여부에 대한 다툼이 있는 경우에는 동 법 제7조 제④항에 따라 팩스나 전자문서로 송부한 계약서의 내용이나 도달에 관하여 전화권유판매자가 이를 증명하여야 합니다. 따라서 소비자는 계약의 상대방에게 계약서 교부를 요청하여 계약내용 확인을 요구하시면 됩니다.

■ 명의자 확인 없는 스마트폰 기기 변경에 따른 미납금 취소 요구

> [질문]
>
> 지인의 스마트폰 개통 시 명의를 대여해 준 사실이 있었는데 2020.6.19. 스마트폰 기기 변경 및 미납요금 발생에 따른 청구서를 받게 되었습니다.
>
> 개통 시에만 명의를 대여해 준 것이지 기기 변경과 관련해서는 동의하지도 않았고, 확인 결과 관련 서류도 미비된 상태에서 기기 변경이 이루어져 2020.7.1. 이동통신사에 명의도용이므로 기기 변경 시점을 기준으로 해서 계약해지 및 미납요금 청구 취소를 요구하였습니다. 이 경우 제가 원하는 대로 처리가 가능한지요?

[답변]

사업자가 업무상 과실이 없다면서 미납금을 받아야 한다고 주장한다면 기기 변경 당시의 구비 서류를 통해 과실이 없음을 입증해야 할 것입니다.

그러나 명의자의 동의도 없이 관련 서류 또한 미비한 상태에서 기기 변경이 이루어진 것이라면 이 경우 미납금 청구는 부당하고, 따라서 소비자의 요구사항을 수용하여 처리되어야 할 것입니다.

■ 초고속인터넷 약정계약 만료 후 요금발생

[질문]

2023년 초고속 인터넷서비스에 3년 약정으로 가입했습니다. 타사 인터넷서비스의 가입조건이 좋아 약정만료 후 재계약을 하지 않고 타사 인터넷서비스에 가입했습니다. 그러나 수개월 후 계약이 완료된 사업자로부터 미납요금이 있다는 통보를 받았습니다. 어떻게 해야 하나요?

[답변]

해지의사를 통보하지 않았다면 요금을 납부해야 합니다. 초고속 인터넷서비스는 계약 후 별도의 해지의사를 통보하지 않으면 사업자의 서비스 이용약관에 따라 계약이 자동 연장됩니다. 따라서 초고속 인터넷서비스를 이용하다 더 이상 서비스 이용을 원치 않거나, 다른 사업자로 전환 가입을 할 경우 반드시 명의자 본인이 사업자에게 계약해지를 통보하여야 합니다.

계약해지 과정에서 사업자가 요구하는 별도의 절차를 단지 부당하거나 귀찮다는 이유로 회피하시면 해지처리가 누락되고 요금이 계속 발생할 수 있습니다. 따라서 부당함이 있으면 즉시 한국소비자원에 상담을 요청하시고 이를 통해 해지절차를 반드시 완료하시기 바랍니다. 단, 해지를 위한 사업자의 미납요금 납부 요구, 명의자 본인 확인을 위한 신분증 요구, 대리인 해지시 가족관계 입증 및 명의자 신분증 요구 등은 부당하다고 볼 수 없습니다.

■ 사업자가 로그파일 제공없이 인터넷게임 계정 이용제한 한 경우 문의

[질문]

오랫동안 이용하던 인터넷게임 계정이 이용제한 되었습니다. 불법매크로 프로그램을 사용하여 게임을 했다며 제한하여 사업자에게 로그파일 제공을 요청했으나 사업자가 거부했습니다. 이 경우 어떻게 해야 할까요?

[답변]

인터넷게임의 로그파일은「통신비밀보호법」에 따라 검사나 사법경찰관이 수사 또는 형의집행 등을 위해 필요한 경우에만 전기통신사업법에 의해 전기통신사업자에게 로그파일 등을 요청할 수 있도록 되어 있어서 수사기관이 아닌 소비자나 정부기관에게 로그파일 등을 제공할 의무는 없습니다.

다만, 실제 이용자가 불법 프로그램을 사용한 경우라면, 온라인게임 표준약관, 사업자의 자체 약관 및 운영정책에 의거하여 회원에게 이용제한 사실을 통보하고, 회원이 명확하게 소명하지 못했을 경우 계정 정지 조치를 부당하다고 보기는 어렵습니다.

그러나 미사용임에도 불구하고 계정 정지가 된 경우 우리 원에서는 해당 사업자에게 이용제한 사유가 무엇인지 등 사실관계 확인을 요청하고 합의 권고를 진행할 수 있습니다.

■ 서비스가 안되는 지역으로 이사하며 해지한 인터넷 위약금 문의

> [질문]
>
> 초고속인터넷서비스에 3년 약정으로 가입하였습니다.
>
> 1년 정도 이용한 후 직장 이전으로 이사를 하게 되어 사업자에게 이전설치를 요청하자, 이사한 곳이 서비스가 안되는 지역이라고 하여 부득이 가입을 해지하게 되었는데, 사업자는 전입신고된 주민등록등본을 제출해야 중도해지 위약금이 면제된다고 합니다. 이사한 곳이 오피스텔이라 주소이전이 불가한데 이런 경우에도 위약금을 내야 하나요?

[답변]

계약기간 이내에 서비스 불가지역으로 이사 할 경우 입증자료 제출시 위약금(할인반환금)을 내지 않아도 됩니다.

다만, 주소이전 불가 등의 사유로 회사가 요구하는 입증자료(주민등록등본) 제출이 어려울 경우 부동산임대차계약서, 주택매매계약서, 이장 또는 통장의 실거주확인서, 이웃주민의 인후보증 등의 증빙자료 제출로도 주민등록등본에 갈음하여 해지에 따른 위약금을 부담하지 않을 수 있습니다.

■ 해지 누락으로 인해 장기간 인출된 인터넷 요금 환급 및 미납금 청구 취소 요구

[질문]

사업자의 인터넷서비스를 이용하다가 타 지역으로 이전하게 되어 해지신청한 후 타사 서비스에 가입하였으나, 최근 기존 사업자 인터넷 요금이 54개월 간 매월 인출되었던 사실을 알게 되었습니다.
이에 기존 사업자의 고객센터로 신분증 등 해지 관련 서류를 제출해 해지처리를 완료하고 모뎀도 반납했습니다.
그런데 해당 사업자는 인터넷 결합 서비스 미납 요금도 있다면서 미납요금 납부를 요구하고 있습니다.
이 경우 54개월 간 기인출된 인터넷 요금을 환급받지 못하고, 해당 사업자가 요구하는 미납요금까지 납부해야 하나요?

[답변]

계약의 당사자인 소비자가 사업자에게 계약해지를 신청한 입증자료와 사업자가 서류 미비에 대한 보완요청 여부 등을 종합적으로 판단해야 할 것 같습니다.
소비자가 거주지를 이전하여 타사 인터넷서비스에 가입한 후 기존 사업자의 서비스를 이용하지 않은 사실이 확인된다면 해지신청 당시의 위약금을 공제하고 기 인출대금 반환 및 해지 신청 후 발생한 요금을 무효로 처리하는 것이 타당한 것으로 사료됩니다.
다만, 방송통신위원회는 2020.7.부터 초고속인터넷과 IPTV.위성방송 등이 결합된 유선결합상품도 이동전화와 같이 이동할 사업자에게 신청만하면 기존 서비스의 해지까지 한번에 처리되도록 사업자 전환 절차를 개선하여 시행하고 있습니다.

■ 유료로 구입한 온라인게임 아이템의 청약 철회 가능 문의

[질문]

온라인게임 이용 중 아이템을 구매했습니다.
아이템 구매 후 원래 사려던 아이템이 아닌 다른 아이템임을 알게 되었습니다. 사업자에게 청약철회 요청 후 대금을 환급받고 싶은데 가능할까요?

[답변]

이 경우, 구매 당시 패키지 상품 또는 특수한 조건으로 청약철회 제한 사유에 해당된 상품임이 고지되었는 지가 중요합니다. 온라인게임서비스업 관련 '소비자분쟁해결기준' 및 '전자상거래등에 있어서의 소비자보호에 관한 법률'에 따르면 사업자가 판매하는 유료 아이템의 경우 구입 후 7일 이내에 청약철회를 요구하여 대금을 환급받을 수 있습니다.

단, 사업자가 소비자의 사용 또는 일부 소비로 재화등의 가치가 현저히 감소하는 경우 등은 청약철회 행사가 제한될 수 있으며, 관련 사실을 재화등의 포장이나 그 밖에 소비자가 쉽게 알 수 있는 곳에 명시하거나 시험 사용 상품을 제공하는 등의 방법으로 청약철회등의 권리 행사가 방해받지 아니하도록 조치한 경우에는 청약철회가 불가합니다.

구매 시 팝업창, 구매페이지 등을 잘 확인하시기 바랍니다.

■ 직장 사무실 내 통화품질의 경우 계약해지 가능 여부

[질문]

보름 전 모 통신사의 이동전화서비스로 번호이동하면서 새로운 스마트폰으로 교체하였는데 유독 직장 사무실에서 통화가 잘 연결되지 않고 끊김현상이 있는 등 통화품질이 불량합니다. 이전 통신사의 경우에는 아무런 문제가 없었고, 사무실내 다른 직원들도 통화품질 불량 문제는 없습니다. 이런 경우 이동전화 계약해지는 가능한지요?

[답변]

계속적 계약관계에서 어느 일방의 계약의 해지는 언제든지 가능합니다. 다만 계약해지의 귀책사유가 어느쪽에 있느냐에 따라 해지 이후로 손해배상 책임이 따르게 됩니다. 질문의 경우 우선 통화품질 불량이 발생한 원인이 이동통신 서비스의 문제인지, 새로운 스마트폰의 하자로 인한 것인지를 규명할 필요가 있습니다. 먼저 가입한 통신사에 요청하여 직장 소재지에서 통화품질 점검을 받아보시고 통화품질이 미흡한 것으로 밝혀진다면 소비자분쟁해결기준에 따라 계약해지 등이 가능합니다. 소비자분쟁해결기준에 따르면 주민등록지, 요금청구지, 직장소재지 등의 주생활지에서의 통화품질 불량시 가입 14일 이내에는 계약해제가 가능하고, 가입 15일 이후 6개월 이내에는 계약해지 및 해지신청 직전 1개월 기본료의 50% 감면이 가능합니다. 그런데 통화품질 테스트 결과 아무런 이상이 없다면 새로운 스마트폰 제조사를 통한 성능 및 기능 점검을 통해 원인 규명후 수리 등의 조치를 받아보시는 것이 좋겠습니다.

PART 5. 금융/보험

■ 상조상품 가입시 주의사항

[질문]
상조상품 가입시 주의사항은 무엇인가요?

[답변]

1. 사은품에 현혹되지 마시고, 계약내용을 꼼꼼히 확인하셔야 합니다.
2. 상조상품 계약시 해지 절차와 환급액을 반드시 확인하십시오.
3. 수의 판매 계약인지 상조 서비스 계약인지 확인하십시오.
4. 장례 현장에서 필요하지 않은 물품과 서비스는 거절하고, 표준약관 사용(계약서에 중요한 내용, 특약사항 기재)한 계약서를 받아두십시오.

■ 기프티콘 사용을 이유로 추가대금을 요구하는 경우

[질문]
지인에게 선물 받은 케익 교환권(35,000원)을 사용하려고 매장에 방문하였는데 직원으로부터 최근 원자재 가격이 상승에 따라 상품 가격이 인상되었음을 이유로 추가대금 결제를 요구받아 2,000원을 신용카드로 결제했습니다. 이 경우 결제한 추가대금을 환급받을 수 있을까요?

[답변]
신유형 상품권 표준약관 제6조에 따라 상품권 발행자 등 사업자는 가격 인상 등 어떠한 이유로도 소비자에게 추가대금을 요구할 수 없습니다. 따라서 사업자가 신유형 상품권 사용을 이유로 추가대금을 수취한 경우 소비자분쟁해결기준(제2022-
25호, 신유형상품권)에 따라 소비자에게 이를 반환하여야 합니다.

■ 내구제 대출로 인한 피해를 입은 경우

[질문]
인터넷 커뮤니티에서 폰테크'광고를 보고 업자에게 연락하였더니'월 10만 원의 통신요금만 내면 즉시 현금을 지급한다.'라고 안내받아 휴대폰 2대를 개통해 넘겨주고 현금 200만원을 받았습니다. 이후 통신 요금 581만원이 청구되었고 사업자는 연락이 안 되는데 어떻게 해야 하나요?

[답변]
'내구제 대출'은 '나를 스스로 구제하는 대출'이란 뜻으로 급하게 돈이 필요하지만 대출을 받기 어려운 사람이 휴대전화 개통, 상조결합 상품 가입 등을 통해 단말기, 전자제품(렌털) 등을 업자에게 넘기고 그 대가로 현금을 수수하는 신종 대출 사기 수법을 의미합니다.
이러한 '내구제 대출'은 추후 고액의 통신요금, 렌털 비용이 청구되는 피해와 개인정보 유출 또는 업자에게 제공한 단말기가 대포폰으로 범죄행위에 악용되는 등의 추가 피해가 발생할 수 있습니다.
'내구제 대출' 관련 피해를 입은 경우 금융감독원 불법사금융피해신고센터(☎1332 → 3번) 및 경찰(☎112)에 신고하세요. 또한, 추가 피해를 방지하기 위해 명의도용방지서비스(www.msafer.or.kr)를 이용하여 추가로 개통된 휴대폰이 없는지, 계좌정보 통합관리서비스(www.payinfo.or.kr)를 통해 본인의 계좌 개설 또는 대출 현황을 확인하고 '가입제한 서비스'(추가 개통 방지) 및 가입한 통신사에 '소액결제차단' 서비스를 신청하세요.

■ **소비자원 등 정부기관 사칭 연락을 받고 투자금을 입금한 경우**

> [질문]
>
> **과거 유사투자자문업체의 주식리딩서비스를 이용했던 경험이 있습니다. 최근 해당 업체로부터 '한국소비자원의 피해보상 명령에 따라 투자자문서비스 회비를 코인으로 보상해 주겠다.'라는 전화를 받았습니다. 이후 담당자의 안내에 따라 코인 구매 비용으로 1600만원 입금한 뒤 업체와 연락이 안 되는데 어떻게 해야 하나요?**

[답변]

한국소비자원은 유사투자자문서비스 피해보상 관련으로 소비자에게 개별적으로 전화를 하거나 문자를 발송하지 않으며, 정부기관은 전화나 문자메시지로 먼저 연락하여 개인정보를 요구하거나 금융 투자 권유를 하지 않습니다.

만약 이와 관련한 피해가 발생했다면 경찰청 사이버수사국(ecrm.police.go.kr, 국번 없이 182번), 금융감독원 불법사금융피해신고센터(www.fss.or.kr, 국번 없이 1332번 → 3번) 즉시 신고하세요.

■ **소비자원 등 정부기관 사칭 문자(연락)를 받은 경우**

> [질문]
>
> **과거 유사투자자문업체의 주식리딩서비스를 이용했던 경험이 있는데 최근 '한국소비자원의 피해보상 명령에 따라 투자 손실 보상 대상입니다.'라는 내용의 문자를 받았습니다. 정말 한국소비자원에서 피해보상을 진행중인가요?**

[답변]

한국소비자원은 유사투자자문서비스 피해보상과 관련하여 소비자에게 개별적으로 전화를 하거나 문자를 발송하지 않습니다. 만약 해당 문자를 받은 경우 즉시 삭제하고 불법스팸대응센터(spam.kisa.or.kr, 국번 없이 118번) 또는 인터넷보호나라(boho.or.kr)에 신고하세요.

■ 상품권 발행일로부터 5년이 지나면 상품권을 사용할 수 없나요?

[질문]

2018.02.01. 호텔식사이용권 5장을 구매했습니다. 구매한 사실을 잊고 있다가 2023.03.14. 호텔식사이용권을 사용하고자 하는 데 사용할 수 있을까요?

[답변]

상품권 발행일로부터 5년이 경과하면 상법상의 상사채권소멸시효가 완성되어 상품권을 사용할 수 없습니다. 다만, 발행자등이 자발적으로 상품권 사용을 허락한 경우, 소멸시효를 적용하지 않을 수 있습니다.

■ 사은품으로 받은 상품권은 유효기간이 지나면 환급이 어려운가요?

[질문]

2021.10.01. 정수기 렌탈 계약을 체결하고, 사은품으로 백화점 모바일 교환권(50,000원)을 문자로 받았습니다. 유효기간 내 교환을 하지 못했는데 상품권 발행업체는 소비자에게 무상으로 제공된 상품권이라는 이유로 유효기간 연장 또는 환급이 불가하다고 합니다. 유효기간 연장 또는 환급이 불가능한 것이 맞나요?

[답변]

해당 상품권은 사업자(구매자 : 렌탈업체, 판매자 : 상품권 발행업체) 간의 구매 계약을 통해 제공된 B2B 상품권으로 신유형상품권 표준약관이 적용되지 않기 때문에 유효기간 연장, 환급 등이 어렵습니다.

* (참고) 공정거래위원회는 B2B 상품권 약관 조항 중 '유효기간 경과 시 연장 또는 환급 불가하다.'는 내용이 불공정 약관이 아니라고 심사한 바 있습니다.

■ 암보험에서 한국표준질병사인분류(KCD) 적용 기준

[질문]

병원에서 '암'으로 진단 받아 보험사에 암보험금을 청구하였는데, 보험사는 이 종양이 최근 변경된 한국표준질병사인분류(KCD) 기준상 '암'이 아닌 '경계성종양'에 해당한다는 이유로 보험금을 삭감 지급하였습니다. 보험사의 업무 처리가 적절한가요?

[답변]

가입 시점의 한국표준질병사인분류(KCD) 기준상 암으로 분류된다면, 암보험금 지급이 가능합니다. 약관 작성자불이익의 원칙에 따라 보험계약 가입 당시 고시된 기준으로 판단을 해야 합니다(대법원 2018. 7. 24. 선고 2017다256828 판결 등 참조).

반대로, 진단 시점 기준으로 암으로 분류한다면 이 또한 보험약관상 암보험금을 지급받을 수 있습니다. 약관상 '개정 이후 한국표준질병사인분류에 있어서 추가로 암으로 분류하는 질병이 있는 경우에는 그 질병도 포함하는 것으로 합니다'라고 정하고 있어 새로이 암으로 분류하는 질병도 보상이 가능합니다. 다만, 2021년 이후에 가입된 보험계약의 경우 진단 시점 기준의 한국표준질병사인분류를 따르도록 개정되었으니 자세한 내용은 가입된 보험계약 약관을 참고 바랍니다.

■ 자동차보험 해지 시 보험료 환급

[질문]

보험기간 1년의 자동차보험에 가입하여 유지하던 중 6개월이 지난 시점에 계약 해지를 요구하였으나 보험사가 미경과보험료 반환을 거부합니다. 보험료 환급을 받을 수 있나요?

[답변]

「자동차보험 표준약관」에 따르면 보험회사는 보험계약자 또는 피보험자에게 책임 있는 사유로 해지하는 경우 이미 경과한 기간에 대하여 단기요율로 계산한 보험료를 공제하고 나머지를 환급하여야 한다고 규정하고 있습니다. 따라서, 보험사에 약관에 따른 보험료 환급을 요구할 수 있습니다. 다만, 계약을 해지하기 전에 보험회사가 보상하여야 하는 사고가 발생한 때에는 보험료를 환급하지 않습니다.

■ 신용카드 일시불로 결제 후 할부로 전환하면 할부항변권 행사가 불가능한가요?

[질문]

가방을 구매하면서 1,200만 원을 일시불 결제한 후 카드사의 할부전환 서비스를 이용해서 10개월 할부로 전환하였습니다. 이후 가방이 배송되지 않고 판매자와도 연락이 되지 않아 카드사에 할부항변을 행사하여 잔여 할부금의 청구중지를 요청하였으나 최초 일시불 결제를 하였기 때문에 할부항변 대상이 아니라고 합니다. 할부전환의 경우, 할부항변이 불가한 것이 맞나요?

[답변]

물품 구매에 있어 할부계약은 할부거래법 제2조에 따라 소비자가 사업자나 신용카드사에 구매 대금을 2개월 이상의 기간에 걸쳐 3회 이상 나누어 지급하고, 구매대금을 완납하기 전에 물품 제공을 받는 계약을 말합니다.

해당 사안은 할부계약 형태와 유사하지만, 최초 가방 구매 당시에는 신용카드 할부가 아닌 일시불로 결제했기 때문에 할부계약으로 볼 수 없고 이를 할부전환서비스를 통해 대금지급 방식을 변경한 것에 불과하여 할부항변권 행사가 어렵습니다.

물품 미배송 등이 우려된다면, 카드결제 시 할부결제를 선택하는 것이 좋습니다.

* 할부가격이 20만원 이상인 경우에만 항변권 행사가 가능

■ 상조회사가 폐업을 했는데, 그 동안 납부한 회비 환급 가능한가요?

[질문]

20년 전 상조에 가입하여 매월 2만원 씩 10년 간 납부했습니다. 그런데 최근 해당 상조업체가 폐업된 사실을 알게되었습니다. 회비를 돌려받을 방법이 있을까요?

[답변]

- 가입한 상조회사가 폐업한 경우 해당 상조업체의 선수금 보전기관(공제조합 또는 은행)의 피해보상 절차를 통해 보상금(선수금의 50%)을 수령 할 수 있습니다.
  * '내상조 찾아줘' 누리집(www.mysangjo.or.kr)을 이용하면 상조업체의 영업 상태, 선수금 납입 내역, 선수금 보전 현황 등을 쉽게 살펴볼 수 있습니다.
- 폐업한 상조 업체에 납입한 금액의 50%를 피해보상금으로 돌려받는 대신 기존에 가입했던 상품과 유사한 상조 상품을 제공 받는 '내상조 그대로' 서비스도 이용할 수도 있습니다.

■ 노트북을 무료로 준다고 하여 가입한 상조서비스, 취소할 수 있나요?

[질문]

노트북을 무료로 준다고 해서 상품에 가입했는데 계약서를 받아 보니 상조 계약이라고 되어 있어요. 취소를 할 수 있나요?

[답변]

- 계약 당시 유의사항을 충분히 확인하지 못하였거나 사실과 다른 경우, 구매 후 일정기간 동안은 청약철회 제도를 통해 구매를 취소할 수 있습니다.
  - o 상조상품에 대해서는 계약서를 받은 날로부터 14일 이내
  - * 약관 및 회원증서를 교부받지 못하였을 경우에는 계약일로부터 3개월 이내
  - o 전자제품 등에 대해서는 전자제품 등을 받은 날로부터 7일
  - * 다만, 전자제품이 설치되었거나 사용된 경우 청약철회가 제한될 수 있음.
- 따라서 신속하게 계약 철회 의사를 전달하는 것이 좋습니다.
  - * 회원 가입계약에 대한 철회의 의사표시를 서면으로 하는 경우에는 서면을 발송한 날에 그 효력이 발생

■ 비상장 주식 투자권유를 받아 입금했으나 이후 업체와 연락 두절

[질문]

조만간 상장될 예정으로, 무조건 큰 수익을 볼 수 있는 비상장 주식이 있으니 투자를 하라는 전화를 받고 업체에 5,000만 원을 입금을 했는데, 그 뒤로 업체가 전화를 받지 않습니다. 어떻게 해야 할까요?

[답변]

투자원금 및 고수익을 보장하면서 투자금을 모집하는 업체에게 자금을 입금하여 피해를 입은 경우, 신속히 경찰(☎112)에 신고하거나 금융감독원(☎1332)에 신고하시기 바랍니다.

* 금융감독원 누리집(www.fss.or.kr)→ 민원·신고 → 불법금융신고센터 → 불법사금융 개인정보 불법유통신고 코너로 증빙자료와 함께 신고

■ 구매 취소한 항공권 대금이 청구되었는데 어떻게 하면 좋을까요?

[질문]

외국항공사의 항공권을 구매하며 신용카드 결제를 하였습니다. 이후 항공권 구매를 취소하였고 항공사로부터 구매 취소 메일을 받았습니다. 그런데 카드 명세서를 확인하는 과정에서 항공권 대금이 청구되었습니다. 취소를 하려면 어떻게 해야 하나요?

[답변]

해외(가맹점)에서 카드를 이용하여 '미사용', '금액 상이', '취소 미처리', '사기 의심' 등의 피해가 발생한 경우 해외 신용카드 이의제기 서비스인 차지백(Chargeback)을 신청할 수 있습니다.

일반적으로 카드 결제일로부터 120일 이내에 신청해야 하고(카드사마다 신청기한, 접수방법 차이 있음), 신청 시 사업자와 주고받은 이메일 등을 증빙 자료로 함께 제출하셔야 합니다.

■ 신용카드 정보를 알려줬는데 360만원이 임의로 결제된 사례

[질문] 유사투자자문업체에서 월 이용료가 30만 원인데 후불제 서비스이기 때문에 매월 수익 나는 금액으로 회비를 결제하면 된다고 해서 신용카드 번호를 알려줬는데 360만 원이 일시불 결제가 되었어요. 어떻게 하면 좋을까요?

[답변]

업체에 계약 해지 의사를 즉시 전달하고 카드사에도 동의 없이 카드가 임의 결제되었음을 알리고 카드 취소를 요청하셔야 합니다.

"카드 등록만 하고 나중에 수익이 나면 결제한다.", "가입을 위해 신용한도 조회가 필요하다."며 카드정보(카드번호, 카드 유효기간, 비밀번호)를 요구받아 알려줄 경우 회비 전액이 일시불 임의결제가 될 수 있으므로 정보제공에 신중하셔야 합니다.

■ 누적수익률 100% 미달성 시 회비를 전액 환급한다는데, 믿어도 될까요?

> [질문]
>
> 6개월 내에 누적수익률 100% 미달성 시 회비 전액을 환급받는 조건으로 주식리딩방(유사투자자문서비스)에 가입했습니다. 그런데 계속 손실만 발생해서 해지를 해달라고 하니 6개월 후에 100% 수익이 안나면 회비 전액 환급해 준다며 기다리라고 합니다. 어떻게 하면 좋을까요?

[답변]

계약서에 '누적수익률 100%'의 산정기준이 '업체에서 매수 추천한 종목 중 매도 추천된 종목의 수익률을 단순 합산하는 방식'으로 계산하는 것이라면, 실제 수익이 나지 않았다고 하더라도 누적수익률은 100%가 될 가능성이 높습니다.

유사투자자문업체에서 6개월 간 제공한 수많은 종목 중 손실이 발생 중인 종목은 매도를 권유하지 않고 수익이 발생한 종목에 대해서만 매도를 권유하고 해당 종목의 수익률만 합산하는 방식으로 계산되기 때문입니다.

따라서 해지를 원한다면 그 즉시 업체에 해지 요청을 하고 환급을 요구하여야 하며, 추후 분쟁에 대비해 문자메세지, 통화 녹음, 내용증명 등 증거자료를 남겨야 합니다.

■ 전화로 유사투자자문서비스 환불신청 했으나 처리를 지연하며 이용금액 과다 청구

[질문]

저는 ○○사의 유사투자자문서비스를 1년간 이용하기로 하고 500만원을 지불했습니다. 3개월이 지나 담당자에게 전화로 해지를 요구했는데, 해지 신청 이후 1개월이 경과했는데도 환급되지 않았습니다. 그래서 $$사에 전화를 했더니 해지 신청된 사실이 없고 담당자는 퇴사한 상태라며 추가로 1개월 이용료를 공제한다고 합니다. 저는 추가 이용료를 지불해야 하는 것인가요?

[답변]

'방문판매 등에 관한 법률' 제31조(계약의 해지)에 의거하여 소비자는 언제라도 계약을 해지할 수 있고, 계약해지를 신청하는 방법은 별도로 규정된 것이 아니므로 전화 등을 통해서도 가능하다고 할 것입니다. 다만 ○○사에서 해지신청을 받은 사실이 없다고 할 경우에는 해당 사실을 입증하지 못한다면 $$사에게 대항하기는 어려워 보입니다. 계약해지 시에는 이와 같은 계약해지 분쟁에 대비하여 해지요청 시 문자, 통화 녹음, 내용증명 등 증거자료를 반드시 남겨 두어야 합니다.

■ 유사투자자문서비스 계약해지 위약금 및 이용금액 과다 청구

[질문]

저는 ○○사 직원이 전화로 유사투자자문서비스 가입을 권유해 1년간 이용하기로 하고 600만 원을 지불했습니다. 4개월 경과 후 주식투자 손실로 ○○사에 해지를 요청하니 해당 서비스 정상가격이 1,800만 원이기 때문에 이를 기준으로 계산하면 환불받을 금액이 없다고 계속 서비스를 이용하라고 합니다. 저는 환불 받을 수 없는 것인가요?

[답변]

○○사는 1년 동안 유사투자자문서비스를 제공하기로 한 이후 계약을 해지하면 계약금액이 아닌 계약금액 대비 과도한 정상금액을 기준으로 위약금을 산정하는 거래조건을 적용하였는데, 이는 소비자에게 해지로 발생하는 손실을 초과하는 위약금을 청구하는 것으로 판단되는 바 「방문판매 등에 관한 법률」 제52조에 의거하여 소비자에게 불리한 것이므로 효력이 없다고 판단됩니다.

따라서 ○○사는 1,800만 원이 아닌 600만 원을 기준으로 환불금액을 산정하여 지급해야 할 것입니다.

■ 메신저피싱 피해에 대한 전화금융사기 보험금 지급 요구

[질문]
저는 OOO톡 메신저로 아들을 사칭한 자에게 580만원을 송금했으나, 돌려받지 못하는 피해를 당하여 제가 거주하고 있는 지자체에서 가입한 전화금융사기 피해를 보장하는 보험의 보험사에 보험금을 청구했으나, 보험사는 약관상 '전화'를 통한 사기피해만 보험금을 지급할 수 있고, OOO톡을 이용한 메신저 피싱 피해는 보험금 지급 대상이 아니라는 합니다. 보험금을 받을 방법이 없을까요?

[답변]
약관에서 전화금융사기란 '사기범이 전화로 사람을 기망하여 신용카드 번호, 계좌번호, 비밀번호 등 개인정보를 수집하거나 직접 금전 송금(이체)을 요구하는 것'으로 정하고 있는데, OOO톡은 통상 전화 내에 설치되어 있는 애플리케이션을 활용하는 통신수단인 점에서 약관상 사기범이 이용하는 사기수단인 '전화'의 범위에 포함된다고 해석하는 것이 타당해 보이므로 보험사는 보험금을 지급해야 할 것으로 보입니다.

■ **교통사고로 식물인간 상태에서 치료 중 사망한 사건의 재해사망공제금 지급 요구**

[질문]

저희 아버지가 2005년에 재해로 사망할 경우 50,000,000원을 지급하는 보험에 가입했습니다. 이후 2006년 아버지가 교통사고로 식물인간 상태에서 치료를 받다가 2017년에 사망했습니다. 그래서 보험사에 재해사망보험금을 청구는데, 보험사는 교통사고로 인해 사망한 것으로 볼 수 없다며 보험금 지급을 거부했습니다. 보험사 처리가 정당한 것인가요?

[답변]

민사분쟁에 있어서의 인과관계는 의학적·자연과학적 인과관계가 아니라 사회적·법적 인과관계이고, 그 인과관계는 반드시 의학적·자연과학적으로 명백히 입증되어야 하는 것은 아닙니다.

(대법원 2002.10.11.선고 2002다564판결 참조)

■ 의료경험칙상 식물인간의 경우 기대여명을 일반인의 25% 전월 리스료 지원 중단에 따른 계약 해지 요구

[질문]

○○사와 자동차리스 지원계약을 체결 후 1년 정도가 지난 후부터 업체에서 월 리스료 지원금을 입금하지 않고 있는데요, 이 경우 계약을 해지하거나 보증금을 돌려받을 수 있을까요?

[답변]

해당 계약은 리스 지원사에 일정액의 보증금을 지급한 후 매월 리스료 중 일부를 지원받는 계약으로 자동차리스 지원사는 여신전문금융사가 아니므로 「여신전문금융업법」 및 「자본시장과 금융투자업에 관한 법」 등이 적용되지 않으나, ○○사로부터 월 리스료의 일정 금액을 매월 지원 받는 내용으로 계약을 체결하였으므로 정당한 사유 없는 ○○사의 리스료 지원 중단은 채무불이행 사유에 해당한다고 볼 수 있으므로 ○○사를 상대로 「민법」 제390조에 따른 손해배상을 청구할 수 있습니다. 다만 지원 업체의 연락두절로 자동차리스 지원 계약에 따른 지원금을 받지 못하거나 보증금을 돌려받지 못하는 피해가 다수 발생하고 있으니 각별한 주의가 요구됩니다.

■ 의사의 구속으로 인해 치료 불가한 도수치료 비용 할부항변 수용 요구

[질문] 병원과 도수치료 10회 계약을 체결하고 1,328,000원을 신용카드 3개월 할부 결제하고, 3회까지 치료를 받은 후 해당 병원 의사가 구속되어 치료가 중단되었습니다. 이에 카드사에 할부항변을 요청하였으나 해당 병원이 폐업 상태가 아니기 때문에 할부항변이 불가하고, 병원에 지급된 금액이 회수되어야 처리가 가능하다고 하는데 방법이 없을까요?

[답변]

소비자가 신용카드로 200,000원 이상의 금액을 2개월 이상의 기간에 걸쳐 3회 이상 나누어 지급하는 경우, 「할부거래에 관한 법률」 제16조에 따라 항변권을 행사할 수 있습니다.

항변권은 할부거래에서 소비자가 계약의 목적을 달성할 수 없을 때 할부 잔액 지급을 거절할 수 있도록 하여, 소비자 피해를 최소화하려는 취지에서 인정되는 권리입니다.

따라서 의사 구속 등 정상 진료 불가로 인해 도수치료가 중단 된 경우, 소비자는 동법 제16조 제1항 제5호에 따라 잔여 할부금의 지급을 거절할 수 있습니다.

항변권은 할부금의 지급을 거절한 당시 남아 있는 할부금에 대해 적용되므로 할부거래법 제16조의 사유가 발생한 경우, 신속하게 카드사에 항변권 의사를 전달하는 것이 좋습니다.

* 제16조(소비자의 항변권)

① 소비자는 다음 각 호의 어느 하나에 해당하는 사유가 있는 경우에는 할부거래업자에게 그 할부금의 지급을 거절할 수 있다.

1. 할부계약이 불성립·무효인 경우
2. 할부계약이 취소·해제 또는 해지된 경우
3. 재화등의 전부 또는 일부가 제6조제1항제2호에 따른 재화

등의 공급 시기까지 소비자에게 공급되지 아니한 경우

4. 할부거래업자가 하자담보책임을 이행하지 아니한 경우

5. 그 밖에 할부거래업자의 채무불이행으로 인하여 할부계약의 목적을 달성할 수 없는 경우

6. 다른 법률에 따라 정당하게 청약을 철회한 경우

■ 기프티콘 유효기간이 지났는데 환불 가능한가요?

[질문]

특정 카페에서 사용할 수 있는 5,000원짜리 기프티콘을 휴대폰으로 구매했는데 유효기간이 지나 사용 및 환불이 불가하다고 안내받았습니다. 구매액의 일부라도 돌려받을 수 없나요?

[답변]

공정거래위원회에서 고시한 「소비자분쟁해결기준(신유형상품권)」에 따르면 유효기간은 경과하였으나 상사채권 소멸시효(5년)이내 상품권 금액 등 반환을 사업자가 거부하는 경우 구매액의 100분의 90을 반환하도록 권고하고 있습니다.

예를 들어, 카페라떼 기프티콘을 5,000원에 구매했는데 유효기간이 경과됐을 경우, 구매일로부터 5년이 경과되지 않았다면 4,500원(5,000원×0.9)의 환급을 요구할 수 있습니다.

■ 요양병원 입원기간에 대한 암 입원보험금

[질문]

대학병원에서 유방암 진단으로 암수술 및 항암치료 이후 몸이 좋지 않아 요양병원에 입원하였습니다. 요양병원 입원기간에 대해 암입원보험금을 청구했으나 보험사는 암에 대한 직접적인 치료에 해당되지 않는다고 주장하며 보험금 지급을 거절했습니다. 보험사가 암입원보험금을 지급해야 되는 것 아닌가요?

[답변]

보험 약관에 따르면 암입원보험금은 '암의 치료를 직접목적으로 입원하였을 때' 지급합니다.

유사 사례에 대하여 법원은 암 치료의 직접목적 여부는 종양을 제거하거나 종양의 증식을 억제하기 위한 수술이나 방사선치료, 항종양 약물치료를 위하여 입원하는 경우를 의미하며, 주치료병원에서 암 치료 후 그로 인한 후유증을 완화하거나 합병증을 치료하기 위한 입원에 대해서는 암입원보험금 지급대상에해당되지 않는다고 판시하였습니다(대법원 2008.4.24.선고 2008다13777, 대법원 2013.5.24.선고 2013다9444 등).

구체적 사안에 따라 달라질 수 있으나 일반적으로 암으로 입원했다고 모두 암입원보험금이 지급되는 것은 아니고, 주치료병원에서 항암치료 이후 단순히 몸이 좋지 않다는 이유만으로 요양병원에 입원한 것은 암입원보험금 지급사유에 해당한다고 보기 어렵습니다.

■ 일부결제금액이월약정(리볼빙) 수수료 환급 받을 수 있나요?

[질문]

제가 이용하고 있던 카드사에서 전화가 왔습니다. '우수고객 대상으로 행사를 하고 있는데 서비스에 가입하면 5,000원 캐시백을 해 준다'고 하여 가입을 했습니다. 2년 정도가 지나서 리볼빙 결제비율이 10%로 등록되어 있어 통장에 잔액이 있어도 매월 결제금액의 10%만 결제되고, 잔액이 이월되어 리볼빙수수료가 부과된 사실을 알게 되었습니다. 그동안 청구되었던 리볼빙수수료를 환급받고 싶은데 카드사는 녹취록을 확인한 결과, 제가 가입에 동의했기 때문에 환급이 안 된다고 합니다.

[답변]

카드사는 「신용카드 개인회원 표준약관」 제32조에 따라 일부결제금액이월약정(리볼빙) 체결시, 수수료율, 최소결제비율 및 약정결제비율, 일시상환 방법 등 주요 내용과 일부결제금액이월약정(리볼빙)을 이용하여 잔액이 발생한 경우 신용변동이 있을 수 있음을 소비자가 이해할 수 있는 방법으로 설명해야 합니다.

통화 녹취파일 확인 결과, 결제비율 100%로 가입되어 있는 리볼빙 결제 비율을 10%로 변경을 권유하며, 캐시백 혜택만 강조할 뿐, 결제비율을 10%로 변경하면 통장에 잔액이 있어도 무조건 10%만 결제되고 나머지 금액은 익월로 이월되어 수수료가 발생하며, 원치 않을 경우 결제비율 변경이 가능하다 등의 안내는 없었습니다.

따라서 소비자가 이러한 내용까지 충분히 이해하고 결제비율 변경에 동의했다고 보기는 어려우므로 불완전 판매의 여지가 충분히 있다고 판단되며, 카드사에 그간 납부한 수수료에 대해 환급을 요청할 수 있을 것으로 보입니다.

이처럼 예상치 못한 대금이 청구되는 경우가 있으므로 카드명세서를 통해 소비자가 모르는 요금이 청구되고 있지 않은지 확인할 필요가 있습니다.

■ 이벤트 당첨 경품으로 받은 모바일 쿠폰의 유효기간이 지났는데 유효기간 연장이 불가한가요?

[질문]
이벤트에 당첨되어 백화점 상품권 30,000원 교환권(모바일 쿠폰)을 문자로 받았습니다. 사용기한 내 종이상품권으로 교환을 하지 못했는데 유효기간 연장이 안 되나요?

[답변]
발행자가 신유형 상품권을 고객에게 무상 제공한 경우(프로모션 상품, 이벤트 행사 등)에는 「신유형 상품권 표준약관」이 적용되지 않기 때문에 유효기간 연장, 환불 등이 어렵습니다.

※「신유형상품권 표준약관」
제3조 (적용의 범위)
① 이 약관은 제2조 제1항 각 호의 형태로 발행되는 신유형 상품권에만 적용된다. 다만 다음 각 호의 경우에는 이 약관은 적용되지 않는다.
  1. 발행자가 신유형 상품권을 고객에게 전액 무상 제공한 경우(프로모션 상품, 이벤트 행사 등)
  ※ 무상제공인 경우 무상제공임(무료, 이벤트 등)을 표시하여야 합니다.

■ 유사투자자문(주식리딩방) 서비스 피해신고

> [질문]
>
> **유사투자자문(주식리딩방) 서비스 이용과 관련하여 소비자 피해가 발생한 경우 한국소비자원과 금융감독원 중 어느 기관에 신고해야 하며, 어떻게 신고해야 할까요?**

[답변]

소비자와 유사투자자문업자 사이의 계약해제 및 중도해지 관련, 계약 불이행 관련 피해는 한국소비자원에 신고하고, 1:1 투자자문행위, 자본시장법 위반 행위는 금융감독원에 신고하시기 바랍니다.

1. 한국소비자원 신고대상 유형
   - 사업자에게 계약해지를 요청했음에도 환불을 거부하거나 처리를 지연하는 경우
   - 계약해지 시 사업자가 과도한 위약금, 이용금액 등을 청구하는 경우
   - 계약 시 약정한 서비스를 제공하지 않는 경우

2. 금융감독원 신고대상 유형
   - 사업자가 전화 또는 문자를 통해 1:1 투자자문을 하는 경우
   - 자동매매 프로그램 판매 행위
   - 사업자가 종목추천에 대한 대가 이외의 금전을 수취하는 경우
   - 주식 매매 중개료를 수취하는 경우

■ 자동차보험 대물사고 취득세 및 등록세 보상 여부

[질문]

저는 자동차 보험에 가입된 가해자의 100% 책임 있는 사고로 보유 차량을 폐차하게 된 자동차사고 피해자입니다. 수리가 불가능해 폐차 후 차량을 새로 구입할 예정인데, 이때 발생하는 자동차 취득세, 등록세를 보험사에 요구할 수 있나요?

[답변]

요구할 수 있습니다.

자동차보험 약관 대물배상 지급기준에는 '사고 직전 피해물의 가액에 상당하는 동종의 대용품을 취득할 때 실제로 소요된 필요 타당한 비용' 을 지급한다고 규정하고 있습니다.

다만 신차를 구입할 경우 신차가액을 기준으로 발생하는 취득세 및 등록세가 아닌, 사고로 손상된 차량의 가액을 기준으로 보험사가 보상하는 취득세, 등록세가 산정됩니다.

■ **아파트에 단체화재보험이 가입되어 있는 경우 개별 세대에서 별도의 화재보험을 가입해야 하는지 여부**

[질문]

제가 소유 및 거주하고 있는 아파트는 입주자대표회의에서 단체화재보험에 가입되어 있습니다. 이 경우 굳이 각 세대별로 보험료를 추가로 부담하면서 개별 화재보험을 가입해야 하나요?

[답변]

아파트에서 가입한 화재보험의 가입금액이 충분하다면 개인이 별도로 추가 가입할 필요는 없습니다.

동일한 목적물에 실제 가액을 초과하여 화재보험에 가입하는 경우에도 실제 발생한 손해를 한도로 보험금을 지급하므로 초과 가입된 가입금액 만큼 불필요한 보험료를 납부한 것으로 볼 수 있기 때문입니다.

다만, 입주자대표회의에서 가입한 단체화재보험이 건물, 가재도구 등 각 목적물별로 충분히 가입되어 있는지 꼼꼼히 확인해야 하고, 보험상품에 따라 보장 내역이 다를 수 있으므로 보장 받고자 하는 위험에 따라 개별 보험 가입 여부를 고려해야 합니다.

■ 치료 중지된 치과치료비용 신용카드 할부금이 청구되는 경우

[질문]

저는 치아 문제로 치과를 방문하여 브릿지 치료 및 크라운 치료를 위해 치료비 3백만 원을 신용카드 6개월 할부로 결제하였습니다. 그러나, 치료 도중에 원장이 사망하여 치료가 중단되었고, 그 치과에는 대신 치료해줄 의사도 없는 상태입니다. 신용카드사는 치과치료비 할부금을 계속 청구하는데 치과치료를 받지 못하는 상태인데도 할부금을 계속 내야 하나요?

[답변]

잔여 할부금을 내실 필요가 없습니다.

치과치료는 할부거래법 적용 대상입니다.

할부거래법 제16조(소비자의 항병권)에 의하면 할부거래업자의 채무불이행으로 할부계약의 목적을 달성할 수 없을 경우에는 할부거래업자 및 신용제공자(신용카드사)에게 할부금 지급거절의사를 통지한 후 잔여할부금 지급을 거절할 수 있습니다. 따라서, 신속하게 신용카드사에 내용증명(우편)으로 채무불이행이 발생한 사실과 할부금 청구를 중지할 것을 통보하면 통보일 이후 할부금 지급청구는 거절할 수 있습니다.

또한, 지급거절의사가 신용카드사에 통보된 경우에는 분쟁이 해결될 때까지 할부금 지급 거절을 이유로 채무미변제자로 처리하는 등 불이익도 주지 못합니다.

■ **사업자가 환급이 불가능한 상조상품이라며 환급을 거부한 경우**

[질문]

10년 전에 A상조의 상조상품에 가입하여 59만원을 납부하였고, 최근 사업자에게 계약의 해지를 요구하자 사업자는 약관상 환급이 불가능한 상품이라며 환급을 거부한 경우 이에 대한 처리 가능여부가 궁금합니다.

[답변]

할부거래에 관한 법률 제25조에서는 '소비자가 선불식 할부계약을 체결하고, 그 계약에 의한 재화등의 공급을 받지 아니한 경우 그 계약을 해제할 수 있다.'고 규정하고 있으며, 약관의 규제에 관한 법률 제9조에서는 '고객의 해제권 또는 해지권을 배제하거나 그 행사를 제한하는 조항은 무효'라고 규정하고 있습니다.

따라서 사업자가 주장하는 해당 약관은 효력이 없으며, 소비자는 '상조업'의 소비자분쟁해결기준(공정위 고시 제2022-25호)에 따른 환급금을 사업자에게 지급하도록 요구할 수 있습니다.

■ 주식정보제공서비스 계약해지 시 사업자가 차감하겠다는 금액이 적정한지 여부

[질문]

2020.3.26. A사와 6개월간 주식정보제공서비스 계약을 체결하고 90만원을 지급하고 서비스 이용 후 2020.4.1. 해지 신청을 하였으나, 사업자는 이용료와 위약금(10%)를 차감하고 환급하겠다고 합니다. 이 경우 사업자가 차감하겠다는 금액이 적정한지 궁금합니다.

[답변]

소비자분쟁해결기준(공정위 고시 제2022-25호) 중 '인터넷콘텐츠업'에 따르면 1개월 이상 계속계약의 경우 사업자의 귀책사유 없이 소비자가 계약해지를 요구하는 경우 '해지일 까지의 이용일수에 해당하는 금액과 잔여기간 이용금액의 10% 공제 후 환급'을 요구할 수 있으며, 서비스 이용일로부터 7일 이내에 해지를 요구하는 경우 위약금 없이 이용 일수에 해당하는 이용료만 공제하도록 정하고 있습니다.

■ 임차인 보험자 대위

[질문]

저는 다세대 주택의 건물주와 임대차계약(전세)을 체결하고 거주하고 있습니다. 임대차계약 체결 당시 건물주가 화재보험에 가입한 사실을 알고 있었기에 임차인인 저는 별도의 화재보험을 가입하지 않았습니다. 그런데 얼마 전 전기장판에서 화재가 발생하여 건물주가 가입한 보험사에서 건물 수리비를 보상해 주고 임차인인 저에게 건물 수리비를 돌려달라는 소송을 제기한 상태입니다. 건물에 보험이 가입되어 있는데 왜 보험사에 수리비를 물어내야하는 것인가요?

[답변]

건물주와 임차인은 피보험이익(보험으로 보호 받을 수 있는 경제적 이익)이 다르기 때문에 각각 화재보험을 가입해야 합니다.

건물주는 본인 소유 목적물(건물)의 화재위험을 대비하기 위해 보험에 가입한 것이고 임차인은 건물주의 화재보험계약에서 보호받을 수 없는 제3자이므로 상법 제682조(제3자에 대한 보험대위) "손해가 제3자의 행위로 발생한 경우에 보험금을 지급한 보험자는 그 지급한 금액의 한도에서 그 제3자에 대한 보험계약자 또는 피보험자의 권리를 취득한다. 다만, 보험자가 보상할 보험금의 일부를 지급한 경우에는 피보험자의 권리를 침해하지 아니하는 범위에서 그 권리를 행사할 수 있다." 에 의해 보험사는 건물주가 임차인에게 가지는 손해배상청구권을 대위 취득 할 수 있으므로 법률에 따른 정당한 권리행사로 보입니다.

이러한 경우를 대비해서 임차인도 반드시 건물주와 별도로 화재보험에 가입해야 합니다.

■ 소화기 구입비용 보상가능 여부

[질문]

얼마 전 거주하는 아파트 냉장고 콘센트에서 불이 나는 것을 발견하고, 급히 현관에 비치된 소화기를 사용해서 화재가 크게 번지는 것을 방지 할 수 있었습니다.
혹시 화재보험에서 소화기 구입비를 받을 수 있나요?

[답변]

상법 680조(손해방지의무)는 "보험계약자와 피보험자는 손해의 방지와 경감을 위하여 노력하여야 한다. 그러나 이를 위하여 필요 또는 유익하였던 비용과 보상액이 보험금액을 초과한 경우라도 보험자가 이를 부담한다." 라고 규정하고, 상법 684조(소방 등의 조치로 인한 손해의 보상)는 "보험자는 화재의 소방 또는 손해의 감소에 필요한 조치로 인하여 생긴 손해를 보상할 책임이 있다."라고 규정하고 있습니다.
즉, 불을 끄기 위해 소화기를 사용한 것은 화재로 인한 손해를 경감하기 위한 활동이므로 이로 인해 발생한 동종 소화기 재구입 비용, 소화액 충전 비용 등은 법률에 의해 당연히 보상 받을 수 있습니다.

■ 성형외과 폐업에 따른 항변권 행사 가능 여부

[질문]

저는 ○○성형외과에서 얼굴 성형수술 및 관리비용으로 3,400,000원을 신용카드 18개월 할부로 결제하였습니다. 수술 후 정기적인 흉터관리와 주사시술로 총 4회 진료를 받았고 이후 예약을 위해 성형외과에 연락을 해보니 성형외과가 폐업한 사실을 알게 되었습니다. 진료 서비스가 남아있어 카드사에 할부 항변을 신청하였으나 카드사는 항변대상이 아니라며 이를 거절하였습니다. 저는 항변권을 행사할 수 없는 것인지요?

[답변]

귀하는 ○○성형외과와 할부거래계약을 체결하고 서비스를 받는 중 ○○성형외과가 폐업함으로써 더 이상 서비스를 제공받을 수 없는 경우에 해당하는 것으로 보입니다.

이는 「할부거래에 관한 법률」 제16조제1항(소비자의 항변권)에서 '할부거래업자의 채무불이행으로 인하여 할부계약의 목적을 달성할 수 없는 경우'에 해당합니다.

따라서 신용카드사는 귀하의 정당한 항변권 행사를 수용하고, 항변권 행사 이후 납부해야할 나머지 할부금에 대해서는 청구하지 말아야 할 것입니다.

■ 카드대금 결제일 당일 수표로 대금을 입금하여 연체처리

[질문]

저는 카드결제대금 95만원을 납부하기 위해 결제일 당일 자동이체 계좌에 100만원을 수표로 입금해놓았음. 며칠 후 확인해 보니 결제일 95만원이 이체되지 않고 다음날 이체되어 연체기록이 남아있는 것을 알게되었습니다. 결제일 당일 통장 잔액이 100만원이 있었는데 연체라니 너무 부당하고 억울합니다.

[답변]

수표는 현금화 되는 시간이 있기 때문에 입금한 즉시 출금 가능한 것이 아니라, 다음 영업일 12시 20분 이후가 되어야 계좌에서 인출할 수 있습니다. 따라서 결제 당일에는 잔액부족 상태로 대금 결제가 이루어지지 않은 것으로 보입니다.

카드회원이 카드대금을 결제할 의무는 단지 통장에 입금하는 것으로 끝나는 것이 아니라 카드대금이 정상적으로 출금 가능하도록 하는 것입니다.

따라서 수표로 카드대금을 입금할 시에는 은행창구에서 현금화 하여 지불하는 등의 조치가 필요하고 은행영업 마감시간(오후 4시) 이후에는 자동인출되지 않을 수 있으므로 결제일 당일 은행 마감시간 이전에 결제금액 전액을 출금 가능한 상태로 입금시켜 놓는 것이 좋습니다.

■ 카드사에서 혜택을 주는 것으로 착각하여 가입한 채무면제서비스

[질문]

카드대금 청구서를 확인하는 과정에서 "**카드 채무면제유예상품"이라는 명목으로 9,667원이 청구된 사실을 확인했습니다.

카드사에 해당 청구분에 대해 문의하니 전화권유로 서비스에 가입하였다고 답변 받았습니다. 가입사실 확인을 위해 녹취록을 요구하여 청취해 보니 모집인의 설명이 너무 빨라 어떠한 서비스인지 제대로 이해를 할 수 없었고 단지 카드회원에게 혜택을 주는 것으로 오해하고 가입에 동의했던 것으로 기억됩니다. 만약 이렇게 수수료가 나간다는 사실을 알았다면 가입을 하지 않았을 것입니다.

[답변]

카드사가 전화로 부가서비스에 대해 가입을 권유하는 경우에는 해당 서비스의 중요한 내용(수수료, 주요혜택, 기간 등)에 대해 설명하고 가입의사에 대해 물어야 하나, 녹취내용에서는 소비자가 부담 없이 무료로 혜택을 제공받는 것으로 오인할 소지가 충분히 있었고 서비스에 대해 설명할 때 매우 빠른 목소리로 진행하여 이를 소비자가 충분히 이해하고 가입하였다고 보기는 어려우므로 불완전 판매의 여지가 충분히 있다고 판단되므로 카드사에 그간 납부한 수수료에 대한 환급을 요청할 수 있을 것으로 보입니다.

이처럼 예상하지 못한 서비스 대금이 청구되는 경우가 있으므로 카드명세서 등을 매월 확인해서 피해가 확대되지 않도록 주의가 필요합니다.

■ 소비자의 동의 없이 상조 할부금 인출

[질문]

저는 A상조의 상품에 가입하고 월 15,000원씩 120회 납입하기로 계약했습니다. 그런데 A 상조가 폐업하여 B상조로 계약이 이관되었음을 통지받고 B상조에 할부금을 계속 납입했습니다. 그런데 또다시 계약이 C상조로 이관되었다는데 저는 이 사실을 알지도 못했음에도 할부금 16회가 C상조로 빠져나갔습니다. 제가 동의하지도 않았음에도 이체된 할부금을 돌려받을 수 있을까요?

[답변]

공정거래위원회가 고시한 '선불식 할부거래에서의 소비자보호지침'에 따르면 회원 인수의 경우 인도업체는 소비자가 이전계약의 내용을 이해할 수 있도록 소비자에게 설명(설명방법은 전화, 휴대전화, 직접방문 설명으로 제한되며, 서면에 의한 설명은 인정되지 않는다.)하고, 설명한 날부터 7일 이내에 소비자로부터 이전 계약에 대한 동의를 받아야 합니다.

또한 인수업체는 인수회원에 대하여 동의기간 경과일부터 30일 이내에 소비자에게 할부거래법 제23조(계약체결 전의 정보 제공 및 계약체결에 따른 계약서 발급) 사항을 설명하고 계약서를 발급하여야 합니다. 반드시 해당 회원의 동의를 받아야 하며 해당 회원의 동의가 없는 계약인수는 무효로 보고 있습니다. 그러므로 소비자에게 동의를 받지 않은 상태에서 할부금을 인출한 C상조는 소비자가 납부한 할부금 전액을 환급해야 할 것으로 보입니다.

■ ㅇㅇ대부의 일방적인 대출금리 상향조정

[질문]

ㅇㅇ대부를 통해 24개월을 기한으로 임대아파트 보증금을 담보로 900만원을 대출 받으면서 대출금리를 7%로 적용하기로 했습니다. 그래서 계약시 3개월 분할로 납부하기로 한 근저당설정비 45만원을 이자와 함께 약 20만원씩 이자 및 비용을 부담했는데, 갑자기 ㅇㅇ대부로부터 이자를 248,750원을 지급하라는 문자 통보를 받았습니다. 깜짝 놀라 문의하니 계약서에 이자율은 변동 할 수 있다는 문구가 있고 조달금리가 올랐다면서 대출금리를 20%로 상향조치 했다고 합니다. 그래서 얼마나 조달금리가 올랐는지 알려달라고 하니까 그건 알려줄 수 없다고 합니다. 갑자기 이렇게 금리를 올리다니요 너무 억울합니다.

[답변]

본 건은 ㅇㅇ대부로부터 대출을 받으면서 특약사항으로 대출금리를 변경할 수 있다는 조항을 포함시켰고 이에 기존금리 7%를 법정최고금리 20%로 상향조치 한 것으로 보입니다.

ㅇㅇ대부는 조달금리 상향에 따라 부득이 대출금리를 올릴 수 밖에 없었다고 항변하고 있으나 이에 대한 근거를 제시하지 못하고 있고 특약 또한 금리를 올리는 정도와 기간에 대해서는 정함이 없었으며 금리를 상향하더라도 소비자가 충분히 예상할 수 있는 범위 이내여야 하나 계약당시 보다 5배가 넘는 이자를 내도록 조정하는 것은 이에 해당된다고 볼 수 없어 해당 조항은 소비자에게 부당하게 불리한 조항으로 공정성을 잃은 것으로 추정되므로 약관의 규제에 관한 법률에 따라 무효로 판단됩니다.

■ 유효기간은 경과했으나 소멸시효기간 이내인 상품권 사용 가능 여부

[질문]

발행일자가 2018년1월5일, 유효기간이 발행일로부터 2년인 상품권을 2020년3월 발행업체에 제시하고 물품을 구입하려 했으나 유효기간이 지났다는 이유로 거절당하였으며, 현금 환급도 거절당하였는데 구제받을 수 있나요?

[답변]

상품권 권면금액의 90%에 해당하는 상품의 제공 또는 현금 환급을 요구할 수 있습니다.

소비자분쟁해결기준(공정거래위원회 고시 제2022-25호, 상품권 관련업)은 상품권에 표시된 유효기간이 경과하였으나 상사채권 소멸시효(5년)를 경과하지 않은 상품권에 대해서 권면금액의 90%에 상당하는 상품의 제공 또는 현금 환급을 규정하고 있습니다.

* 소비자분쟁해결기준(공정거래위원회 고시 제2022-25호, 상품권 관련업)

- 유효기간은 경과하였으나 상사채권 소멸시효(5년)이내 인 상품권의 상환을 거부하는 경우 : 구매액의 100분의 90에 해당하는 현금, 물품 또는 용역의 상환의무 이행

* 금액형 상품권의 경우 상품권 금액을 상품권 구매 시 적용된 할인율을 고려하여 환산한 금액의 100분의 90에 해당하는 금액 반환

■ 인터넷으로 가입한 유사투자자문 서비스 이용계약 해지 가능 여부

[질문]

2020.9.5. 유사투자자문업자인 L사의 홈페이지에서 투자클럽 VIP 회원으로 가입하고 1,994,000원을 신용카드 3개월 할부로 결제했습니다. 개인사정으로 2020.9.6. L사에 청약철회를 요구하였으나 행사기간에 체결된 계약이므로 환불이 불가하다고 합니다. 이 경우 환불받을 수 있는 방법은 무엇인가요?

[답변]

이 건 계약은 양 당사자가 직접 대면하여 이루어진 계약이 아닌 L사의 인터넷 홈페이지를 통해 이루어진 통신판매 계약으로, 해당계약 체결시에는 소비자 권익보호를 위해 "전자상거래 등에서의 소비자보호에 관한 법률"의 적용을 받습니다.

'전자상거래법' 제17조(청약철회 등) 1항 1호에는 계약내용에 관한 서면을 받은 날부터 7일. 다만, 그 서면을 받은 때보다 재화등의 공급이 늦게 이루어진 경우에는 재화 등을 공급받거나 재화등의 공급이 시작된 날부터 7일 이내에 해당계약에 대한 청약철회 등을 할 수 있다고 규정되어 있습니다.

따라서 계약일인 2020.9.5. 부터 7일 이내에 사업자에게 본인의 의사표시가 적힌 내용증명을 발송하여 청약철회 절차를 밟으면 환불이 가능할 것으로 판단됩니다.

■ 핸드폰보험 가입시 설명듣지 못한 내용에 대한 피해보상 요구

[질문]

신청인은 ○○통신사에서 ○○보험사와 핸드폰보험 계약을 체결시 보상액 90만원 중 자기부담금 5만원을 공제한 85만원까지 보상이 된다고 설명을 받음. 2012.5.18 휴대폰 분실로 보상을 청구하니 약관상의 이유로 자기부담금 5만원을 부담해야 핸드폰 보상이 가능하다고 함. 신청인은 핸드폰보험 약관에 대해 설명도 받지 않았으므로 자기부담금 없이 보상을 요구합니다.

[답변]

상법 제638조의3에 의하면 보험자는 보험계약을 체결할 때에 보험계약자에게 보험약관을 교부하고 그 약관의 중요한 내용을 알려주어야 한다고 규정하고 있습니다.

휴대폰보험의 경우 통신사를 보험계약자로, 통신사에 가입한 소비자를 피보험자로 하는 타인을 위한 보험계약입니다.

보험사는 통신사에게 상법 제638조의3(보험약관의 교부 명시의무)에 따라 통신사에 보험약관을 교부하고 그 약관의 중요한 내용을 설명하였다면 소비자가 보험사에게 설명의무 위반에 따른 책임을 묻기가 어렵습니다.

통신사에서 설명을 잘못한 것에 대한 입증자료가 있다면 이를 이유로 통신사의 오안내에 대한 피해를 요청할 수 있을 것으로 판단됩니다.

■ 실손보험계약 보상한도 축소관련 피해보상 요구

[질문]

신청인은 홈쇼핑을 통해 신청인의 자녀를 피보험자로 무배당OO건강보험을 가입함. 홈쇼핑 방송에서는 이번 기회에 가입해야 보장금액이 축소되지 않고 평생 1억원 보장된다는 설명을 받음. 최근 보험계약이 갱신되면서 보상한도가 5.000만원으로 변경됨. 보험가입 당시 보장금액 변동은 고지받지 못하였으므로, 처음 가입조건으로 계속 보장을 요구합니다.

[답변]

보험회사는 보험계약자가 알지 못하는 가운데 약관에 정해진 중요한 사항이 계약 내용으로 되어, 보험계약자가 예측하지 못한 불이익을 받지 않도록 보험약관을 명시·설명할 의무가 있습니다(대법원 1999.2.12. 선고 98다51374, 51381 판결).

보험사는 약관내용 전부를 설명할 필요는 없으나, 중요한 내용은 설명해야 하고, '중요한 내용'이란 고객의 이해관계에 중대한 영향을 미치는 사항으로, 고지의무, 보험자의 책임범위와 면책사항, 보상의 방식, 보험목적의 양도시의 효과 등 계약자에게 불이익을 가져올 수 있는 모든 사항이 포함합니다.

"보상한도의 축소"는 보험회사의 책임범위에 관한 것으로 보험계약 체결시 설명해야 할 중요한 사항에 해당합니다.

그러나, 보험회사가 이러한 설명의무를 제대로 이행하지 않았다면, "보상한도의 축소"를 보험계약의 내용으로 주장할 수 없다고 판단됩니다(대법원 1999.5.11. 선고 98다59842 판결).

■ 상조계약체결시 일시불로 납부한 선입회비의 환급 여부

[질문]

몇년전 상조계약을 체결하면서 선입회비로 1구좌당 50만원을 일시불로 납입하였고 장례발생시 장례행사비용을 추가로 납입하는 상조계약을 체결하였습니다. 최근에 상조계약을 계속 유지할 의사가 없어져 선입회비의 환급을 요구하였더니 상조약관에 환급이 되지 않는다고 하였다며 환급을 거절하고 있습니다. 선입회비를 반환받을 수 있는지 궁금합니다.

[답변]

할부거래에 관한 법률 제25조(소비자의 선불식 할부계약 해제)1항에서 '소비자가 선불식 할부계약을 체결하고, 그 계약에 의한 재화등의 공급을 받지 아니한 경우에는 그 계약을 해제할 수 있다.'고 규정하고 있고 약관의 규제에 관한 법률에서는 고객의 해제권 또는 해지권을 배제하거나 그 행사를 제한하는 조항은 무효로 규정하고 있습니다.

따라서 환급이 되지 않는다는 사업자의 약관조항은 무효이며 사업자는 소비자분쟁해결기준에 따른 환급금을 소비자에게 지급해야 합니다.

■ 상조계약 유지중 기초생활수급자로 된 경우 중도해지시 전액 환급 가능 여부

[질문]

2018.10.10. 매월 25,000원씩 120회 불입조건의 상조 계약을 체결하여 상조회비를 24회차까지 불입하였습니다. 그런데, 상조계약 체결이후 경제사정이 매우 어려워져 기초생활수급자(1종)로 인정을 받았습니다. 생활조차 힘들어 매월 25,000원씩 상조회비 납부도 어려운 상황입니다. 상조회사에서는 중도해지시 상조약관에 따라 기납입금액의 55%만을 해약환급금으로 지급하겠다고 합니다. 전액 환급을 받을 수 있는지 궁금합니다.

[답변]

상조업 관련 소비자분쟁해결기준(공정거래위원회 고시 제2022-25호)에서는 상조계약 체결이후에 소비자가 기초생활수급자로 된 경우에 기불입금의 전액을 환급해주도록 하고 있습니다. 다만, 기초생활수급자로 된 소비자가 납입한 상조회비를 전액 환급받기 위해서는 기초생활수급자로 인정을 받을 수 있는 객관적인 증빙자료(행정관청 발행)가 필요합니다.

■ 보험계약자의 자필서명이 없다는 이유로 보험금 삭감 지급

[질문]

신청인은 보험에 가입하면서 신용불량자라 보험금 수령시 어려움이 있다는 보험설계사의 권유에 따라 동생을 보험계약자 및 피보험자로 하고 자필서명은 신청인이 대필하여 보험 가입함. 이후 신청인의 동생이 자궁암 진단받아 보험금을 청구하자 보험계약자가 직접 서명하지 않았다며 보험금의 75%를 삭감하여 지급하겠다고 합니다.

[답변]

타인의 사망보험에서는 피보험자의 서면에 의한 동의가 필요(상법 731조 1항)하지만, 동 보험계약의 성격은 보험계약자 및 피보험자 모두 동일하여 도덕적 위험이 없어 실질적으로는 타인의 사망보험에 해당하지 않습니다. 설사 보험계약자의 자필서명이 없었다 하더라도 보험계약에 대해 양 당사자가 서로 승낙한 경우라면 보험계약의 효력은 발생하므로 피신청인의 보험금 지급책임은 발생한다 할 것입니다.

■ 부당한 대부중개수수료 청구 시정 요구

[질문]

전세자금대출 때문에 인터넷검색 중 은행인줄 알고 상담신청을 하고 자료준비해서 팩스까지 보내고 난 후에야 은행이 아닌 그냥 인터넷 대출 중개회사인줄 알게 되었습니다.
400만원을 대출 할 경우 24개월 할부에 매월 납입할 금액이 얼마냐는 질문에 30만원 내야한다 해서 계산해보니 이자가 무려 320만원이나 되었으나 대출을 받기가 어려워 진행하겠다고 하자, 이번에는 이자와 상관없이 수수료로 50만원 보내달라고 하는데 정당한 것인지요?

[답변]

중개 수수료를 내지 않아도 됩니다.
대부업 등의 등록 및 금융이용자 보호에 관한 법률 제11조의2(중개의 제한 등) 제2항을 보면, "대부중개업자는 중개의 대가(중개수수료)를 대부를 받는 거래상대방으로부터 받아서는 아니 된다."라고 규정되어 있습니다. 따라서 대부중개업자는 대부신청자에게 중개수수료를 요구해서는 아니되고, 대부신청자도 중개업자의 수수료 요구에 응할 필요가 없습니다.

■ 전화사기에 속아 이체한 예금 반환 요구

[질문]

어제 전화로 개인정보가 유출되어 예금이 인출될 위험이 있으니, 지금 당장 안전한 다른 계좌로 이체를 시켜 놓으라는 말에 속아 알려주는 계좌로 예금 550만원을 전부 이체시켰습니다.
이체 시키고 1시간쯤 후에 속은 것을 알게 되어 은행에 예금의 반환을 요청하였으나 예금주가 동의하지 않으면 안 된다고 하는데, 잘못 이체된 예금을 찾을 수 있는 방법이 무엇인지요?

[답변]

타인의 계좌로 예금이 입금되면 입금이 잘못되었다 할지라도 현 예금주의 동의가 없으면 반환이 되지 않습니다.
왜냐하면 잘못 입금이 되었다할지라도 일단 계좌에 입금이 되면 그 해당 계좌의 예금주가 정당한 소유자로 추정되기 때문입니다.
이런 경우 잘못 이체된 예금을 찾기 위해서는 예금주를 찾아 반환을 요구하여 돌려받는 것이 좋겠지만, 현실적으로 예금주를 속여 예금을 이체 받은 사람이 예금을 돌려줄 가능성은 많지 않습니다.
따라서 먼저 사법당국에 신고하여 예금 지급을 중지를 요구하여 놓고, 해당 예금주를 상대로 법원에 부당이득반환 소송을 제기하여 예금을 반환 받거나, 신고로 인해 예금 지급 중지된 계좌에 잔액이 남아 있다면 금융감독원의 도움을 받을 수 있고, 예금보험공사의 착오송금반환지원제도를 통해 해결할 수도 있습니다.

■ 자동차 할부금 2회 이상 연체시 기한의 이익 상실 조정 요구

[질문]

- 1300만원 할부로 자동차를 구입한후 초기엔 정상적으로 할부금을 내다가 할부금 납부일을 몇일 지나서 낸 적도 있었습니다.
- 그런데 이번에 할부금이 2개월 연체되어 80만원이 연체되자, 채권회사에서 할부금의 기한 이익 상실되었다며 차를 공매하여 할부금을 회수하겠다고 하는데, 부당한 행위가 아닌지요?

[답변]

- 할부금융사의 기한이익 상실조치는 타당치 않은 것으로 판단됩니다.
- 할부거래에 관한 법률 제13조(소비자의 기한의 이익 상실) 제1항 1호에 할부금을 다음 지급기일까지 연속하여 2회 이상 지급하지 아니하고 그 지급하지 아니한 금액이 할부가격의 100분의 10을 초과하는 경우에는 채무자는 채권자에 대해 기한의 이익을 주장하지 못한다고 규정되어 있습니다.
- 즉, 할부금을 연속해서 2회 연체를 하였다 할지라도 그 금액이 할부가격의 10%를 초과하지 않는다면, 기한의 이익을 주장할 수 있다는 것이므로, 본건의 경우 할부금을 2회 연속 연체를 한 것은 맞지만 그 연체금액이 80만원이므로 전체할부가격(1,300만원)의 10%인 130만원을 초과하지 않은바, 다른 기한 이익 상실사유가 없는 한 할부금융사의 기한이익 상실조치는 잘못된 것으로 판단됩니다.

■ 홍보관에서 가입한 상조서비스 계약해지 요구

[질문]

신청인은 홍보관에서 상조회사측 영업사원의 권유로 1구좌 200만 원을 현금으로 지불하였으나, 이후 개인사정으로 계약해지를 요구하자 신청인이 상조가입시 이미 수의를 지급받았으므로 자체 규정에 의거 15%만 환급하겠다고 하는데, 정당하게 환급하는지요?

[답변]

신청인과 상조회사간에 계약을 체결할 때, 계약서가 수의만을 판매하는 "수의판매계약서"였다면 상조회사측의 주장이 맞겠지만, 그렇지 않고 회원에 가입하면 수의를 지급하겠다고 하는 등 상조회원가입과 수의판매가 혼합된 거래라면 상조회사는 표준약관 및 소비자분쟁해결기준에 따라 산출된 금액을 환급하여야 합니다.

PART 6. 관광/운송

■ 택배 계약 시 운송장 기재 요령 및 피해 발생 시 대처 요령

[질문]

택배운송 의뢰 시 소비자가 특별히 주의해야 할 점은 무엇이 있습니까?

[답변]

택배 의뢰 시 운송장에 물품목록 및 물품가액, 운송물의 중량 등 보내는 운송물에 대한 정보를 상세히 기재하지 않아 적절한 배상이 이루어지지 않는 경우가 있습니다.

운송물의 분실이나 파손 등 피해가 발생했을 때 적절한 배상을 받기 위해서는 운송장에 운송물에 대한 정보를 정확히 기재하여야 하고, 송화인이 수화인에게 안전하게 물품이 배송되었는지 확인하기 전까지는 운송장을 필히 보관하여야 향후 파손 등 분쟁 발생 시 근거자료로 활용할 수 있습니다.

또한, 배송 이후 운송물의 파손 또는 일부 멸실이 확인된 경우 상법 제146조(운송물인 책임소멸)에 따라 2주간내에 고지하지 않으면 사업자의 책임이 소멸되기에 피해 발생 시 지체 없이 사업자에게 알려야 합니다.

■ 여행 전 소비자의 사유로 해외여행을 취소하는 경우

[질문]
3박 5일 일정의 태국(푸켓) 여행상품을 계약 후 여행경비 800,000원 중 400,000원을 계약금으로 지불했습니다. 개인사정으로 여행출발일 5일 전에 여행사측에 해약통보를 했습니다. 여행사에서는 소비자의 사유로 취소하는 것이므로 기지불한 계약금 전액을 환급할 수 없다고 합니다. 보상받을 수 있는지요?

[답변]
여행은 항공권, 숙박시설, 식사 및 관광시설 등이 복합된 상품으로 계약을 체결한 이후에도 여행사 및 소비자의 사유로 취소될 개연성이 많습니다.

따라서 '국외여행표준약관' 및 '소비자분쟁해결기준'에는 여행 출발 전 여행사의 귀책사유나 소비자의 사유로 여행을 취소하는 경우 취소 통보일을 기준으로 취소수수료를 부담하도록 규정하고 있습니다.

여행자의 여행계약 해제 요청이 있는 경우, 여행개시 30일 전까지 통보시에는 계약금 환급, 여행개시 20일 전까지는 여행요금의 10%, 10일 전까지는 여행경비의 15%, 8일 전까지는 여행경비의 20%, 1일전까지는 여행경비의 30%, 여행 출발 당일 통보시에는 여행경비의 50%를 여행사에 배상해야 합니다(기 지급한 계약금액 포함).

단, 여행사와 여행자는 계약 시 표준약관과 다른 내용으로 '특약'을 맺을 수 있는데, 이때 특약의 내용이 표준약관과 다르고 표준약관보다 우선 적용됨을 여행자에게 설명하고 별도 확인을 받았다면 이를 계약내용으로 인정할 수 있습니다.

위 사례의 경우, 계약해지에 관한 특약이 있다면 특약이 우선 적용되며, 특약이 없다면 소비자의 개인 사정으로 여행 출발 5일 전에 계약 취소를 통보했으므로 소비자는 기 지급한 40만원 중 취소수수료 24만원(총 여행경비 80만원의 30%)을 공제한 금액인 16만원을 환급받을 수 있습니다.

※ '소비자분쟁해결기준(31. 여행업(국외여행), 공정거래위원회고시 제2021-7호)'

1) 여행자의 여행계약 해제 요청이 있는 경우
   - 여행개시 30일전(~30)까지 통보 시 : 계약금 환급
   - 여행개시 20일전(29~20)까지 통보 시 : 여행요금의 10% 배상
   - 여행개시 10일전(19~10)까지 통보 시 : 여행요금의 15% 배상
   - 여행개시 8일전(9~8)까지 통보 시 : 여행요금의 20% 배상
   - 여행개시 1일전(7~1)까지 통보 시 : 여행요금의 30% 배상
   - 여행당일 통보 시 : 요금의 50% 배상

■ 택배 의뢰한 물품 분실로 인한 배상 요구

> [질문]
>
> **택배 운송 의뢰 후 택배사업자로부터 물품이 분실되었다는 연락을 받았으나 사업자는 배상을 거부하고 있습니다. 배상을 요구할 수 있는 법적 근거가 무엇이며 배상기준은 어떻게 되어있나요?**

[답변]

「상법」 제135조(손해배상책임)에서는 운송인은 자기 또는 운송주선인이나 사용인 기타 운송을 위하여 사용한 자가 운송물에 관하여 운송물의 수령, 인도, 보관과 운송에 관하여 주의를 해태하지 아니하였음을 증명하지 아니하면 운송물의 멸실, 훼손 또는 연착으로 인한 손해를 배상할 책임을 규정하고 있습니다. 또한, '택배표준약관' 제22조(손해배상)에서도 사업자는 자기 또는 사용인 기타 운송을 위하여 사용한 자가 운송물의 수탁, 인도, 보관 및 운송에 관하여 주의를 태만히 하지 않았음을 증명하지 못하는 한, 고객에게 운송물의 멸실, 훼손 또는 연착으로 인한 손해를 배상하도록 정하고 있습니다.

손해배상기준은 '소비자분쟁해결기준'에 의거하여 아래와 같습니다.

※ '소비자분쟁해결기준(60. 택배 및 퀵서비스업, 공정거래위원회고시 제2021-7호)'

▲ 고객이 운송장에 운송물의 가액을 기재한 경우

① 전부 또는 일부 멸실된 때 : 운송장에 기재된 운송물의 가액을 기준으로 산정한 손해액의 지급

② 훼손된 때 : 수선이 가능하면 무상수리 또는 수리비 보상, 수선이 불가능한 경우에는 ①에 따라 배상

▲ 고객이 운송장에 운송물의 가액을 기재하지 않은 경우

① 전부 멸실 시 : 인도예정일의 인도예정 장소에서의 운송물 가액

을 기준으로 산정한 손해액의 지급

② 일부 멸실 시 : 인도일의 인도장소에서의 운송물 가액을 기준으로 산정한 손해액을 지급하며 이 경우 손해배상한도액은 500,000원으로 하되, 운송물의 가액에 따라 할증요금을 지급하는 경우의 손해배상한도액은 각 운송가액 구간별 운송물의 최고가액으로 합니다.

■ 택배 운송 중 파손된 컴퓨터의 수리비 요구

[질문]

지인에게 택배로 보낸 컴퓨터 본체가 배송 과정에서 파손되었으나 택배업체는 컴퓨터가 파손 우려가 큰 물품에 대한 파손면책을 주장하며 배상을 거부하고 있습니다.

[답변]

파손면책이란 운송과정에서 변질, 파손 가능성이 높아 취급이 곤란함을 알렸음에도 불구하고 택배를 의뢰한 경우 운송 중 제품 파손이나 품질 변형을 초래하더라도 택배 회사에서 책임을지지 않는다는 것을 의미합니다.

그럼에도 「상법」 제135조에 따라 택배업체는 운송물의 수령, 인도, 보관 및 운송에 관하여 주의를 게을리하지 않았음을 증명하지 못하는 한 손해배상 책임을 면하기 어렵습니다.

이 경우 택배업체는 파손된 컴퓨터의 수리가 가능하다면 수리비용, 수리가 불가하다면 운임 환급 및 운송장에 기재된 운송물 가액을 기준으로 산정한 손해액을 배상하여야 합니다.

다만 소비자가 운송장에 운송물의 가액을 기재하지 않은 경우 손해배상 한도액은 500,000원이 됩니다.

■ 택배 배송 지연에 대한 배상 문제

> [질문]
> **친척에게 명절 선물을 하기 위해 택배를 의뢰 하였으나, 명절이 지나서야 배송되어 선물로서 가치가 손상 되었습니다. 배송 지연에 따른 손해배상을 받을 수 있나요?**

[답변]

'택배표준약관 제14조(운송물의 인도일)에서는 운송장에 인도예정일의 기재가 있는 경우에는 그 기재된 날까지 운송물을 인도하고, 기재가 없는 경우 일반지역은 2일, 도서 및 산간벽지는 3일로 정하고 있습니다.

만일 상기 인도예정일을 초과하여 배송이 지연된 경우에는 동 약관 제22조(손해배상)에 따라 규정을 적용하고 있고, 해당 규정은 다음과 같습니다.

※ 택배표준약관 제22조 제2항 제3호

▲ 연착되고 일부 멸실 및 훼손되지 않은 때

- o 일반적인 경우 : 인도예정일을 초과한 일수에 사업자가 운송장에 기재한 운임액의 50%를 곱한 금액(초과일수X운송장 기재 운임액X50%). 다만, 운송장 기재 운임액의 200%를 한도로 함
- o 특정 일시에 사용할 운송물의 경우 : 운송장기재운임액의 200%

■ 포장이사 중 파손된 침대프레임에 대한 배상 요구

[질문]

사업자와 2022년 3월경 포장이사 계약을 체결하고 1,200,000원을 지급했습니다. 포장이사 도중 사업자가 침대프레임을 포장하지 않고 운반하다가 낙상되어 파손되었고 이에 대해 배상을 요구했으나 사업자가 거부하였습니다. 포장이사 중 작업자의 부주의에 의한 파손에 대해 사업자에게 배상을 요구할 수 있나요?

[답변]

포장이사 후 물품의 파손이 발생하였을 경우 이사 현장에서 파손사실을 즉시 알려 확인서 등을 받고, 이후에 발견할 경우 사업자에게 전화나 문자메시지 또는 내용증명 우편 등으로 14일 이내로 해당 사실을 알려야 합니다.

또한, 포장이사 중 파손된 사실에 대한 입증자료(사진 등)를 반드시 확보하여야 하고, 이사 업체가 계약의 당사자임을 입증하기 위해 계약서나 견적서, 수리견적서 등을 구비하셔야 합니다. 사업자가 포장이사 중 발생된 물품의 파손에 대하여 주의를 해태하지 아니하였음을 증명하지 못한다면 「상법」 제135조(손해배상책임)에 의거 사업자에게 배상 책임이 있다고 볼 수 있습니다.

■ 포장이사 후 견적 받은 금액에 추가 요금 청구

[질문]

포장이사 후 사업자에게 잔금을 치르려고 하니, 이사 계약 체결 당시 견적 받은 금액보다 많은 금액을 요구하여 불가피 추가 금액을 납부하게 되었습니다.

이 경우 추가 납부한 금액을 반환 받을 수 있을까요?

[답변]

포장이사 후 사업자가 기존 견적보다 화물이 추가되었다며 추가비용을 요구하거나 수고비 명목으로 이를 납부할 것을 요구하는 경우가 있습니다.

'소비자분쟁해결기준(42. 이사화물취급사업, 공정거래위원회 고시 제2021-7호)'에 따르면 운임 등의 수수는 화물의 수취 후 청구서에 기초하는 것을 원칙으로 하지만, 위탁자의 책임 있는 사유에 의해 견적서 산출에 변경이 생길 때는 실제 소요된 운임으로 조정하도록 규정하고 있습니다.

따라서, 소비자가 계약 체결 당시 이사일시, 이사화물 내역, 이사할 주소지 등의 정보를 명확히 고지하지 않아 발생하는 추가비용의 경우 소비자가 추가비용을 지급하는 것이 타당합니다. 하지만 사업자가 작업 이외의 수고비 등을 요구하는 경우는 부당요금이라고 판단할 수 있습니다.

■ 사업자의 포장이사 계약해제에 대한 배상 기준

[질문]

이사업체와 600,000원에 포장이사를 하기로 계약한 후 계약금 60,000원을 지급하였는데, 이사 4일전에 업체에서 일방적으로 계약을 해제하였습니다. 이 경우 업체에 어느 정도 손해배상을 요구할 수 있나요?

[답변]

포장이사 일시를 정하여 계약을 체결하였으나 사업자가 일방적으로 계약을 파기한 경우라면 민법 제390조(채무불이행과 손해배상)에 따른 손해배상을 청구할 수 있습니다.

'소비자분쟁해결기준(42. 이사화물취급사업, 공정거래위원회고시 제2021-7호)'에 따르면 사업자의 귀책사유로 인한 운송계약의 해제 시 약정된 이사화물의 인수일 2일전까지 해제를 통지한 경우 계약금 환급 및 계약금의 2배액을 배상, 1일전에 통보 시 계약금 환급 및 계약금의 4배액 배상, 당일 통보 시 계약금 환급 및 계약금의 6배액 배상, 당일까지도 통보 없이 계약 불이행 시 계약금 환급 및 계약금의 10배액 배상 또는 실 손해액을 배상하도록 정하고 있습니다. 단, 당사자간 체결한 약정에 계약불이행에 따른 손해배상에 대해 규정하고 있는 경우 당사자간 약정에 따릅니다.

따라서 질문내용의 경우 계약불이행에 따른 손해배상에 대해 당사자간 약정이 없는 경우라면 계약금 환급 및 계약금의 2배에 해당하는 배상을 요구할 수 있을 것으로 판단됩니다.

■ 포장이사 후 파손 발생할 경우 대처요령

[질문]

포장이사 후 이사 물품의 파손 등이 발생하였을 경우, 소비자의 대응방법은 무엇인가요?

[답변]

포장이사의 경우 통상 다수의 물품을 사업자가 포장하여 운송하기에 파손이나 멸실에 대한 우려가 있고, 파손 시 귀책 여부에 대한 입증이 곤란한 특징이 있습니다.

「상법」 제146조에서는 '운송인의 책임은 운송물을 수령하고 운임 기타의 비용을 지급한 때에는 소멸하지만, 운송물에 즉시 발견할 수 없는 훼손 또는 일부 멸실이 있는 경우에 운송물을 수령한 날로부터 2주간 이내에 운송인에게 통지를 발송한 때에는 그러하지 않다.'고 규정하고 있습니다.

따라서 포장이사 후에 이사물품의 분실이나 파손 등의 사실을 인지하였을 경우, 확인 즉시 파손 상태를 사진으로 남기고 사업자에게 2주 이내에 연락하여 배상을 요구하여야 합니다.

또한 포장이사 이전에는 파손 우려가 있는 물품(TV, 모니터 등)에 대해서는 사전에 사진이나 영상을 찍어 정상적인 상태였음을 입증할 수 있는 자료를 마련하는 것이 좋고, 분실 우려가 있는 물품에 대해서는 소비자가 직접 챙기거나 사업자에게 별도로 주의할 것을 요청하는 것이 중요합니다.

그럼에도 사고가 발생되어 이를 고지하였음에도 이사업체가 배상을 거부할 경우 계약의 당사자임을 입증하기 위한 계약서나 견적서, 수리견적서, 이사 관련 경위서 등을 구비하여 소비자 상담을 받으시기 바랍니다.

■ 이사 계약 시 주의사항

[질문]

이사 계약 시 특별히 소비자가 주의하여야 할 점은 무엇이 있습니까?

[답변]

1. 무허가업체는 피해발생 시 보상받기 쉽지 않으므로 계약 체결 전 해당 업체의 화물자동차 운송주선사업 허가 여부, 적재물배상책임 보험 가입 여부를 확인하고 계약합니다.

* 허가업체 확인방법
- '허가이사종합정보' 홈페이지(www.허가이사.org)
- '이사 허가업체 검색' 모바일 앱
- 해당업체 소재지 관할관청에 문의

2. 전화나 홈페이지를 통해 견적을 받을 경우 이사 날짜(손 없는 날, 월말 등은 비용 할증), 작업조건(사다리비용, 에어컨 설치, 피아노 운반 등) 및 이사화물 내역 등에 따라 추가요금이 발생할 수 있으므로, 가급적 업체의 방문견적을 통해 화물의 양과 주요 물품을 쌍방이 확인하며, 지나치게 저렴한 가격을 제시하는 업체는 이용하지 않는 것이 좋습니다.
3. 계약서 작성 시 이사일시, 이사화물 내역, 작업인원 수, 추가서비스 내역 및 비용 등 계약사항을 상세히 기재하여 추가요금 요구 등 향후 분쟁에 대비합니다.
4. 파손 우려가 있는 물품(TV, 모니터 등)에 대해서는 포장이사 이전 정상적인 상태였음을 입증할 수 있는 사진이나 영상을 찍어 자료를 마련하는 것이 중요합니다.
5. 귀중품은 소비자가 별도 관리하며, 고가품과 골동품 등 파손 우

려 품목은 업체와 물품의 상태를 상호 확인하고 완벽한 포장과 주의를 당부합니다.

6. 이사 도중 피해사실을 확인한 경우에는 현장에서 책임자에게 피해 내용에 대한 사실 확인서를 요구하고, 이사가 끝난 후에도 즉시 사진 등 입증자료를 확보한 후 해당 업체에 보상을 요구합니다.

■ 일정 임의변경된 국외여행 배상 요구

[질문]

중국 여행상품을 390,000원에 다녀왔습니다. 그런데 최초 일정표에 기재된 것과 달리 동방명주를 방문하지 않았고 나이트투어는 낮에 진행했으며, 제공하기로 했던 유명 만두집이 아닌 다른 만두를 제공하는 등 현지 가이드가 일방적으로 일정으로 변경했습니다. 배상을 받을 수 있는지요?

[답변]

「관광진흥법」 시행규칙 제22조의4에 따르면 여행업자는 여행계약서(여행일정표 및 약관을 포함한다)에 명시된 숙식, 항공 등 여행일정(선택관광 일정을 포함한다)을 변경하는 경우 해당 날짜의 일정을 시작하기 전에 여행자로부터 서면으로 동의를 받아야 합니다.

서면동의서에는 변경일시, 변경내용, 변경으로 발생하는 비용 및 여행자 또는 단체의 대표자가 일정변경에 동의한다는 의사를 표시하는 자필서명이 포함되어야 합니다.

천재지변, 사고, 납치 등 긴급한 사유가 발생하여 여행자로부터 사전에 일정변경 동의를 받기 어렵다고 인정되는 경우에는 사전에 일정변경 동의서를 받지 아니할 수 있으나, 여행업자는 사후에 서면으로 그 변경내용 등을 설명하여야 합니다.

여행 출발 이후 당초 계획과 다른 일정으로 대체되었으나 당초 일정의 소요비용보다 대체 일정의 소요비용이 적게 든 경우, 소비자는 그 차액을 환급하도록 사업자에게 요구할 수 있습니다.

※ '소비자분쟁해결기준(31. 여행업(국외여행), 공정거래위원회고시 제 2021-7호)'

5) 여행 출발 이후 당초 계획과 다른 일정으로 대체되는 경우

- 당초 일정의 소요 비용보다 대체 일정의 소요비용이 적게 든 경우: 사업자는 그 차액을 소비자에게 환급

■ 여행 전 소비자의 질병 등 신체이상으로 여행 계약을 취소하는 경우

[질문]

부부동반으로 호주 시드니 4박 6일 패키지 여행상품을 계약하고 총 여행경비 1,900,000원을 지급했습니다.

그런데 여행 출발 2일 전에 교통사고를 당하여 병원에 입원하게 되었습니다. 이런 경우 여행사측에 계약취소로 인한 위약금을 지급해야 하는지요?

[답변]

'국외여행표준약관' 제16조(여행출발 전 계약해제) 제2항 제2호에 따르면 '질병 등 여행자의 신체에 이상이 발생하여 여행에의 참가가 불가능한 경우', '배우자 또는 직계존비속이 신체이상으로 3일 이상 병원(의원)에 입원하여 여행출발 전까지 퇴원이 곤란한 경우 그 배우자 또는 보호자 1인'의 경우, 위약금 없이 여행 계약을 해제할 수 있도록 규정하고 있습니다.

따라서 위 사례의 경우 사고로 병원에 입원해 있다는 증빙서류를 여행사에 제출하고 여행경비 전액 환급을 요구할 수 있습니다.

■ 해외여행 중 발생한 상해사고에 대해 여행업자의 배상 책임 여부

[질문]

동남아 해외여행 상품을 구입하여 여행지 호텔 근처에 있는 바닷가에서 현지 가이드가 제트스키나 바나나보트 등을 타보라며 권유하였습니다. 그래서 제트스키를 타던 중 제트스키 운전 미숙으로 다른 관광객과 접촉하는 사고가 발생하여 슬관절인대가 파열되는 등의 손해가 발생하였습니다. 여행사의 배상책임이 없는지요?

[답변]

'국외여행표준약관' 제15조(손해배상)에 따르면 여행사는 현지여행사 등의 고의 또는 과실로 여행자에게 손해를 가한 경우 여행사는 여행자에게 손해를 배상하여야 합니다

현지 여행가이드는 소비자가 안전하게 놀이기기를 이용할 수 있도록 모터보트의 기기조작법, 안전수칙, 사고위험성 등에 대하여 충분한 교육을 받을 수 있도록 조치해야 하는 의무가 있습니다. 만약 여행가이드가 의무를 이행하지 않았고 그로 인해 소비자에게 손해가 발생했다면 국내의 여행업자에게 배상을 요구할 수 있을 것입니다. 다만, 소비자에게도 위험한 놀이시설을 이용하면서 미리 구체적인 사용방법이나 위험방지 등에 대하여 주의를 기울이지 않은 과실이 있을 것으로 판단됩니다.

■ 여행 전 부친 사망으로 여행 계약을 취소하는 경우

[질문]

3박 4일 괌 패키지 여행 상품을 계약하고 총 여행경비 990,000원을 지급했습니다.
그런데 갑작스런 부친의 사망으로 여행을 가지 못하게 되어 그 사실을 출발 5일전에 여행사에게 알려주었습니다. 부득이한 사유로 인한 여행 취소의 경우도 여행사는 여행경비를 전액 반환하지 않고 취소수수료를 요구하는데 올바른 해결 방안은 무엇인지요?

[답변]

국외여행표준약관' 제16조(여행출발 전 계약해제) 제2항 제2호에 따르면 여행자의 3촌 이내 친족이 사망한 경우 위약금 없이 여행 계약을 해제할 수 있도록 규정하고 있습니다. 따라서 부친 사망에 대한 증빙서류 여행사에 제출하고 여행경비 전액 환급을 요구할 수 있습니다.

■ 신혼여행 계약 후 위약금 없이 취소 가능 여부

[질문]

신혼여행 상품을 구입한 후 개인적 사정으로 취소하며 '소비자분쟁해결기준'에 의거 계약금 반환을 요구했습니다. 하지만 여행업자는 신혼여행은 '소비자분쟁해결기준'을 따르지 않고 소비자의 사유로 취소할 때 계약금을 반환하지 않고 오히려 여행업자에게 손해가 발생하였다며 추가적인 배상을 요구합니다.
소비자에게 배상책임이 존재하는지요?

[답변]

여행은 항공권, 숙박시설, 식사 및 관광시설 등이 복합된 상품으로 계약을 체결한 이후에도 여행사 및 소비자의 사유로 취소될 개연성이 많습니다. 따라서 '국외여행표준약관' 및 '소비자분쟁해결기준'에는 여행 출발 전 여행사의 귀책사유나 소비자의 사유로 여행을 취소하는 경우 취소 통보일을 기준으로 취소수수료를 부담하도록 규정하고 있습니다.

여행자의 여행계약 해제 요청이 있는 경우, 여행개시 30일 전까지 통보시에는 계약금 환급, 여행개시 20일 전까지는 여행요금의 10%, 10일 전까지는 여행경비의 15%, 8일 전까지는 여행경비의 20%, 1일전까지는 여행경비의 30%, 여행 출발 당일 통보시에는 여행경비의 50%를 여행사에 배상해야 합니다(기 지급한 계약금액 포함).

또한 여행사와 여행자는 계약 시 표준약관과 다른 내용으로 '특약'을 맺을 수 있는데, 이때 특약의 내용이 표준약관과 다르고 표준약관보다 우선 적용됨을 여행자에게 설명하고 별도 확인을 받았다면 이를 계약내용으로 인정할 수 있습니다.

위 사례의 경우, 계약해지에 관한 특약이 있다면 특약이 우선 적용되며, 특약이 없다면 '소비자분쟁해결기준'에 따라 손해배상액을 산정해야 할 것입니다.

단, 여행자의 계약 해제 시 여행사에 실제 발생한 손해와 달리 부당하게 과중한 손해배상 의무를 부담시키는 약관 조항은 무효에 해당하므로, 약관의 내용과 여행사의 손해액을 다시 한번 검토해 볼 필요가 있습니다.

※ '소비자분쟁해결기준(31. 여행업(국외여행), 공정거래위원회고시 제2021-7호)'

1) 여행자의 여행계약 해제 요청이 있는 경우

- 여행개시 30일전(~30)까지 통보 시 : 계약금 환급
- 여행개시 20일전(29~20)까지 통보 시 : 여행요금의 10% 배상
- 여행개시 10일전(19~10)까지 통보 시 : 여행요금의 15% 배상
- 여행개시 8일전(9~8)까지 통보 시 : 여행요금의 20% 배상
- 여행개시 1일전(7~1)까지 통보 시 : 여행요금의 30% 배상
- 여행당일 통보 시 : 요금의 50% 배상

■ 해외여행 중 구입한 물품매매계약 취소 여부

[질문]

호주 해외여행 계약을 여행사와 체결한 후 해외여행을 갔습니다. 여행 일정 중 현지 가이드가 안내한 상점에 들러 판매원의 권유로 2,000,000원 상당의 건강보조식품을 구입하였습니다.
하지만 귀국 후 충동구매로 생각되어 취소를 요구하였으나 여행사가 책임이 없다며 거절하는데 여행사는 배상 책임이 없는지요?

[답변]

'국외여행표준약관' 제2조(여행업자와 여행자의 의무) 제1항에서 '여행업자는 여행자에게 안전하고 만족스러운 여행서비스를 제공하기 위하여 여행알선 및 안내, 운송, 숙박 등 여행계획의 수립 및 실행과정에서 맡은바 임무를 충실히 수행하여야 합니다'라고 명시하고 있고, 동 약관 제8조(여행업자의 책임)에서 '여행업자는 여행 출발시부터 도착시까지 여행업자 본인 또는 그 고용인, 현지여행업자 또는 그 고용인 등(이하 '사용인'이라 함)이 제2조 제1항에서 규정한 여행업자 임무와 관련하여 여행자에게 고의 또는 과실로 손해를 가한 경우 책임을 지도록 규정하고 있습니다.

한편, 대법원 판례에서 '여행업자는 여행자의 생명·신체·재산 등의 안전을 확보하기 위하여, ~ 합리적 조치를 취할 신의칙상의 주의의무를 진다.(대법원 98다 25061)' 고 함으로써 여행자의 안전 뿐만 아니라 재산이 안전하게 보존될 수 있도록 여행업자에게 안전배려의무를 부여하고 있습니다.

해외현지의 판매점은 여행업자와 통상의 거래를 통해 다수의 여행자에게 현지 특산품 또는 기념품을 판매하는 자이고 소비자와 터무니없이 고가의 대금을 지급하고 물건을 구입하였거나, 제품의 성능 및 효과에 대하여 판매원과 함께 현지 가이드도 가세하였다고 다른 관광객이 진술하거나, 국내에서 인터넷을 통해 구입할 수 있는 가격과 소비자가 지불하였던 가격 사이에 현저한 불공정성이 인정되는 경우 현지 가이드의 주의의무 위반 또는 「민법」 제750조에 의한 불법행위에 근거한 손해배상을 국내 여행사를 상대로 청구가 가능할 것으로 봅니다.
다만, 단순히 현지 가이드의 권유로 값비싼 물품을 구매했다는 사실만으로는 여행사에게 손해배상을 요구하기 어렵고, 현지 가이드가 고의 또는 과실로 위법행위를 했고, 그로 인해 여행자에게 손해가 발생했음을 여행자가 직접 입증하여야 합니다.

■ 여행전 소비자의 사정으로 국내숙박여행을 취소한 경우

[질문]

3박 4일 일정으로 제주도 관광여행을 하기로 계약하고 여행경비 350,000원 중 150,000원을 계약금으로 지불했습니다. 그런데 개인 사정으로 여행을 갈 수 없게 되어 출발 당일 여행사에 계약을 취소하고 환급을 요구했습니다. 여행사에서는 계약금으로 지불한 15만원 전액을 위약금으로 공제하겠다고 하면서 환급을 거절합니다. 이런 경우 계약금을 환급받을 수 있는지요?

[답변]

여행은 항공권, 숙박시설, 식사 및 관광시설 등이 복합된 상품으로 계약을 체결한 이후에도 여행사 및 소비자의 사유로 취소될 개연성이 많습니다. 따라서 '국외여행표준약관' 및 '소비자분쟁해결기준'에는 여행 출발 전 여행사의 귀책사유나 소비자의 사유로 여행을 취소하는 경우 취소 통보일을 기준으로 취소수수료를 부담하도록 규정하고 있습니다.

국내 숙박여행에서 여행자의 여행계약 해제 요청이 있는 경우, 여행개시 5일 전까지 통보시에는 전액 환급, 여행개시 2일 전까지는 여행요금의 10%, 1일 전까지는 요금의 20%, 여행개시 당일 취소하거나 연락없이 불참할 경우 요금의 30%를 여행사에 배상해야 합니다. 단, 여행사와 여행자는 계약 시 표준약관과 다른 내용으로 '특약'을 맺을 수 있는데, 이때 특약의 내용이 표준약관과 다르고 표준약관보다 우선 적용됨을 여행자에게 설명하고 별도 확인을 받았다면 이를 계약내용으로 인정할 수 있습니다.

위 사례의 경우, 계약해지에 관한 특약이 있다면 특약이 우선 적용되며, 특약이 없다면 소비자는 계약금에서 총 여행요금 350,000원의

30%인 105,000원을 공제한 45,000원을 환급 받을 수 있습니다.

※ '소비자분쟁해결기준(31.여행업(국내여행), 공정거래위원회고시 제2021-7호)'

1) 여행자의 귀책사유로 여행자가 취소하는 경우

〈숙박여행인 경우〉

- 여행개시 3일전까지 통보 시 : 전액 환급
- 여행개시 2일전까지 통보 시 : 요금의 10% 배상
- 여행개시 1일전까지 통보 시 : 요금의 20% 배상
- 여행당일 취소하거나 연락 없이 불참할 경우 : 요금의 30% 배상

■ 여행 계약 후 여행사가 도산(폐업)시 피해보상 방법

[질문]

6박 8일간 몰디브로 신혼여행을 가기 위해 계약 후 여행경비 9,700,000원을 지급했습니다. 출발 2일전 여행사에 전화로 여행일정 등을 재확인하자 가이드만 변경될 뿐 다른 변경사항은 없다고 했습니다. 그러나 출발 당일 가이드와 통화중 업체의 부도로 인하여 여행을 진행할 수 없다는 답변을 듣게 되었는데 어떻게 손해배상을 받아야 하는지요?

[답변]

「관광진흥법」 제9조(보험가입 등) 및 동법 시행규칙 제18조(보험의 가입 등)에서는 여행업자는 사업을 개시하기 전에 여행알선과 관련한 사고로 인하여 여행자에게 피해를 준 경우 그 손해를 변상할 것을 내용으로 하는 보증보험 또는 공제에 가입하거나 업종별 관광 협회에 영업보증금을 예치하고 당해 사업을 하는 동안 계속해서 이를 유지하도록 규정하고 있습니다.

* 예치금액(직전 사업연도 매출액 1억원 미만일 경우) : 일반여행업 5천만원이상, 국외여행업 3천만원이상, 국내여행업 2천만원이상, 기획여행 실시업체 2억원이상) 이 때 그 피보험자 또는 변상금의 수령자는 업종 지역별 협회장으로 되어 있으며 동 보험은 여행업의 등록이 취소되거나 폐업을 한 경우를 제외하고는 해약하거나 환급하지 못하도록 정하고 있습니다.

따라서 여행사의 부도로 피해를 입은 여행자는 여행사로부터 직접적인 피해 보상을 받기는 어렵고, 여행사의 폐업이 확정된 후 한국여행업협회, 지역별 관광협회를 통해 피해대금 보상을 신청할 수 있습니다.

■ 태풍(천재지변)에 따른 여행상품 계약 해제 요구

[질문]

보라카이 국외여행 상품을 계약하고 2,640,000원에 구매했습니다. 그러나 여행출발 당일 태풍으로 인하여 여행이 불가능하여 계약해제 및 환급을 요구하였으나 취소 시 800,000원을 공제 후 환급이 가능하다고 합니다. 천재지변으로 인해 환급을 요구할 시 수수료 부과가 타당한가요?

[답변]

천재지변, 전란, 정부의 명령, 운송, 숙박기관 등의 파업휴업 등으로 여행의 목적을 달성할 수 없는 사유로 취소하는 경우, 계약금을 환급받고 위약금 없이 여행을 취소할 수 있습니다.

다만 이 경우 외교부의 철수권고나 여행금지 등 여행의 목적을 달성할 수 없을 정도의 여행경보(등급) 발령 및 이에 준하는 조치에 대한 확인이 필요합니다.

■ 코로나19로 인한 입국금지 시 위약금 여부

> [질문]
>
> 2020. 5.16. 여행사를 통해 발리 신혼여행 상품을 계약하고 540,000원 카드 결제를 하였습니다. 그러나 코로나19로 인해 해당 국가 입국이 금지되어 취소 안내받았으나 계약금 400,000원은 환급이 불가하다고 합니다. 계약금 환급이 불가능 할까요?

[답변]

'소비자분쟁해결기준'에 따르면 외국정부가 우리 국민에 대해 입국금지·격리조치 등 이에 준하는 명령을 발령하여 계약을 이행할 수 없는 경우 위약금 없이 계약금을 환급하도록 권고하고 있습니다.
또한 계약체결 이후 여행지역?국가에 감염병이 발생하여 사업자 또는 여행자가계약해제를 요청한 경우, 외국정부의 명령 및 외교부의 여행경보 등에 따라 위약금을 50% 감경하거나 위약금 없이 계약금을 환급하도록 권고하고 있습니다.

※ '소비자분쟁해결기준(31.여행업, 공정거래위원회고시 제2021-7호)'

1) 여행취소로 인한 피해
   - 천재지변, 전란, 정부의 명령, 운송?숙박기관 등의 파업?휴업 등으로 여행의 목적을 달성할 수 없는 사유로 취소하는 경우 : 계약금 환급

6) 감염병 발생으로 사업자 또는 여행자가 계약해제를 요청한 경우
   - 외국정부가 우리 국민에 대해 입국금지·격리조치 및 이에 준하는 명령을 발령하여 계약을 이행할 수 없는 경우, 계약체결 이후 외교부가 여행지역·국가에 여행경보 3단계(철수권고)·4단계(여행금지)를 발령하여 계약을 이행할 수 없는 경우, 항공·철도·선박 등의 운항이 중단되어 계약을 이행할 수 없는 경우

· 위약금 없이 계약금 환급

- 계약체결 이후 외교부가 여행지역·국가에 특별여행주의보를 발령하거나 세계보건기구(WHO)가 감염병 경보 6단계(세계적 대유행, 팬데믹)·5단계를 선언하여 계약을 이행하기 상당히 어려운 경우

· 위약금 50% 감경

* 세계보건기구(WHO)가 감염병 경보 5단계를 선언한 경우는 감염병이 발병한 해당지역에 한합니다.

■ **미성년자(자녀) 보호자의 카드로 구입한 항공권 청약철회**

[질문]

미성년자인 아들이 제 신용카드로 부모의 동의 없이 여행사 홈페이지에서 600,000원 상당의 국제선 항공권을 구매하였습니다. 이에 여행사에 미성년자가 구입한 것이니 환급을 해달라고 요구하였으나, 미성년자 구입 여부와 상관없이 일반적인 항공권 구매 취소 시에 발생하는 취소 위약금 60,000원을 부과하였습니다.
이렇게 미성년자가 구입한 항공권을 취소할 때 위약금을 부과하는 것이 적절한가요?

[답변]

항공권을 구매한 사람은 질문자의 자녀이지만 그 명의자는 질문자이므로 누구를 계약 당사자로 볼 것인지가 쟁점인데, 비대면 거래 방식인 전자상거래에서 사업자는 실제로 구매 행위를 한 자가 미성년자인지 여부를 확인할 수 없으므로 특별한 사정이 없는 한 신용카드의 명의자인 질문자와 사업자를 항공권 구매계약의 당사자로 보는 것이 거래관행에 부합한다고 보입니다.
즉, 항공권 구매계약의 당사자는 질문자와 사업자여서 미성년자인 자녀가 행한 법률행위로 볼 수 없으므로, 자녀의 행위 무능력을 이유로 항공권 구매계약을 취소할 수는 없다고 보입니다.
설령 위 자녀를 항공권 구매계약의 당사자로 보더라도 부모의 묵시적 동의 또는 처분허락이 있었다면 행위무능력을 이유로 취소할 수 없고, 이에 해당하는지 여부는 미성년자의 연령 외에 지능·직업·경력, 부모와의 동거 여부, 독자적인 소득 유무와 그 금액, 경제활동의 여부, 계약의 성질·체결경위·내용 등을 종합적으로 고려해야 합니다.

* 관련 판례 : 계약을 체결하는 행위자가 타인의 이름으로 법률행위를 한 경우에 행위자 또는 명의인 가운데 누구를 계약의 당사자로 볼 것인가에 관하여는, 우선 행위자와 상대방의 의사가 일치한 경우에는 그 일치한 의사대로 행위자 또는 명의인을 계약의 당사자로 확정해야 하고, 행위자와 상대방의 의사가 일치하지 않는 경우에는 그 계약의 성질·내용·목적·체결 경위 등 그 계약 체결 전후의 구체적인 제반 사정을 토대로 상대방이 합리적인 사람이라면 행위자와 명의자 중 누구를 계약 당사자로 이해할 것인가에 의하여 당사자를 결정하여야 한다(2010다83199 판결).

■ 미사용한 편도 항공권 환급 가능 여부

[질문]

인천-런던 왕복항공권을 특가로 구매 후 인천→런던 편도 구간만 이용하고 개인 사정으로 인해 나머지 구간은 이용하지 못하여 항공사에 일부 미이용 구간에 대한 환급을 요구하였는데, 항공사에서는 환급 가능한 금액이 없다고 합니다. 절반을 이용하지 않았으니 환급받을 금액도 구입가의 절반이 되어야하지 않나요?

[답변]

'소비자분쟁해결기준(34.운수업, 공정거래위원회고시 제2021-7호)'에서는 소비자가 개인사정으로 인해 항공권 유효기간 만료 전(또는 약관에서 별도로 정한 기간 이내)에 일부 미사용 구간에 대한 환급을 요구할 경우 항공권 구입금액에서 사용구간 적용운임 및 취소수수료를 공제한 차액을 환급하도록 정하고 있습니다.

이 경우 적용운임은 특가로 구입 시 지불한 금액이 아닌 정상 운임을 기준으로 산정되거나 항공권 예약 시 고지된 환급규정을 적용하므로 경우에 따라 환급 가능한 금액이 없을 수도 있습니다. 이에 따라 항공권 구매 시 약관을 꼼꼼히 확인하여 신중히 구매하는 것이 중요합니다.

■ 국내선 항공기의 출발이 지연되었는데 배상 여부

[질문]

여행을 목적으로 김포-제주 간 항공기에 탑승할 예정이었으나 기체 결함으로 인해 항공기가 1시간30분 지연 출발하여 일정에 많은 차질을 빚는 등 손해를 입었습니다. 이러한 경우 배상을 받을 수 있는지, 배상을 받을 수 있다면 어느 정도 배상을 받을 수 있는지요?

[답변]

일반적으로 항공사들은 운항 전 항공기에 대한 정비 절차를 모두 진행하였음에도 미처 발견하지 못한 결함으로 인해 항공기 운항이 지연되는 경우에 불가항력적인 사유에 해당한다며 책임이 없음을 주장하고 있습니다.

항공사가 예측불가능한 정비 문제였음을 객관적으로 입증하지 못한 경우라면 배상을 받을 수 있다고 보이며, 배상의 범위는 다음과 같습니다.

※ '소비자분쟁해결기준(34.운수업, 공정거래위원회고시 제2021-7호)'

* 운송 지연. 다만, 국토교통부에서 정하고 있는 항공기점검을 하였거나 기상사정, 공항사정, 항공기 접속관계, 안정운항을 위한 예견하지 못한 조치 등을 증명한 경우에는 제외(체제필요 시 적정 숙식비 등 경비 부담)
  - 1시간 이상 ~ 2시간 이내 운송지연 : 지연된 해당구간 운임의 10% 배상
  - 2시간 이상 ~ 3시간 이내 운송지연 : 지연된 해당구간 운임의 20% 배상
  - 3시간 이상 운송지연 : 지연된 해당구간 운임의 30% 배상

■ **국제선 항공기의 출발이 지연되었는데 배상 여부**

[질문]

인천발 뉴욕행 항공기가 인천공항에서 출발이 지연되어 도착지인 뉴욕에 예정시간보다 8시간 지연 도착하였고, 이로 인해 미리 예약해 놓은 숙소와 교통편을 이용하지 못하는 손해를 입었습니다.
그러나 항공사는 항공기의 예견치 못한 정비 사유로 인한 지연이었으며, 이는 '소비자분쟁해결기준'에 따라 항공사에 배상 의무가 없다고 하는데, 이 경우 손해배상을 받을 방법이 없나요?

[답변]

일반적으로 항공사들은 운항 전 항공기에 대한 정기적인 정비를 충실히 이행하였음에도 불구하고 예상치 못하게 발생하는 정비 사유로 항공 운송이 지연되는 경우에는 불가항력적인 사유에 해당하여 책임이 없음을 주장하고있습니다.

항공사가 항공 운송 지연 사유가 예견치 못한 정비문제였음을 객관적으로 입증하지 못한 경우라면 지연에 따른 배상을 해야할 것으로 사료되며, 이 경우 배상의 범위는 '소비자분쟁해결기준'에 따릅니다.

※ '소비자분쟁해결기준(34.운수업, 공정거래위원회고시 제2021-7호)'

- 2시간 이상~4시간 이내 운송지연 : 지연된 해당구간 운임의 10% 배상
- 4시간 이상~12시간 이내 운송지연 : 지연된 해당구간 운임의 20% 배상
- 12시간 초과 운송지연 : 지연된 해당구간 운임의 30% 배상

* 체재필요 시 적정 숙식비 등 경비부담

■ 항공권 구매 취소 시 과도한 위약금에 대한 면제 요구

[질문]

2024. 5. 1. 출국하는 서울-세부 항공권을 2023.12. 12. 구매한 후 개인사정이 생겨 2023. 12. 25. 예약을 취소하려고 하자 위약금 840,000원을 공제 후 환급이 가능하다고 안내받았습니다. 여행 일정이 4개월 이상 남은 상황에서 과도한 위약금이라고 판단되는데 위약금 공제 행위가 타당한가요?

[답변]

2016년 9월 공정거래위원회는 취소일로부터 출발일까지의 기간에 상관없이 일률적인 취소수수료를 부과하던 국내 항공사의 국제선 항공권(일반운임 및 할인운임) 취소 위약금 관련 약관 조항을 출발일로부터 91일 이상 남은 경우 위약금을 면제하고, 이후 출발일에 가까워질수록 위약금을 차등화하는 내용으로 시정하도록 권고하였습니다. 그러나 특가운임(취소 불가를 조건으로 일반운임의 70% 이상 할인 판매 등)은 고객에게 일방적으로 부당하게 불리한 약관으로 보기 어렵다고 판단하여 권고 대상에서 제외되었습니다. 이에 따라 특가운임의 항공권을 구매하신 경우 구매 당시 고지된 환급규정이 적용되므로, 항공권 구매 시 운임조건 및 환급규정을 꼼꼼히 확인하는 것이 중요합니다.

또한 여행사를 통해 항공권을 구매했을 경우에는 별도의 발권 수수료와 여행사의 취소 대행 수수료는 발생할 수 있습니다.

■ 항공 출발일 전 항공사에서 변경된 스케줄 미고지로 인한 피해

[질문]

여행일로부터 약 6개월 전에 로마행 항공권을 구입하여 여행 당일 날 항공기 출발 시간에 맞춰 공항에 도착하여 체크인을 하는 과정에서 예약한 항공편이 3시간 전에 이미 떠났으며, 확인 결과 2개월 전에 항공사 사정에 의해 항공 스케줄이 변경된 사실을 알 수 있었습니다. 이에 항공권 판매처와 항공사에 연락하여 사전에 항공 스케줄 변경 사실을 알려주지 않은 사실에 대해 이의를 제기하였으나, 항공사는 스케줄 변경 사실을 여행사에 통보하였다고 주장하고, 여행사는 해당 스케줄 변경 사실을 홈페이지에 고지하였고 이를 확인하지 않은 소비자에게 책임이 있다며 아무런 조치도 취해주지 않았습니다.
이런 경우 구제를 받을 수 없나요?

[답변]

'항공교통이용자 보호기준(국토교통부고시 제2020-383호)' 제8조 제2항에 따르면 항공운송사업자, 여행업자 등은 항공권을 판매한 이후 사업계획 변경 등으로 인하여 항공권 판매 당시 예정된 운항계획대로 운항하지 못할 경우 휴대전화에 의한 문자 전송, 전자메일, 전화, 우편 또는 이에 상당하는 방법으로 항공교통이용자에게 변경내용을 안내할 것을 규정하고 있으며, 이를 이행하지 않을 경우 항공사 및 항공권 판매업자는 '소비자분쟁해결기준' 상 운송불이행에 따른 배상 책임이 있습니다.

※ '소비자분쟁해결기준(34.운수업, 공정거래위원회고시 제2021-7호)'

o 운송 불이행 (확약된 항공편의 취소, 확약된 예약의 취소, OVERBOOKING, NO-RECORD). 단, 기상상태, 공항사정, 항공기 접속관계, 안전운항을 위한 예견하지 못한 정비 등 불가항력적인 사유로 인한 경우는 제외, 체재필요 시 적정숙식비 등 경비부담

① 대체편이 제공된 경우

- 운항시간 4시간 이내
  * 2시간 ~ 4시간 이내 대체편 제공 시 : USD 200 배상
  * 4시간 초과 대체편 제공 시 : USD 400 배상
- 운항시간 4시간 초과
  * 2시간 ~ 4시간 이내 대체편 제공 시 : USD 300 배상
  * 4시간 초과 대체편 제공 시 : USD 600 배상

② 대체편을 제공하지 못한 경우 : 불이행된 해당구간 운임환급 및 USD 600 배상

③ 대체편 제공을 여객이 거부한 경우 : 불이행된 해당구간 운임환급 및 ①의 규정에 준하여 최초 대체편 제공가능시기를 산정하여 배상

다만, 여객기 공급 등이 코로나19 이전 상황으로 회복되기 전까지는 항공 운항 취소, 변경이 잦을 수 있으므로 소비자도 여행 2~3주 전 운항 일정을 확인해야 합니다.

■ 항공 위탁수하물 파손으로 인한 배상 여부

[질문]

2023년 10월 인천에서 삿포로에 도착했으나 위탁 의뢰했던 캐리어의 외관이 일부 파손된 것을 확인했습니다. 이 경우 항공사로부터 배상을 받을 수 있는지, 배상을 받을 수 있다면 어느 정도 받을 수 있나요?

[답변]

일반적으로 위탁수하물 분실·파손·훼손이 발생했을 경우, 수하물 수령일 또는 공항 도착일 기준으로 7일내에 항공사에 신고해야하며, '소비자분쟁해결기준'에 의거 손해배상(항공운송약관에 의거 배상 또는 국제항공운송에 있어서의 일부 규칙 통일에 관한 협약 및 「상법」에 따른다.) 하도록 권고하고 있습니다.

다만, 항공사별로 위탁수하물 분실·파손·훼손에 대한 세부 배상 규정 및 약관은 상이할 수 있습니다. 파손일 경우, 수리 비용 배상하거나 수리가 불가할 경우 대체 캐리어 제공, 또는 감가하여 잔존가치에 대해 배상하고 있습니다.

■ **출발 48일 이전 취소한 항공권 취소수수료 환급 요구**

[질문]
2024. 2. 18. 여행사 홈페이지에서 항공사의 인천-방콕 왕복항공권 2매를 731,600원에 구매했습니다. 이후 개인사정으로 2024. 2. 22.(출발일자 2024. 4. 10.) 취소하였으나, 여행사는 항공사의 약관에 따라 항공사 취소수수료와 여행사 취소수수료 등 270,900원을 공제하였습니다. 전자상거래로 구입한 항공권 취소 시 수수료 부과가 타당한가요?

[답변]
전자상거래법 제17조 제1항에 따르면, 소비자는 계약내용에 관한 서면을 받은 날부터 7일 이내에 이 사건 계약에 관한 청약을 철회할 수 있으므로 이 경우 사업자는 같은 법 제18조 제2항에 따라 구매대금을 반환해야 합니다.
그러나 항공권의 경우 다른 재화와 달리 취소시점 기준 항공권 사용일자가 임박할 경우 항공권의 재판매 가능성, 거래 관행 등의 사유로 청약철회가 제한되거나 받아들여지더라도 위약금이 발생할 수 있습니다. 이에 따라 출발일자가 임박한 항공권을 구매하실 경우 운임조건 및 환급 규정 등을 꼼꼼히 확인하고 신중하게 구매하는 것이 필요합니다.
또한 여행사를 통해 항공권을 구매했을 경우에는 별도의 발권 수수료와 여행사의 취소 대행 수수료는 발생할 수 있습니다.

■ **감염병의 발생으로 항공사 또는 여객이 계약내용 변경 또는 계약해제를 요청한 경우**

[질문] 2020. 3.14.출발하는 밴쿠버행 왕복 항공권을 구매하고 1,522,144원을 결제하였습니다. 코로나19로 인해 항공편이 결항되어 취소안내를 받아 계약해제 및 환급을 요구하였으나, 사업자는 취소수수료가 발생되며 바우처로만 환급이 가능하다고 합니다. 수수료 없이 최초결제수단으로의 환급은 불가능한가요?

[답변]

'소비자분쟁해결기준'에 따르면 항공운항이 중단되어 계약을 이행할 수 없는 경우에는 계약내용 변경에 대해 당사 간에 합의가 이루어지면 변경수수료 없이 계약내용을 변경하도록 하고 있으며 계약해제 시 취소수수료 없이 항공운임 전액을 환급하도록 권고하고 있습니다. 또한 계약체결 이후 외교부가 여행지역·국가에 특별여행주의보를 발령하거나 감염병 경보 6단계·5단계를 선언하여 계약을 이행하기 상당히 어려운 경우 계약내용 변경 시 변경수수료 없이 계약내용을 변경할 수 있으며 계약해제 시 항공운임에서 취소수수료의 50%를 공제 후 환급하도록 하고 있습니다.

이 사안의 경우 결항으로 인한 계약해제이기 때문에 계약금 전액환급을 요구할 수 있을 것으로 사료됩니다.

※ '소비자분쟁해결기준(34. 운수업, 공정거래위원회고시 제2021-7호)'

6) 감염병 발생으로 항공사 또는 여객이 계약내용 변경 또는 계약해제를 요청한 경우

- 외국정부가 우리 국민에 대해 입국금지·격리조치 및 이에 준하는 명령을 발령하여 계약을 이행할 수 없는 경우, 계약체결 이

후 외교부가 도착예정지역·국가에 여행경보 3단계(철수권고)·4단계(여행금지)를 발령하여 계약을 이행할 수 없는 경우, 항공운항이 중단되어 계약을 이행할 수 없는 경우

· 계약내용 변경 시 : 변경수수료 없이 계약내용 변경

· 계약해제 시 : 취소수수료 없이 항공운임 전액 환급

* 계약내용 변경이란, 여행일정 변경 등 계약내용 변경에 대해 당사자 간에 합의가 이루어진 것을 말함.

- 계약체결 이후 외교부가 도착예정지역·국가에 특별여행주의보를 발령하거나 세계보건기구(WHO)가 감염병 경보 6단계(세계적 대유행, 팬데믹)·5단계를 선언하여 계약을 이행하기 상당히 어려운 경우

· 계약내용 변경 시 : 변경수수료 없이 계약내용 변경

· 계약해제 시 : 취소수수료의 50% 감경

* 세계보건기구(WHO)가 감염병 경보 5단계를 선언한 경우는 감염병이 발병한 해당지역에 한합니다.

■ 편 저 조 희 진 ■

· 부산 동부 지방법원 민사과
· 부산 동부 지방법원 민사계장
· 부산지방법원 민원실장
· 부산지방법원 민사과장
· 부산지방법원 집행관
· 부산지방법원 법무사

법령·판례
해설과 피해구제사례로 살펴본
소비자의 기본권리

2025년 3월 15일 초판 인쇄
2025년 3월 20일 초판 발행

편 저 조희진
발행인 김현호
발행처 법문북스
공급처 법률미디어

주소 서울 구로구 경인로 54길4(구로동 636-62)
전화 02)2636-2911~2, 팩스 02)2636-3012

홈페이지 www.lawb.co.kr
페이스북 www.facebook.com/bummun3011
인스타그램 www.instagram.com/bummun3011
네이버 블로그 blog.naver.com/bubmunk

등록일자 1979년 8월 27일
등록번호 제5-22호

ISBN 979-11-93350-89-8 (13330)

정가 28,000원

이 도서의 국립중앙도서관 출판예정도서목록(CIP)은 서지정보유통지원시스템 홈페이지(http://seoji.nl.go.kr)와 국가자료종합목록 구축시스템(http://kolis-net.nl.go.kr)에서 이용하실 수 있습니다.